„Eine demokratische, kapitalistische Gesellschaft wird immer bestrebt sein, bessere Lösungen für die Grenzziehung zwischen dem Herrschaftsbereich der Rechte der Menschen und dem Herrschaftsbereich des Geldes zu finden. Darin kann sie Fortschritte machen. Aber sicherlich wird sie das Problem niemals lösen, denn es besteht ein unvermeidbarer Konflikt zwischen Gleichheit und ökonomischer Leistungsfähigkeit. In diesem Sinne sind Kapitalismus und Demokratie eine sehr unglaubwürdige Mischung.
Vielleicht liegt es daran, daß sie sich notwendigerweise gegenseitig ergänzen müssen. Damit kann das Ziel der Gleichheit mit mehr Rationalität und die wirtschaftliche Leistungsfähigkeit mit mehr Menschlichkeit verfolgt werden."
(Aus: *A. M. Okun*, frei übersetzt von J. Z.)

Vorwort zur 1. Auflage

Dieses Lehrbuch der Sozialpolitik war zunächst für Studenten an Universitäten gedacht, für die die Sozialpolitik als ein wirtschaftswissenschaftliches Fach gelehrt wird. Da die ökonomischen Instrumente für diesen Kreis meist schon bekannt sind, dürfte es deshalb hier als einführendes Lehrbuch Verwendung finden.

An Fachhochschulen, pädagogischen Hochschulen und Akademien der Gewerkschaften und Arbeitgeberverbände können die Fähigkeiten der ökonomischen Analyse nicht immer vorausgesetzt werden. Hier eignet sich dieses Lehrbuch daher für den gesamten Kurs in Sozialpolitik.

In einer Zeit wachsender Besorgnis um die Möglichkeiten und Grenzen des modernen Wohlfahrtsstaates halten wir eine größere Vertrautheit mit der ökonomischen Analyse der Sozialpolitik für fruchtbar und notwendig. Wir verkennen dabei allerdings nicht, daß sie nur im Verbund mit anderen Disziplinen ihren Beitrag für ein besseres Verständnis der praktischen Sozialpolitik wird leisten können. Aus diesem Grunde haben wir hier auch eine relativ breite historische Einführung den theoretischen Betrachtungen vorangestellt.

Für die sorgfältig ausgeführten Zeichnungen möchten wir uns bei Herrn Dipl.-Volksw. *Ch. Kauer* herzlich bedanken. Bei der Fertigstellung des Manuskriptes war Frau Dipl.-Volksw. *I. Schmale* eine anregende und kritische Hilfe. Sie hat uns bei der Arbeit ebenfalls tatkräftig unterstützt. Für die Kapitel 1, 2 und 5 zeichnet *J. Zerche* und für die Kapitel 3 und 4 *F. Gründger* als Verantwortlicher. Daneben haben wir über den Inhalt und die Abgrenzung des Stoffgebietes miteinander und mit einer Reihe von Kollegen anregend diskutiert.

Die vorgelegte Fassung ist wie immer ein Kompromiß, für den wir allein die Verantwortung übernehmen. Dies gilt insbesondere für den Entschluß, im Rahmen des uns gewährten Textumfanges auf die Theorie der Einkommens- und Vermögensverteilung völlig zu verzichten. Dieser Verzicht erscheint gerechtfertigt angesichts der selbständigen und stürmischen Entwicklung, mit der dieser ökonomische Teilbereich längst die Grenzen der Sozialpolitik überschritten hat. Auch bietet der deutsche Büchermarkt inzwischen eine Reihe empfehlenswerter Einführungen in Theorie und Politik der Verteilung, die gleichsam als Fortsetzung und Ergänzung dieses Bandes dienen können.

Köln und Berlin, Mai 1982 *J. Zerche, F. Gründger*

Vorwort zur 2. Auflage

Unser Versuch, in diesem Buch eine Verbindung von begrifflich-historischer Einführung, wirtschaftstheoretischer Grundlegung und sozialpolitischer Interpretation herzustellen, hat ein überwiegend positives Echo gefunden. So konnte nicht nur an der bewährten Grundkonzeption festgehalten werden, sondern es ließen sich auch die Veränderungen des Textes auf die Beseitigung von Druckfehlern, eine Aktualisierung des Zahlenmaterials und der Literaturhinweise, die Neufassung kleinerer Passagen und ein paar Ergänzungen zur Geschichte der Sozialpolitik beschränken.

Die Verfasser danken ihren Fachkollegen, Mitarbeitern und Studenten für ihre freundliche Kritik, mit der sie maßgeblich zu dieser Überarbeitung des Lehrbuchs beigetragen haben. Sie hoffen, daß sich auch die Neuauflage wieder als hilfreich für die Vermittlung eines theoretischen Instrumentariums im Fach Sozialpolitik erweisen möge.

Köln und Berlin, November 1995 *J. Zerche, F. Gründger*

Inhaltsverzeichnis

1 Das Fach Sozialpolitik

1.1 Praktische Sozialpolitik und Sozialpolitiklehre

Heute vergeht kaum ein Tag, an dem sich nicht Politiker, Journalisten, Wissenschaftler zu aktuellen Problemen der Sozialpolitik äußern. Dabei deckt der Oberbegriff Sozialpolitik recht unterschiedliche Inhalte. Es geht dabei um den Sozialstaat, die Soziale Sicherung, eine gerechte Verteilung von Einkommen und Vermögen, die Humanisierung der Arbeitswelt und die Bewältigung der Arbeitslosigkeit, aber auch um die Kosten kirchlicher, karitativer Dienste oder um ein zweckmäßiges System Sozialer Dienste.

Wenn derart unterschiedliche Bereiche unter den Begriff Sozialpolitik fallen sollen, dann kann es nicht verwundern, daß dieser recht unterschiedlich verstanden und auch definiert wird und somit leicht Anlaß zu Mißverständnissen bietet.

Oft wird mit Sozialpolitik nur die **praktische Sozialpolitik** bezeichnet, die dann auf die Summe aller Maßnahmen zur Verbesserung der ökonomischen und sozialen Stellung bestimmter sozialer Gruppen abstellt.

Dies kann für eine wissenschaftliche Behandlung der Sozialpolitik nicht befriedigen, da die praktische Sozialpolitik nur einen Teil des Erfahrungsobjektes für die wissenschaftliche Disziplin abgeben kann. Die **wissenschaftliche Disziplin** könnte man zur Unterscheidung von der praktischen Sozialpolitik **„Sozialpolitiklehre" (Theorie der Sozialpolitik)** nennen. Dies klingt ein wenig umständlich, und daher wird häufig mit dem Begriff Sozialpolitik sowohl die wissenschaftliche Sozialpolitik wie auch die praktische Sozialpolitik bezeichnet.

Wenn die praktische Sozialpolitik den gewichtigsten Teil des Erfahrungsobjektes der Sozialpolitiklehre bildet, so muß durch bestimmte Methoden und Fragestellungen das Erkenntnisobjekt der Sozialpolitik gewonnen werden.

In der wissenschaftlichen Praxis kann nicht von einer methodischen Einheitlichkeit gesprochen werden. Die Betrachtungsweisen können aus der Politikwissenschaft, der Soziologie und vor allem aus der Volks- und Betriebswirtschaftslehre kommen. Nach *H. G. Schachtschabel* hat die Sozialpolitiklehre „ihren zentralen Standort in den Wirtschaftswissenschaften, speziell in der Volkswirtschaftslehre, . . ." (*H. G. Schachtschabel* 1980, Sp. 1493).

Schachtschabel ist damit ein Vertreter dieser wichtigen Gruppe, die die Sozialpolitik als wirtschaftswissenschaftliche Disziplin begreifen. Auch *W. Weddigen* sah in der Sozialpolitik eine Disziplin der praktischen Wirtschaftswissenschaften und sprach sich etwa gegen die Soziologie als Grundlagenwissenschaft aus (*W. Weddigen,* 1937, S. 8 ff.).

Weitere wichtige Vertreter dieser Richtung sind *E. Liefmann-Keil, R. Schilcher, H. Sanmann* und *B. Külp.* Daneben gibt es eine soziologische Richtung, zu der *G. Mackenroth, F. X. Kaufmann, H. P. Widmaier* u. a. zu zählen sind.

Ausgehend von sozialen Leitbildern haben z. B. *G. Weisser* und *O. von Nell-Breuning* eine gesellschaftspolitische Position in der Sozialpolitiklehre vertreten.

A. Burghardt stellte zutreffend fest, daß „jede Form der Sozialpolitik ... jeweiligen sachlichen Bedingungen und Interpretationen (entstammt). Daher gibt es nicht **die** Definition der Sozialpolitik" (Hervorhebung des Verfassers). Wir müssen uns also für eine bestimmte Betrachtungsweise entscheiden. Geht man ganz allein davon aus, daß die Träger der Sozialpolitik sich mit den aus der Ungleichheit des sozialen Status der Bürger resultierenden Problemen zu befassen haben, so kann man mit *B. Molitor (B. Molitor,* 1971, S. 184 ff.) den rechtlichen, politischen und ökonomischen Status unterscheiden. Wählen wir den ökonomischen Status aus, so wird dieser insbesondere durch die Einkommenshöhe, die Vermögenslage und die Stellung im Erwerbsleben gekennzeichnet. Bei einer Beschränkung auf den ökonomischen Status sind auch die ökonomische Betrachtungsweise und Methode sinnvoll zu verwenden.

Daneben ist es natürlich auch möglich, die Politik nicht nur auf die wirtschaftliche Stellung, sondern auch auf die soziale Position und ihre Gefährdung zu richten. Für diese umfassendere Betrachtung reichen die wirtschaftswissenschaftlichen Methoden nicht aus, und insofern ist die Sozialpolitik(lehre) dann mehr als eine wirtschaftswissenschaftliche Disziplin. (*H. Lampert,* 1994, S. 11 f.).

Die Sozialpolitik im von uns verstandenen Sinne richtet sich auf **„wirtschaftliche Schwächen"**, die jeden Bürger, unabhängig von seiner augenblicklichen Lage, treffen können. Um das hierfür geeignete Handeln zu analysieren, kann keine Ökonomik im Sinne einer Gewinnmaximierungslehre herangezogen werden. Hier soll unter **wirtschaftswissenschaftlicher Betrachtung** diejenige verstanden werden, die uns Hilfen für rationale Entscheidungen gibt, wenn eine Fülle von Zielen angestrebt wird, denen nur begrenzte Mittel zur Erreichung der Ziele gegenüberstehen. Auch die Sozialpolitik steht also unter der Not der **Knappheit.**

Chancengleichheit im Ausbildungs- und Berufsbereich, Soziale Sicherung und gleichmäßigere Verteilung der Güter und Dienste sind Kollektiv- oder besser Gemeinschaftsbedürfnisse, die nicht oder nur sehr selten über den Marktprozeß zu fördern sind. Daher müssen in der Sozialpolitik neben die Marktökonomik die Quasi-Markt- und Nicht-Markt-Ökonomik treten.

Der weite Bereich der karitativen und Sozialen Dienste, der Beratung, Behandlung, Pflege und Erziehung umfaßt, ist sehr stark auf den Einzelfall und die jeweilige persönliche Lage gerichtet. Die Sozialpolitik hat aber **große** Gruppen oder **die Gesellschaft insgesamt** mit ihren Maßnahmen zum Gegenstand. Daher werden wir die „Sozialen Dienste", die für die praktische Sozialarbeit eine wesentliche Bedeutung haben, hier nicht zum Untersuchungsbereich der Sozialpolitik hinzurechnen.

1.2 Die Einordnung der Sozialpolitik in das System der Wirtschaftswissenschaften

Wenn wir nun die Beziehungen zwischen Sozialpolitik und Wirtschaftswissenschaften untersuchen, sind wir uns bewußt, daß diese Disziplinen Teile der umfassenden **Sozialwissenschaften** sind. Hierzu zählen neben den Wirtschaftswissenschaften die Soziologie, Politische Wissenschaft u. a. Als Sozialwissenschaften bezeichnen wir die Disziplinen, in deren Mittelpunkt der Mensch als Sozialwesen steht. Auch die Ökonomie umfaßt einen Aspekt des menschlichen Handelns und betrifft den Menschen im sozialen Beziehungsgefüge. U. a. wegen ihres Alters zählt die Ökonomie zu den entwickeltsten Sozialwissenschaften.

Die Sozialwissenschaften bilden keine allzu starke Klammer für die einzelnen Disziplinen, da sie sich historisch unabhängig von einer allgemeinen Sozialwissenschaft entwickelt haben. Im allgemeinen versteht man unter Wirtschaftswissenschaften die beiden Hauptrichtungen Volks- und Betriebswirtschaftslehre. In der Wissenschaftsgeschichte gab es insbesondere zwischen der **Volkswirtschaftslehre** und der Sozialpolitik enge, befruchtende, aber auch spannungsreiche Beziehungen. Daher werden im folgenden nun diese Beziehungen näher betrachtet.

Unterscheidet man hier zwischen den allgemeinen Teilen und den angewandten Politiken, so könnte man mit Volkswirtschaftslehre auch die Theorie der Politikbereiche (Wirtschaftspolitik, Finanzpolitik, Sozialpolitik) bezeichnen. Sie hat zum Ziel, die wirtschaftliche Tätigkeit zu analysieren, um so zu Gesetzmäßigkeiten zu gelangen, die von den Politikbereichen angewandt werden können.

Welches sind nun die Grundprobleme der Gesellschaftswirtschaft? *A. Paulsen* hat sie wie folgt benannt:

„1. Die Höhe des Sozialprodukts als Maßgröße für das Ergebnis der wirtschaftlichen Tätigkeit einer Volkswirtschaft, ...
2. Die Art der Erstellung des Sozialprodukts und die Ergiebigkeit des Mitteleinsatzes ...
3. Die Zusammensetzung des Sozialprodukts nach Güterarten, ...
4. Die Verteilung der Produkte an die Glieder der Gesellschaft als Einkommen, ...
5. Die wirtschaftliche Entwicklung der Veränderung des Produktionspotentials und des Sozialprodukts nach Richtung (Expansion oder Kontraktion), Stärke und Gleichmäßigkeit (Stabilität)“ (*A. Paulsen,* 1964, S. 16).

W. Eucken (1990) sah die Hauptaufgaben der Wirtschaftspolitik in der Koordination des Wirtschaftsprozesses. Die Disziplin hat danach Antwort zu geben auf die Fragen, was, wofür, wann, wie und wo produziert wird. Man erkennt, daß bei *Paulsen* und *Eukken* die Produktion und die Höhe des Sozialproduktes eine entscheidende Bedeutung haben.

In einer Gesellschaftswirtschaft mit höchst einseitiger Verteilung des Produktionsmitteleigentums tritt aber die Problematik der bestmöglichen Verteilung neben der Höhe des Sozialprodukts ins Blickfeld. Diese Frage ist nun eine zentrale Fragestellung der Sozialpolitik. Schon *J. St. Mill* als Vertreter der klassischen Nationalökonomie erkannte, daß die Gesetze der Produktion nicht auch die Gesetze der Verteilung bestimmen. „Anders als die Gesetze der Produktion sind die Gesetze der Verteilung teilweise Menschenwerk“ (*J. St. Mill,* 1924, 1. Band, S. 32).

Aus diesen abweichenden Fragestellungen: Produktion – Verteilung kann sich nun eine heftige Kontroverse herausbilden zwischen den Fachvertretern, die hauptsächlich eine maximale Produktion, und denen, die zuerst eine gleichmäßigere Verteilung fordern.

Insbesondere in der Phase des Hochkapitalismus waren die Gräben tief. Die „Liberalen" warfen den „Sozialpolitikern" vor, nur auf eine andere **Division** des Sozialprodukts abzustellen, während die „Sozialpolitiker" ihrerseits den Vorwurf erhoben, den „Liberalen" gehe es nur um die **Multiplikation** – also ein maximales Sozialprodukt, ohne die sozialen Folgen zu beachten.

In Deutschland können wir diesen Konflikt insbesondere im 1872 in Eisenach gegründeten Verein für Socialpolitik wiederfinden. Der Gegensatz in der Sache setzt sich aber bis in die Diskussion aktueller Probleme wie Wachstum, Atomenergie, Umweltschutz in heutigen Auseinandersetzungen fort.

Wie können wir nun die drei Politikbereiche kennzeichnen? Die **Wirtschaftspolitik** umfaßt die Summe der „gestaltenden Maßnahmen, die der Staat oder von ihm abgeleitete oder faktisch zuständige Einrichtungen im Hinblick auf Wirtschaftsprozeß, Wirtschaftsstruktur und Wirtschaftsordnung treffen" (*K. Schiller,* 1965, Bd. 12, S. 210).

Die **Finanzpolitik** hat es entscheidend zu tun mit der Bereitstellung von Geldmitteln, die der Staat im weitesten Sinne oder von ihm beauftragte oder konzessionierte Körperschaften zur Durchführung ihrer Aufgaben benötigen (Steuerstaat). Daneben wird die zweckentsprechende Verwendung der Einnahmen, also die Haushaltsführung der staatlichen Instanzen, untersucht. Der Ausgabenbereich hat sich durch Fehlentwicklungen in der Beschäftigungshöhe, durch das Entstehen sozialer Verteilungsfragen und die struktur- und regionalpolitischen Maßnahmen des Staates erheblich ausgeweitet. Durch den großen Umfang der „Hilfsfisci", z. B. der Haushalte der Sozialversicherungen, spielen zunehmend Institutionen eine große Rolle, die auch eine besondere Bedeutung in der Sozialpolitik einnehmen.

Die **Sozialpolitik** umfaßt die Politik gegen wirtschaftliche und soziale Ungleichheit und Schwäche. Wenn man die wirtschaftswissenschaftliche Seite betont, dann steht die ökonomische Schwäche im Vordergrund.

Als wissenschaftliche Disziplin hat die Sozialpolitik die Aufgabe einer systematisch-theoretischen Grundlegung und Durchdringung der praktischen Sozialpolitik. Wir wollen dabei vier Schwerpunkte setzen: dies sind die **Verteilungsökonomik,** die **Sicherungs-** einschließlich der **Gesundheitsökonomik,** die **Arbeitsökonomik** und die **soziale Ordnungspolitik.**

Wir haben hier eine konventionelle Gliederung in Teildisziplinen der Sozialwissenschaften vorgestellt. *H. H. von Arnim* hat dazu mit Recht betont: In Anbetracht der heute ... vielfältigen gesamtwirtschaftlichen Zusammenhänge (‚Interdependenzen') fließen die drei Gebiete aber ineinander und sind deshalb nur schwer voneinander abzugrenzen" (*H. H. von Arnim,* 1974, S. 19; vgl. auch: *H. Lampert,* 1989).

Die Stellung der Disziplinen soll durch ein übersichtliches Schaubild nun auch graphisch verdeutlicht werden.

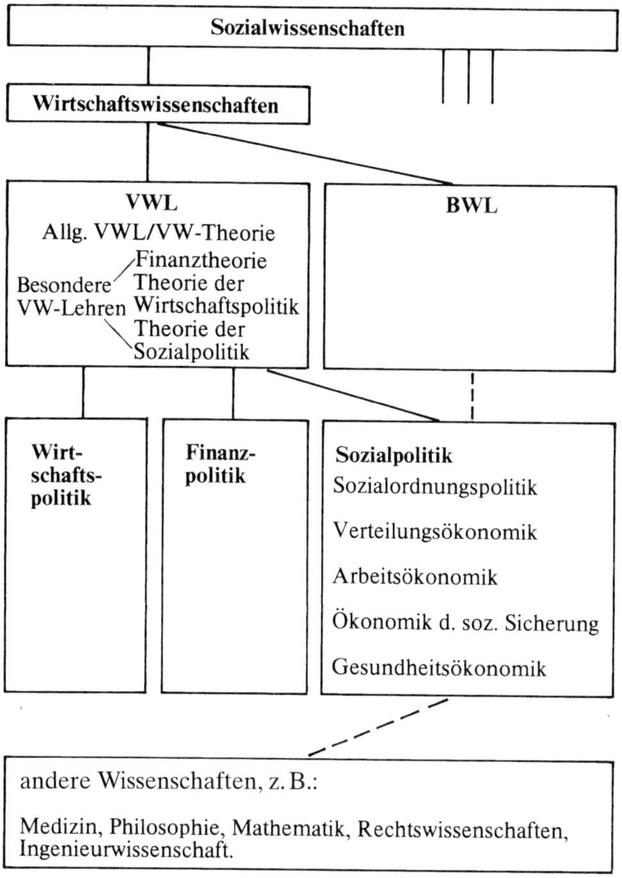

Abb. 1.1: Die Stellung der Sozialpolitik in den Sozialwissenschaften

1.2.1 Schwerpunktbereiche der Sozialpolitik

Die Schwerpunktbereiche der Sozialpolitik, die ja in exemplarischer Form den Hauptgegenstand der Ausführungen bilden, sollen im folgenden noch näher gekennzeichnet werden.

Die **Sozialordnungspolitik,** auch Sozialreform genannt, ist darauf gerichtet, das Gesamtgefüge der Gesellschaft so zu ordnen und im Rahmen der Verfassung zu verändern, daß Ursachen sozialer Mißstände möglichst schon für die Zukunft ausgeschlossen werden. Hier sind besonders die Familienpolitik, die soziale Wohnungs- und Wohnungsbaupolitik, aber auch die Eigentumsbildungs- und Ordnungspolitik sowie die Unternehmensverfassungspolitik zu nennen.

Die **Verteilungsökonomik** umfaßt neben der Verteilungstheorie, „die vor allem die Determinanten der Einkommensverteilung analysiert", die Verteilungspolitik. Diese hat „die Beeinflussung der Einkommens- und Vermögensverteilung auf Personen oder

Personengruppen (z. B. Haushalte, Arbeiter, Angestellte, unselbständige Erwerbstätige, Unternehmer usw.) zum Gegenstand" (*J. Zerche* und *I. Schmale,* 1980, S. 463).

Die **Arbeitsökonomik** „hat die ökonomisch relevanten Wechselwirkungen zwischen unselbständig beschäftigten Erwerbspersonen und Unternehmern bzw. ihren Verbänden auf dem Arbeitsmarkt, im innerbetrieblichen Bereich, im innerverbandlichen Beziehungsgefüge und die wirtschaftlichen Wirkungen dieser Beziehungen zum Gegenstand" (*J. Zerche,* 1979, S. 12).

Die **Sicherungs-** einschließlich der **Gesundheitsökonomik** umfaßt die Analyse und Politik, die auf Tatbestände wie Arbeitslosigkeit, Tod des Ernährers, Alter, Krankheit, Invalidität, Mutterschaft usw. (Soziale Sicherung) gerichtet sind.

Diese Schwerpunktbereiche werden nicht nur ökonomischen Analysen unterzogen, sondern auch institutionell behandelt. Dabei stehen die Wechselbeziehungen zur Geschichte und zum Recht stärker im Vordergrund.

Diese Schwerpunktbereiche der Sozialpolitik können in einem Schaubild (Abb. 1.2) übersichtlich geordnet werden.

Sozial-ordnungs-politik	Verteilungs-ökonomik	Arbeits-ökonomik	Sicherungs-einschl. Gesundheits-ökonomik	ökonomisch orientiert
				institutionell orientiert

Abb. 1.2

1.2.2 Übersicht über unterschiedliche Begriffe der Sozialpolitik

Um zu verdeutlichen, daß es je nach Zeitumständen und Interesse zum Teil erheblich abweichende Umschreibungen der Sozialpolitik gegeben hat, sollen in zeitlicher Folge Definitionen der Sozialpolitik vorgestellt werden, die dem oben Abgegrenzten nur in Teilen oder gar nicht entsprechen.

Adolph Wagner, (1835 bis 1917), der als Professor für Staatswissenschaften vor allem in Berlin wirkte und den Verein für Socialpolitik mitbegründete, verstand unter Sozialpolitik „diejenige Politik des Staates, welche Mißstände im Gebiet des Verteilungsprozesses mit Mitteln der Gesetzgebung und Verwaltung zu bekämpfen sucht." (Zit. nach: *W. Weddigen,* 1933, S. 7). In diesem Verständnis von Sozialpolitik spiegelt sich *Wagners* gleichermaßen kritische Haltung gegenüber dem Kapitalismus wie dem Marxismus wider. *Wagner* beschäftigte sich in erster Linie mit der Frage, wie Staat und Gesellschaft im Interesse der von ihm geforderten sozialen Gerechtigkeit umzugestalten seien, weswegen er auch für viele als „Staatssozialist" galt.

Richard van der Borght (1861–1926) wirkte nach seinem Studium der Staatswissenschaften in Halle/Saale zunächst als Sekretär der Handelskammer, bevor er nach achtjähriger Tätigkeit als Mitglied des Preußischen Abgeordnetenhauses Präsident des Kaiserlichen Statistischen Amtes wurde. In verschiedenen Werken setzte er sich mit Problemen der Sozialpolitik auseinander. Diese definierte er als „die Gesamtheit der Maßnahmen, die das Gesamtwohl durch Einwirkung auf die Verhältnisse der zum Gemeinwesen gehörigen Gesellschaftsklassen zu fördern bezwecken" (*R. van der Borght,* 1923, S. 2).

Otto von Zwiedineck-Südenhorst (1871–1957) übte nach dem Studium und der Promotion in den Rechts- und Staatswissenschaften zunächst verschiedene Tätigkeiten vor allem im Staatswesen aus, bevor er dann Professor in Karlsruhe, Breslau und schließlich München wurde. Insbesondere leistete er wichtige Beiträge zu Fragen und Problemen der Arbeitspolitik (Arbeitslosigkeit, Arbeitsschutz, Lohnpolitik). Unter Sozialpolitik verstand er: „Jedwedes planmäßige Verhalten, gleichviel ob von ganz freien Gesellschaftsgruppen, ob von staatlichen oder innerstaatlichen Verbänden getragen, mit Zwecken, die auf die Gesellschaftsverhältnisse gerichtet sind." (*O. von Zwiedineck-Südenhorst,* 1911, S. 37).

Alfred Amonn (1883–1962) war ab 1910 Professor für politische Ökonomie an verschiedenen Hochschulen (u. a. Freiburg, Prag, Tokio, Bern). Er stand der nationalökonomischen „Wiener Schule" nahe, legte sich aber nicht auf extreme Positionen innerhalb der Volkswirtschaftslehre fest. Als Sozialpolitik galten für ihn „die politischen Bestrebungen und Maßnahmen, die ihrem Wesen nach speziell der Erhaltung und Stärkung des inneren, materiellen Zusammenhangs der Gesellschaft zu dienen bestimmt sind." (zitiert bei *L. von Wiese,* 1956, S. 549).

Ludwig Heyde (1888–1961) war Professor für Soziologie, Volkswirtschaftspolitik und Sozialpolitik an den Universitäten Rostock, Kiel und Köln. In der Weimarer Republik war *Heyde* Mitglied des vorläufigen Reichswirtschaftsrates und gab verschiedene sozialpolitische Zeitschriften heraus. Sozialpolitik bezeichnet nach *Heyde* den „Komplex der planmäßigen Bestrebungen und Maßnahmen, die primär den Zweck verfolgen, das Verhältnis Klassen (und Stände) zueinander und zu den Staatsgewalten nach Maßgabe von Wertvorstellungen zu beeinflussen." (*L. Heyde,* 1931, S. 7).

Max Weber, ein Namensvetter des großen deutschen Soziologen und Schüler von Alfred Amonn, begreift Sozialpolitik als „Bestrebungen und Maßnahmen, die darauf gerichtet sind, die Verteilung des Sozialprodukts und die Stellung der sozialen Schichten untereinander zu ändern" (*M. Weber,* 1953, S. 173).

Gerhard Albrecht (1889–1971) gehörte zu den Wiederbegründern des Vereins für Socialpolitik nach dem Zweiten Weltkrieg. In der Zeit der NS-Diktatur verlor er phasenweise sein Ordinariat und mußte die zusammen mit *Zwiedineck-Südenhorst* wahrgenommene Herausgeberschaft der „Jahrbücher für Nationalökonomie und Statistik" aufgeben. *Albrecht* gehörte zum Kreis jener Widerstandskämpfer, die am 20. Juli 1944 versuchten, Hitler zu stürzen. Sozialpolitik definierte er wie folgt: „Inbegriff der obrigkeitlichen (in neuerer Zeit vornehmlich staatlichen) Veranstaltungen zum Schutze derjenigen Gruppen der Wirtschaftsgesellschaft, die infolge ihrer wirtschaftlich abhängigen Stellung besonderen Schäden, Benachteiligungen, Gefahren und Nöten ausgesetzt sind, mit dem Ziel der Sicherung des sozialen Friedens und damit des Bestandes und der Entwicklung von Volk und Staat.“ (*G. Albrecht,* 1955, S. 33).

Kontrollfragen zu Kapitel 1:

1. Welche Schwerpunktbereiche umfaßt die ökonomisch orientierte Sozialpolitik?

2. Wie ist das Spannungsverhältnis zwischen Sozialpolitik und Wirtschaftspolitik zu erklären?

3. Welche Bereiche der gesellschaftlichen Wirklichkeit gehören zum Erfahrungsobjekt der Sozialpolitik?

4. Wie wird die Fachdisziplin Sozialpolitik(-lehre) beschrieben?

5. Warum ist eine Abgrenzung zwischen Sozialpolitik, Finanzpolitik und Wirtschaftspolitik schwierig?

6. Welcher Begriff der Sozialpolitik in der Übersicht (1.2) kommt der in diesem Kapitel vorgeschlagenen Definition am nächsten?

2 Historischer Überblick über die Entstehung der praktischen Sozialpolitik

2.1 Historische Entwicklungen zur Sozialpolitik

2.1.1 Periodenabgrenzung

Teilt man die neueren Wirtschaftsperioden nach vier Zeiträumen ein, so können wir von 800 bis 1600 das **Mittelalter** ansetzen, von 1600 bis 1700 die Zeit des **Merkantilismus** abgrenzen, 1700 bis 1900 als **Wirtschaftsperiode** des **Laissez-Faire** bezeichnen und ab 1900 den entwickelten **Kapitalismus** mit einer gemischtwirtschaftlichen Ordnung unterscheiden (*N. F. Kaiser,* 1965, S. 26).

In allen Perioden gab es die Notwendigkeit, für Arme und Kranke zu sorgen. Schon aus der Zeit *Karls des Großen* kennen wir entsprechende Anweisungen.

Im **Mittelalter** hatte die Kirche als grundlegende gesellschaftliche Institution mit ihren Hospitälern und Klöstern wesentliche Teile der Armen- und Krankenpflege übernommen. Da aber die Gesellschaft agrarisch und feudalistisch geprägt war und jeder sich mit seinem jeweiligen Stand abzufinden hatte, fehlte in dieser statischen Ordnung die Idee des Fortschritts. Der Grundsatz der „standesgemäßen Nahrung" herrschte vor, und die Armen erschienen nicht als ein bedrohliches, gesellschaftliches Problem, sondern waren vielmehr willkommen als Personen, an denen man Wohltätigkeit nach den christlichen Geboten üben konnte. Sozialpolitik im modernen Sinne konnte es daher nicht geben.

Auch der **Merkantilismus** als Kennzeichnung für die Wirtschaft und Wirtschaftspolitik des absoluten Fürstenstaates kannte keine umfassende Sozialpolitik. Durch die staatliche Förderung vermehrten sich zwar die Manufakturen, in denen oft schon unter fabrikmäßigen Bedingungen gearbeitet wurde, es gab aber keine zielgerichtete Politik des Staates für die hier Tätigen. Man könnte eher von einer **negativen Sozialpolitik** sprechen, da nur einseitig die Unternehmer und die Kapitalbildung gefördert wurden, soweit diese die Ziele des Fürstenstaates unterstützten.

Die Arbeiter nannte man in England z. B. nur die „labouring poor", da „arbeiten" und „arm sein" gleichgesetzt wurden. Die Arbeitskraft wurde unbekümmert ausgenutzt, was moralisch, z. B. in der „Bienenfabel" des englischen Arztes und Sozialphilosophen *B. Mandeville* (1670–1733), gerechtfertigt wurde.

> „Wenn die Menschen einen so außerordentlichen Hang zum Müßiggang und zum Vergnügen haben, aus welchem Grunde sollen wir dann glauben, daß sie arbeiten würden, wären sie nicht durch unmittelbare Notwendigkeit dazu gezwungen? ... Das Interesse aller wohlhabenden Nationen ... ist es, daß die Armen im allgemeinen möglichst wenig müßig gehen, dabei aber ausgeben, was sie verdienen" (*B. Mandeville,* 1924, S. 192 ff.).

So hatte auch das bereits 1601 unter *Königin Elisabeth I.* erlassene Armengesetz (Act for the Relief of the Poor) jedes Kirchspiel zur Fürsorge für seine Armen verpflichtet und zugleich mit der Auflage versehen, die arbeitsfähigen Armen in zu errichtenden Manufakturen zu beschäftigen.

Die **Periode des Laissez-Faire** ist gekennzeichnet durch eine Ablösung feudaler und zünftiger Ordnungen durch bürgerliche, liberale Verfassungen: im ökonomischen Bereich treffen wir auf eine gewaltige Expansion der Produktivkräfte, die gemeinsam mit der neuen Wirtschaftsordnung zu einer zunehmenden **Proletarisierung** breiter Bevölkerungsschichten führt. Als **die** „Soziale Frage" entwickelt sich die **„Arbeiterfrage"**, die die Grundlage für eine soziale Bewegung auf sozialreformerischer oder sozialrevolutionärer Basis bildet. Als eine Möglichkeit zur Milderung der sozialen Probleme bildet sich die **moderne Sozialpolitik** heraus, die unter dem zunehmenden Einfluß staatlicher Institutionen oder mit staatlich hoheitlichen Befugnissen ausgestatteten Einrichtungen dem abhängigen Arbeitnehmer zunehmend seine wirtschaftliche und soziale Existenz sichert.

2.1.2 Haupttriebkräfte der kapitalistischen Wirtschaftsentwicklung

Es sollen nun die Haupttriebkräfte genannt werden, die zur kapitalistischen Laissez-Faire-Wirtschaft führten.

Eine der Haupttriebkräfte war ein in der bisherigen Menschheitsgeschichte unbekannter Prozeß des **wirtschaftlichen Wachstums.** Dieser wirtschaftliche Wandlungs- und Beschleunigungsprozeß wird auch oft als **„industrielle Revolution"** bezeichnet. Er fand zuerst in England zwischen 1760 und 1830 statt, begann in Frankreich und Deutschland aber erst im 19. Jahrhundert.

Die günstigen Ausgangsbedingungen lagen, z.B. für England, in den Entwicklungen des philosophisch-wissenschaftlichen Bereichs, der Verfügbarkeit über Kapital, dem Bevölkerungswachstum, der Agrarrevolution, der Verfügbarkeit über Rohstoffe, den Verbesserungen des Transports und der Technik begründet.

Die entscheidenden **geistigen Anstöße** und Erneuerungen hatten zu neuen Staatstheorien und zum Teil zu einem optimistischen Fortschrittsglauben geführt.

Die geistigen Wegbereiter des heraufkommenden Kapitalismus waren der **Rationalismus,** d. h. die Anerkennung der Vernunft als einzigem Ordnungsprinzip, und ein neuer **Naturbegriff,** der die Zielgerichtetheit aller Entwicklungen annahm und im Gegensatz zum Christentum nicht auf das Jenseits, sondern auf das Diesseits abstellte. Aus beiden resultierte ein unbedingter Glaube an den **Fortschritt** der Menschheit.

Die Bedeutung der Vernunft für die Staatstheorie hatte in der neuen Entwicklung *Th. Hobbes* (1588–1679) ausgedrückt. Die entscheidenden Anlagen des Menschen sind für ihn die Triebe und die Vernunft. Würde der Mensch nur seinen Trieben folgen, würde er ständig auf die Ansprüche anderer stoßen und stets im Kriegszustand leben (bellum omnium contra omnes). Die natürliche Vernunft aber fordert die Beendigung des Kriegszustandes. Als erste Forderung der Vernunft ergibt sich somit das Friedensgebot (pax est quaerenda).

Einen endgültigen Bruch mit der konservativen Staatslehre vollzog dann der französische Philosoph *F. Voltaire* (1694–1778). Für ihn war die menschliche Entwicklung ein

Kampf zwischen rückwärtsgewandter und aufklärerisch fortschrittlicher Haltung. Aus der These, daß alle Menschen als Einzelpersönlichkeit unverlierbare und unveräußerbare Rechte besitzen, wurde der Grundsatz der **Gleichheit** aller Menschen gefolgert.

Diese Auffassung wurde besonders von *J. J. Rousseau* (1712–1778) bekräftigt, der mit seinen Arbeiten über den Gesellschaftsvertrag das gesellschaftswissenschaftliche Denken entscheidend beeinflußt hat. Danach unterstellt sich der Einzelmensch nicht wegen natürlicher oder allgemein gültiger Gesetze einem Gesamtwillen, sondern nur durch einen **Vertrag.** Erst diese Verträge, die alle miteinander schließen, konstituieren den Staat. Das entscheidend Neue war, daß keine metaphysischen, jenseits der Natur liegenden Gründe, und auch keine gefühlsbedingten, sondern allein vernunftmäßige Gründe den einzelnen in die Gesellschaft einordnen.

In England waren die aufklärungsphilosophischen Schriften und Abhandlungen zur Philosophie der Moral *D. Humes* (1711–1776) von großer Bedeutung. Dieser Denker bereitete den Boden mit vor, der zum **politischen Liberalismus** der Bürger führte. Daraus leiteten sich auch erste staatliche Umbrüche ab, die in Nordamerika und in Frankreich erfolgten. Am 4. Juli 1776 wurde die Unabhängigkeitserklärung der Vereinigten Staaten von Amerika vom Kongreß angenommen. In der **„Bill of Rights"** wurden die unumstößlichen **Menschenrechte** festgeschrieben. In Frankreich brachte die **Französische Revolution** 1789–1792 die Befreiung des „Dritten Standes" (Bürgertum).

Auch im **wirtschaftlichen Denken** sollte sich das rationale, liberale Denken durchsetzen. Hatte noch das Denksystem der Physiokraten und Merkantilisten zur Stärkung des feudalen oder aufgeklärten Fürstenstaates beigetragen, so wurden nun Gedankensysteme entwickelt, die insbesondere die große Bedeutung der produktiven Klasse der Manufakturbesitzer und der dynamischen Unternehmer hervorhoben. Hier ist besonders der Vater der **liberalen Ökonomie,** *A. Smith* (1723–1790) zu nennen. *Smith* war in seiner philosophischen Grundposition u. a. von *F. Hutcheson,* der sich 1725 für den **Utilitarismus** einsetzte, und von dem berühmten Vertreter des Utilitarismus, *J. Bentham* (1748–1832), beeinflußt.

Der Utilitarismus wollte objektive Grundsätze aufstellen, die es erlaubten, eine gegebene Handlung als richtig oder falsch zu kennzeichnen. Die zugrundeliegende Maxime wurde das **Nützlichkeitsprinzip** genannt.

Es besagt: Eine Handlung ist richtig, soweit sie dazu beiträgt, das größte Glück für die größte Zahl von Menschen zu fördern. Hiermit wird deutlich, daß allein die Wirkung einer Handlung für ihre Bewertung zählen sollte. Der Einfluß dieser Moralphilosophie auf *Smith* ist insofern interessant, weil schon hier der Keim für eine **Harmonievorstellung** liegt, die später für ihn „im Reichtum der Nationen..." **(An Inquiry into the Nature and Causes of the Wealth of Nations,** 2. Bd., 1776) eine entscheidende Rolle erhält.

In diesem **Grundwerk der liberalen Ökonomie** spiegelt sich der *Smith*sche Optimismus, Individualismus und Harmonieglaube wider.

> „Jeder Mensch ist stets darauf bedacht, die vorteilhafte Anwendung allen Kapitals, worüber er zu verfügen hat, ausfindig zu machen. Er hat in der Tat nur seinen eigenen Vorteil und nicht den der Nation im Auge; aber natürlicher- oder vielmehr notwendigerweise

führt ihn die Bedachtnahme auf seinen eigenen Vorteil gerade dahin, daß er diejenige Kapitalbenutzung vorzieht, welche zugleich für die Nation die vorteilhafteste ist" (*A. Smith,* 1910, 2. Bd., S. 15).

Die einseitig individualistische Ausrichtung – als Reaktion auf feudale und fürstliche Fesseln verständlich – läßt dem Staat keine andere Aufgabe zukommen als „die Gesetze zu geben, welche den Mitbewerb regeln und diejenigen zu strafen, welche sich nicht enthalten können, den Konkurrenten ein Bein zu stellen. Die alleingelassene Natur wird dann den höchsten Wohlstand schon hervorzaubern" (*W. Hasbach,* 1890, S. 154).

Wenn es einen „bewunderungswürdigen" Wirtschaftsmechanismus gibt, der nach „natürlichen" Gesetzen abläuft und in den der Staat nicht eingreifen soll, dann gibt es **keinen Ansatzpunkt** für sozialpolitische Maßnahmen.

Dies zeigt *Smith* deutlich beim Bevölkerungsproblem seiner Tage.

„Jede Tiergattung vermehrt sich naturgemäß nach Maßgabe der Unterhaltsmittel und kann sich niemals über dieselben hinaus vermehren. Aber in einer zivilisierten Gesellschaft kann der Mangel nur unter den unteren Volksklassen einer weiteren Vermehrung der Menschen Schranken setzen, und er kann dies nur dadurch, daß er einen großen Teil der Kinder, die ihre fruchtbaren Ehen hervorbringen, tötet."

Der Mensch wird nach diesen „natürlichen" Gesetzen wie eine Ware betrachtet.

„So geschieht es, daß die Nachfrage nach Menschen, gerade wie die nach jeder anderen Ware, notwendig auch die Erzeugung der Menschen reguliert" (*A. Smith,* 1. Bd., S. 45 f.).

2.1.3 Die wirtschaftliche Entwicklung in England

Neben den geistigen Triebkräften sind die Veränderungen in der Wirtschaftsgesellschaft bedeutsam.

Die **Kapitalakkumulation** geht in England auf größere Rechtssicherheit (nach dem Bürgerkrieg), den „puritanischen Geist" bei den Selbständigen des Nordens, die große Ersparnisse und persönliche Arbeit in ihre Familienbetriebe investierten, Gewinne aus der Landwirtschaft und Kapitalzuflüsse aus dem Ausland – besonders aus Holland – zurück.

Das starke **Anwachsen der Bevölkerung** seit etwa 1760 wirkte ebenfalls als Antriebskraft der Industrialisierung und des Wirtschaftswachstums. Die geschätzte Bevölkerung in England und Wales wuchs von 1750 bis 1800 von 6,4 Mio. auf 9,1 Mio. Nach dem Bevölkerungszensus von 1801 betrug sie 8,8 Mio. und nahm auf 13,8 Mio. im Jahre 1831 zu.

Einer der Hauptgründe lag im **Sinken der Sterberate,** da die geringere Sterberate u. a. dazu führte, daß mehr Frauen die Fruchtbarkeitsperiode erlebten, so daß die Zahl der Geburten ebenfalls ansteigen konnte.

Es ist äußerst umstritten, ob die sinkende Sterberate auf medizinische Fortschritte zurückgeführt werden kann. Erst ab 1846 konnten durch Einführung der Anästhesie schwierige Operationen gewagt werden. Aber selbst 1874 betrug die Mortalitätsquote im Universitätskrankenhaus von Oxford bei Amputationen zwischen 35 und 50 Prozent. Die größere Überlebenswahrscheinlichkeit scheint mehr durch Fortschritte in der persönlichen Hygiene als durch medizinische Erfolge erreicht worden zu sein. Der Gebrauch der Seife ab 1790 ließ die Verlausung erheblich zurückgehen. Auch die billige Baumwollkleidung wurde nun häufiger gewaschen und gekocht. Dies bewirkte eine erhebliche hygienische Verbesserung. Auch Umweltfaktoren – wie die Nutzung von Ziegelsteinen und Dachpfannen anstelle von Holz und Stroh – verminderten die Zahl der krankheitskeimübertragenden Schädlinge in den Häusern.

Die anwachsende Bevölkerung in den Städten und nach 1793 der Krieg mit Frankreich erforderten eine **Landwirtschaft,** die effektiver größere Nahrungsmittelmengen produzierte. Die Abschaffung der „Offenes-Feld-Landwirtschaft" durch Einhegung und Einzäunung (enclosure) auch der Allmende (common land) führte neben verbesserten Techniken zur Steigerung der Produktivität. Der landwirtschaftliche Besitz konzentrierte sich bei wenigen Farmern, und diese konnten wirksamere Anbautechniken anwenden. Naturwissenschaftliche und ökonomische Methoden fanden mehr und mehr auch in der Landwirtschaft Verbreitung.

Die **Basisrohstoffe** zu Beginn der „industriellen Revolution" waren Eisen und Kohle. England war in der glücklichen Lage, über beide Rohstoffe in genügender Menge verfügen zu können.

Auch im **Transportbereich** gab es zahlreiche Verbesserungen. Zur Erneuerung der Straßen wurden Trusts gegründet, die die Straßen herrichteten und dann durch Gebührenerhebung Gewinne erzielten.

Das Kanalsystem wurde zum preisgünstigen Transport der Massenrohstoffe angelegt. 1759 bis 1761 wurde als erster für den Gütertransport geplanter Kanal der Bridgewater Canal errichtet, um Kohle von Worsley nach Manchester zu transportieren.

Das Wachstum der Industrie wäre nicht ohne eine **„neue Technologie"** möglich gewesen. Die Zahl der angemeldeten Patente stieg von 1750 bis 1759 mit 92 auf 4581 im Zeitraum 1840 bis 1849 (*R. M. Reeve,* 1971).

Die erste wirtschaftlich nutzbare Maschine wurde von *T. Newcomen* 1706 entwickelt. Sie war für Pumpeinrichtungen in Bergwerken geeignet. *J. Watt* verbesserte die Effizienz dieser Maschine. Im Jahre 1769 meldete *Watt* seine **Dampfmaschine** zum Patent an, die er 1781 so verbessert hatte, daß sie sich nun als Antrieb für Maschinen in der Maschinenindustrie als auch im Transportbereich eignete.

Die Basisindustrie, wo auch die weitreichendsten Erfindungen gemacht wurden, war die **Baumwollindustrie.** Die erste große Erfindung war 1733 *Kays'* „fliegendes Weberschiffchen". Der Weber konnte das Schiffchen nun mit einer Hand führen. Die bedeutsamste Erfindung begann mit *Hargreaves'* „Spinning Jenny" 1765. Die „Spinning Jenny" konnte mehrere Spindeln tragen und spann gleichzeitig mehrere Fäden. 1769 erfand *Arkwright* den nach ihm benannten Rahmen, der die Baumwollindustrie aus den Häusern in die Mühlen brachte, da die Maschine für Menschenkraft zu schwer zu betreiben war.

Ohne die Erfindungen der anderen Grundindustrien wie der Woll-, Eisen- und Kohleindustrie in diesem Rahmen anführen zu können, sollen noch einige Zahlen die **„industrielle Revolution"** verdeutlichen.

1830 erzeugte England 700 000 t Roheisen, 1871 – 1873 mehr als 6,5 Mio. Tonnen.

Die Kohleproduktion betrug 1855 65 Mio. Tonnen, 1900 225 Mio. Tonnen.

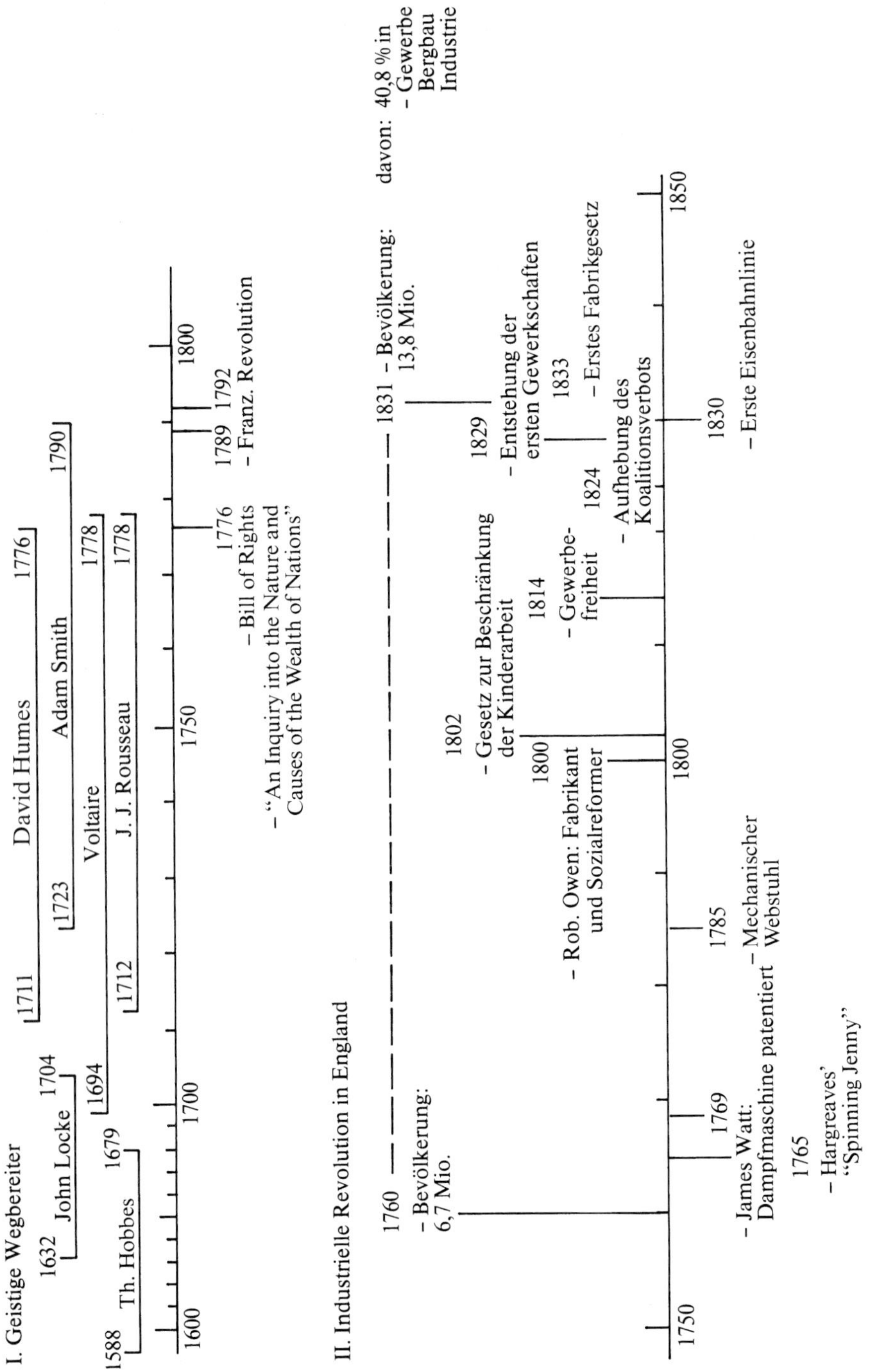

Abb. 2.1: Zeitachsendarstellung über geistige Wegbereiter und die industrielle Revolution

1840–1850 eröffnete England 6000 Meilen Eisenbahnlinien, das restliche Europa 7000 und ganz Amerika ebenfalls 7000 Meilen.

Die Bevölkerung in England und Wales, die 1838 15,3 Mio. betrug, hatte sich bis 1901 auf 32,6 Mio. verdoppelt.

Industriestädte wie Birmingham, Bradford, Leeds, Liverpool, Manchester hatten ihre Einwohnerzahl schon zwischen 1801 und 1831 mehr als verdoppelt.

2.1.3.1 Die sozialen Folgen für die Arbeiterbevölkerung

Der Anteil der erwerbstätigen englischen Bevölkerung in der Landwirtschaft sank von 1801 mit 35,9 Prozent auf 24,6 Prozent 1831. Dagegen stieg der Anteil der Beschäftigten in Fabriken und im Bergbau von 29,7 Prozent auf 40,8 Prozent im gleichen Zeitraum. In absoluten Zahlen bedeutet dies, daß 1801 etwa 1,4 Mio. Arbeiter im Bergbau, in Fabriken und Industrie beschäftigt waren und ihre Zahl auf 3 Mio. 1831 anstieg.

In diese Zeit fällt das schnelle Wachstum der Industriestädte, in der z. B. Manchester von 75 000 Einwohnern im Jahre 1801 auf 182 000 1831 anwuchs. Die **sozialen Konsequenzen** für die Arbeiter waren katastrophal. Sie bewohnten die **Slum-Gebiete** der großen Städte, in denen Arbeiterfamilien in der Regel nur einen Raum besaßen. Diese Räume waren häufig feucht, schlecht belichtet und ermangelten aller sanitären Einrichtungen.

Hinzu kam, daß das Fabriksystem den Arbeitern eine ungewohnte Art von Arbeit abverlangte. Die Arbeiter verdingten sich jetzt oft in großer Zahl für einen Unternehmer, der auch den genauen Arbeitsablauf anordnete und überwachte. Vor und zu Beginn der „industriellen Revolution" hatten die Arbeiter häufig noch in ihren Wohnungen gewirkt. Nun mußten Männer, Frauen und Kinder viele Stunden in Fabrikhallen verbringen. Die **Arbeitsdisziplin** war streng. Die Unternehmer nahmen an, daß nur die äußerste Anspannung der Arbeiter ihnen einen Gewinn bringe. So mußte die Arbeit pünktlich beginnen, über lange Perioden des Tages systematisch durchgeführt werden, was z. B. dazu führte, daß oft das Singen am Arbeitsplatz bestraft wurde. Dies mußte insbesondere die Arbeitskräfte verbittern, die noch an ihre Heimarbeit gewohnt waren.

Die **Arbeitseinkommen** konnten besonders zu Beginn der Industrialisierung nicht mehr als die unbedingt notwendigen Grundbedürfnisse abdecken. 1795 war daher in Berkshire das **Speenhamland-System** eingeführt worden, das Unterstützungszahlungen an den Brotpreis und die Familiengröße band. Bis 1818 war dieses System in Südengland und Teilen Mittelenglands verbreitet. Danach betrug der Mindestlohn das Dreifache des Preises eines achtpfündigen Brotlaibes. Waren Frau und ein Kind zu unterhalten, so verdoppelte sich der Mindestlohn ungefähr. Bei Preissteigerungen für Brot erhöhte sich das Mindesteinkommen entsprechend (*B. J. Smales*, 1975, S. 51).

Wie war nun allgemein die Entwicklung des Lebensstandards zu beurteilen? Viele Beobachter betrachten die Periode von 1760 bis zur Errichtung des Wohlfahrtsstaates 1945 als eine Zeit der Mühen, des Schweißes und der Unterdrückung. Dabei wird aber übersehen, daß die Industrialisierung auch Vorteile für die Armen brachte – soweit allein die Güterversorgung berücksichtigt wird. Es ist aber zutreffend, daß zunächst nach der Inflation 1793 viele Arme noch ärmer wurden als in der vorindustriellen Periode.

Aber nach den Napoleonischen Kriegen (1815) stiegen die Industrielöhne so weit, daß sie mit den Verkaufspreisen Schritt hielten. 1831 lagen zwar die Lebenshaltungskosten höher als 1790, aber in dieser Zeitspanne waren auch die städtischen Löhne um 43 Prozent gestiegen.

Außerdem ist zu berücksichtigen, daß die Güterproduktion in der Zeit der „industriellen Revolution" nicht nur aus Luxusgütern bestand. Es waren vorwiegend Güter des täglichen Bedarfs und Investitionsgüter. Noch 1822 stieg daher der Verbrauch der Arbeitermassen an Baumwolle und Wolle, Nahrungsmitteln und Getränken. Die Ausfuhr der Industriegüter aus England ermöglichte auf der Gegenseite, Zucker, Getreide, Kaffee und Tee für die stark gewachsene Bevölkerung einzuführen. So schaffte die „industrielle Revolution" zugleich die Basis, um die wachsende Bevölkerung zu beschäftigen, zu kleiden und zu ernähren (*B. J. Smales,* 1975, S. 52).

2.1.3.2 Die Reaktion der Arbeiter

Beginnend mit dem 18. Jahrhundert, hatten sich viele gelernte Handwerker und Arbeiter zu **Gewerbevereinen** zusammengeschlossen. Sie gründeten Krankenkassen und Beerdigungsunterstützungsfonds und wirkten auf die Zahl der Lehrlinge in bestimmten Gewerben ein.

Im Verlauf des Jahrhunderts nahmen diese Gewerbevereine mehr und mehr den Charakter von Gewerkschaften an.

Aus Furcht vor revolutionären Umstürzen nach französischem Modell erließ die Regierung 1799 und 1800 die Combination Acts, die einen Zusammenschluß verboten.

Durch das Verbot gewerkschaftsähnlicher Zusammenschlüsse wurde aber der Konflikt zwischen Arbeitern und Unternehmern verschärft. Daher setzte sich der Führer der Radikalen, *F. Place* (1771 – 1854), für die Zulassung von Gewerkschaften ein. Diese wurden 1824 wieder legalisiert.

In der folgenden Periode wurde die englische Gewerkschaftsbewegung stark durch den **utopischen Sozialisten** *R. Owen* (1771–1858) beeinflußt. Er versuchte, mit seiner Baumwollfabrik in New Lanark eine neue industrielle Gesellschaft zu begründen. In Amerika bemühte er sich, ein Dorf auf genossenschaftlicher Basis zu errichten (New Harmony).

Danach entwickelte er den Plan, eine allumfassende „Vereinigte Nationale Gewerkschaft" zu gründen, die als Einheitsgewerkschaft alle Arbeiter einschließen sollte. Die Idee war seiner Zeit weit voraus und ließ sich praktisch noch nicht erfolgreich umsetzen, da sowohl die Regierung als auch die Presse Widerstand leisteten.

Nach dem Zusammenbruch der „Vereinigten Nationalen Gewerkschaft" suchten die Arbeiter ihre Forderungen auf politischem Gebiet durchzusetzen.

Die sozialen und ökonomischen Mißstände wurden zu politischen Forderungen der **Chartisten,** die auf eine Londoner Arbeitervereinigung, gegründet 1835 und genannt „the People's Charter", zurückgingen. Sie wurden zu einer politischen Bedrohung für die Regierung, scheiterten aber nach 1848 aus einer Vielzahl von Gründen völlig.

Wichtige Bausteine der sozialen Umformung bildete die **Genossenschaftsbewegung,** die ihren Ausgang von der berühmten Eröffnung eines Geschäfts der **Rochdaler Pioniere 1844** in Toad Lane, Rochdale, nahm.

Dazu kamen **Gewerkschaftsgründungen** zwischen 1850 und 1860, die als Gewerkschaften nach einem „neuen Gewerkschaftsmodell" bezeichnet werden können. Charakteristisch war für sie:

1. Zentralisierung der Kontrollbefugnisse,
2. hohe wöchentliche Beiträge,
3. beachtliche Unterstützungszahlungen für Mitglieder bei Notfällen und im Alter,
4. Verhandlungen erhalten den Vorzug vor Streikhandlungen.

Die Hauptereignisse im sozialpolitischen Leben Englands sollen abschließend in einer Übersicht mit den wichtigsten Eckdaten dargestellt werden.

Übersicht 2.1: **Sozialpolitische Eckdaten in England im 19. Jahrhundert**

1800 *R. Owen,* englischer Fabrikant und Sozialreformer, übernimmt in New Lanark eine Baumwollspinnerei und führt soziale Reformen sowie Kranken- und Pensionskassen, Schulen und Kindergärten ein und gründet kommunistische Siedlungsgenossenschaften.

1802 Gesetz zur Beschränkung der Kinderarbeit auf 12 Stunden bleibt wirkungslos.

1819 Gesetz für Baumwollfabriken; verbietet Arbeit für Kinder unter 9 Jahren und führt für Kinder zwischen 9 und 16 Jahren den 12-Stunden-Tag ein.

1824 Aufhebung des Koalitionsverbotes.

1829 Entstehen der ersten Gewerkschaften.

1833 Bei Baumwoll-, Flachs-, Wolle- und Seidenfabriken: Verbot der Kinderarbeit unter 9 Jahren sowie Einführung des 8-Stunden-Tages für 9–13jährige und des 12-Stunden-Tages für 13–18jährige.

1844 Nachtarbeitsverbot und 12-Stunden-Tag für Frauen.

1847 Einführung des 10-Stunden-Tages.

1871 Gesetzliche Anerkennung der Trade Unions.

1878 Erweiterung der Gewerbeaufsicht durch die „Factory and Workshop Act".

1897 Einführung der Unfallversicherung durch „Workman's Compensation Act".

2.1.4 Die industrielle Entwicklung in Deutschland

2.1.4.1 Die allgemeine industrielle Entwicklung

Aufgrund der staatlichen Zerrissenheit, feudaler und zünftiger Fesseln setzte die Anlaufphase der industriellen Entwicklung in Deutschland erst etwa Mitte des 19. Jahrhunderts ein. Die ersten Höhepunkte dieser Aufbauphase lagen vor dem ersten Weltkrieg (1910).

Zu Beginn des 19. Jahrhunderts lebte der größte Teil der Bevölkerung noch auf dem Lande. Die Bauern waren durch **Erbuntertänigkeit** und **Adelsvorrechte** faktisch noch in einem unfreien Rechtsstande. Diese Einschränkungen wurden erst 1807 durch *vom Stein* in Preußen rechtlich aufgehoben. Da die **Bauernbefreiung** aber für viele mit schwer erfüllbaren Auflagen verbunden war, führte sie oft zum **„Bauernlegen“,** wobei insbesondere die adligen Großgrundbesitzer ihre Ackerflächen erheblich erweitern konnten. Dadurch wurden zwischen 1815 und 1860 allein in Preußen östlich der Elbe eine Million ehemalige Bauern zu Landarbeitern, die später oft in die neu entstehenden Ballungsgebiete abwanderten.

Ein wichtiger Schritt zur Abschaffung der zünftigen Fesseln war 1807 das Edikt von *vom Stein* und *Hardenberg,* das die **Gewerbefreiheit** herstellte. Es genügte eine einfache Anmeldung bei der Behörde.

Die Kleinstaaten im Deutschen Reich hatten den Binnenmarkt gelähmt und stationär gehalten. Ein weitblickender Universitätsprofessor, *F. List* (1789–1846), sollte daher schon 1819 vorschlagen, in Deutschland alle **Binnenzölle** abzuschaffen. Nach langwierigen Verhandlungen gelang es 1834, unter preußischer Führung den **Deutschen Zollverein** zu gründen, dem die meisten deutschen Staaten – aber nicht Österreich – angehörten.

Der Zollverein bewirkte eine merkliche Verbesserung für das Transportwesen und die beginnende Industrialisierung.

Neben dieser Verbesserung der Rahmenbedingungen für die wirtschaftliche Entwicklung muß auch die Bedeutung von **Fortschritten** in **Wissenschaft** und **Technik** gesehen werden.

1833 konnten *Gauß* und *Weber* den ersten praktisch verwertbaren Telegraphen bauen. 1842 gelang es *J. R. Meyer,* das Gesetz von der Erhaltung der Energie aufzustellen. 1847 wurde die Firma **Siemens & Halske** gegründet, die sich dem Bau elektrotechnischer Geräte widmete und mit einer Vielzahl von Patenten auf diesem Gebiet hervortrat. Auch in der chemischen Wissenschaft trug Deutschland einen erheblichen Anteil zum Fortschritt bei. 1840 schaffte *J. von Liebig* mit seinen Forschungsergebnissen über die „Agrikulturchemie“ die Voraussetzungen für die künstliche Düngung. So gelang es, die Erträge der Landwirtschaft erheblich zu steigern und die wachsende Bevölkerung, die 1816 erst 23,5 Mio. betrug und bis 1858 auf 34,6 Mio. anstieg, zu ernähren. Dennoch lebten 1850 immer noch 60 % von der Landwirtschaft, und 1870 wohnten erst 12,5 % der Bevölkerung in Großstädten mit mehr als 10 000 Einwohnern (in England 57 %).

Trotz dieses agrarischen Übergewichts war der Aufschwung der Industrieproduktion schon beachtlich. 1840 wurden im deutschen Reichsgebiet erst 4 Mio. t Steinkohle gefördert, 1855 waren es bereits 8 Mio. t. Die Roheisenerzeugung stieg von 143 000 t auf 325 000 t, und die eingesetzten Dampfmaschinen hatten 1840 eine Leistung von 40 000 PS, 1855 eine von 600 000 PS. Das Eisenbahnnetz entwickelte sich von 549 km 1840 auf über 6000 km 1850.

Wie stark die Dynamik in Einzelbereichen war, zeigt die Lokomotivproduktion der **Maschinenfabrik Borsig.** Sie wurde 1837 in Berlin durch *A. Borsig* gegründet und produzierte 1842 ihre erste Lokomotive. 1854 überstieg die Zahl der bei Borsig gebauten Lokomotiven bereits die 500.

Dennoch blieb Deutschland bis zur Mitte des Jahrhunderts vorwiegend ein Agrarstaat. 1850 gab es nur 4 Großstädte mit mehr als 100 000 Einwohnern. Die spätere Industriestadt Essen hatte 9000 Einwohner, und die **Eisenfabrik Krupp** in Essen beschäftigte weniger als 700 Arbeiter. Erst ab 1860 entwickelte sich der Kapitalstock mit erheblich steigenden Zuwachsraten. Die Zahl der in den einzelnen Gewerbezweigen (Metall, Bau, Steine, Erden, Feinmechanik, Textil, Leder, Holz, Druck, Papier, Nahrung und Bergbau) Beschäftigten stieg von 3,5 Mio. im Jahr 1850 auf 7,7 Mio. 1893. Auch die Roheisenproduktion stieg von etwa 10 kg je Einwohner 1850 auf mehr als 50 kg je Einwohner 1880. Die Steinkohlenförderung, die 1860 noch bei etwa 10 Mio. t gelegen hatte, entwickelte sich auf 100 Mio. t 1900 (*F.-W. Henning,* 1993 a, S. 126–159).

Die Zahl der **Beschäftigten im sekundären Sektor** (Industrie, Handwerk, Verlag [mit Heimarbeit], Manufaktur, Bergbau) lag bis 1860 unter 4 Mio. Auch in den sechziger und siebziger Jahren lag die Zunahme der Arbeiter (insbesondere Industriearbeiter) in etwa gleicher Höhe wie die Bevölkerungsvermehrung. Erst als etwa 1880 die Zahl der Selbständigen mit 5,5 Mio. stagnierte und die Zahl der Arbeiter von 14,1 auf 25,4 Mio. anstieg, erfolgte dadurch gleichzeitig eine „Proletarisierung des Bevölkerungszuwachses" (*F.-W. Henning,* 1993 a, S. 33).

2.1.4.2 Die Entwicklung der „Sozialen Frage"

Die sozialen Probleme in der Mitte des Jahrhunderts waren noch auf die in der Landwirtschaft Tätigen und Teile des Mittelstandes gerichtet.

Als 1857 in Frankfurt/Main ein Internationaler Kongreß für Wohltätigkeit tagte, hielt der Vorsitzende des 1844 gegründeten „Central-Verein für das Wohl der arbeitenden Klassen", *Dr. A. Lette,* einen vielbeachteten Vortrag „über den Zustand der Arbeiter- und der Armen-Bevölkerung im preußischen Staate und die Gesetzgebung zur Verbesserung dieses Zustandes". Der im Blickpunkt des Interesses stehende Teil der arbeitenden Bevölkerung liegt für *Lette* bei den landwirtschaftlich Tätigen, den städtischen Fabrik- und gewerblichen Arbeitern, worunter er Dienstboten, gewöhnliche Tagelöhner, Wäscherinnen, Näherinnen, Handwerksgesellen, Gewerbegehilfen und Lehrlinge versteht. Erst an dritter Stelle wurden auch die Fabrikarbeiter aufgeführt (*H. Achinger,* 1979, S. 11).

Die großen Sorgenkinder für die gesellschaftliche Entwicklung waren noch nicht die Industriearbeiter geworden.

Durch die starke Technisierung und Kapitalintensivierung waren aber schon Teile des ländlichen und gewerblichen **Mittelstandes (Handwerkertum)** notleidend geworden. Sie hatten es schwer, sich in der rücksichtslosen Konkurrenzwirtschaft der liberalen Wirtschaftsordnung zu behaupten. Deshalb wurde der alte deutsche **Genossenschaftsgedanke** wiederbelebt, der die Nachteile bei der Kapitalbeschaffung und die Konkurrenz industrieller Großbetriebe für den bedrohten Mittelstand ausgleichen sollte. So begründete *F. W. Raiffeisen* 1847 die erste **landwirtschaftliche Genossenschaft** neueren Typs.

Zur gleichen Zeit begann auch *H. Schulze-Delitzsch* mit der Gründung gewerblicher Genossenschaften. Den ersten Rohstoffbezugsgenossenschaften (1849) folgten bald Kredit- und Absatzgenossenschaften, die später von Konsumgenossenschaften ergänzt wurden.

Die Gründung von Produktivgenossenschaften – die auch *F. Lassalle* anstrebte – war nur teilweise und mit geringem Erfolg zu verwirklichen (*F. Lütge*, 1979, S. 474).

Wenn in dieser Phase bis ungefähr 1860 in Deutschland über Arme oder benachteiligte Schichten gesprochen wird, so ist noch keine Sozialpolitik im modernen Sinne gemeint.

Man versteht darunter hauptsächlich Maßnahmen im Sinne der **Fürsorge** für die Armen.

Seit 1852 wurden Hilfen nach dem „Elberfelder System“ gewährt. Städtische Betreuungsmaßnahmen für die Armen wurden mit freiwilligen Bürgerspenden kombiniert.

2.1.4.3 Die sozialen Verhältnisse in der Industrialisierungsphase bis 1873

Die Einkommensentwicklung im zweiten Drittel des 19. Jahrhunderts hatte sich gegenüber den 1820er Jahren verschlechtert. Da der Anteil der in der Landwirtschaft Tätigen zurückging, wurden immer mehr Arbeiter von der Marktversorgung abhängig. Die Arbeitszeit, die zur Erzielung der Reproduktionskosten des Arbeiters eingesetzt werden mußte, lag oft bei bis zu 90 Stunden je Woche. Die Arbeitsumstände waren nicht nur für die zahlreich beschäftigten Kinder, sondern auch für die erwachsenen Arbeitnehmer gesundheitsgefährdend.

Die Beschäftigungslage war unsicher und konnte durch weltwirtschaftlich bedingte Krisen wie 1857 oder 1868 weiter gefährdet werden. Da die Einkommen der Männer als Familieneinkommen nicht ausreichten, mußten Frauen und Kinder in großem Umfange tätig sein. Die Arbeitsbedingungen waren gekennzeichnet durch lange Arbeitszeiten, lange Anmarschwege und oft fehlende Sonntagsruhe (*F.-W. Henning*, 1993 a, S. 194 ff.).

Wegen des Überangebots des Faktors „Arbeit“ befanden sich die Kapitaleigentümer in einer starken Marktstellung. Der Preis für die Arbeitsleistungen sank dadurch bis zum physischen Existenzminimum ab. Die unorganisierten Arbeiter befanden sich gegenüber den Unternehmern in einer äußerst schwachen Lage. Schon früh wurde daher die Bildung einer „Gegenmacht“ in Form von Gewerkschaften angeregt. Aber erst nach 1868 kam es nach Aufhebung des Koalitionsverbotes zur Gründung von Gewerkschaften. Diese waren aber im allgemeinen überfordert und zu schwach, um die **sozialen Mißstände** hinreichend zu bekämpfen.

Diese Mißstände umfaßten insbesondere:

1. zu lange Arbeitszeiten,
2. weitverbreitete Kinder- und Frauenarbeit ohne gesetzlichen Schutz,

3. fehlenden Betriebsgefahrenschutz,
4. unzureichende Arbeitseinkünfte,
5. keinen Kündigungsschutz,
6. starke wirtschaftliche Unsicherheit bei konjunkturellen Schwankungen (1847/48; 1857; 1868; 1873),
7. wirtschaftliche Not bei allgemeinen Lebensrisiken wie Krankheit, Tod des Ernährers, Arbeitsunfähigkeit, Alter,
8. unzureichende Wohnraumversorgung („Mietskasernen"),
9. unzureichende Erziehungs- und Bildungseinrichtungen,
10. Quasi-Erblichkeit des „proletarischen" Standes.

Der Staat bekämpfte diese Mißstände nur zögernd und war den Selbsthilfemaßnahmen – insbesondere durch Gewerkschaften – oft feindlich gesonnen.

Erste gesetzliche Maßnahmen erfolgten seit 1839 (siehe Übersicht).

Übersicht 2.2: **Staatliche Maßnahmen bis 1869**

1839 Preußisches Regulativ; Zulassungsalter für Arbeiter in Bergwerken und Fabriken 9 Jahre, Nachweis eines dreijährigen Schulbesuchs. Für Fabrikarbeiter unter 16 Jahren Arbeitszeitbeschränkung auf 10 Stunden täglich. Verbot der Nachtarbeit und Sonn- und Feiertagsarbeit.

1845 Preußische Gewerbeordnung.

1853 Einrichtung von fakultativen Fabrikinspektionen, Zulassungsalter für Fabrikarbeit 12 Jahre – Arbeitszeitbeschränkungen für Fabrikarbeiter unter 14 Jahren auf 6 Stunden täglich. Anspruch auf Sonntagsruhe.

1869 Gewerbeordnung (Norddeutscher Bund) gilt nach der Reichsgründung im ganzen Deutschen Reich.
Aufhebung des Koalitionsverbotes für gewerbliche Unternehmer und Arbeiter, jedoch bis 1918 eingeschränkte Freiheit der Arbeitskampfführung.

2.1.4.4 Das Versagen des Kaiserreiches in der „Arbeiterfrage"

Die Aufgaben zur Bewältigung der „Arbeiterfrage" wurden vom Staat nicht ausreichend erkannt oder wegen der Rücksichtnahme auf herrschende Kreise im Reich nicht in Angriff genommen. Auch das Engagement von Einzelpersönlichkeiten – auch im Unternehmerbereich sowie bei Vertretern christlicher Kirchen – bedeutete nur ein Kurieren an Symptomen und war zur Lösung der anstehenden Probleme nicht ausreichend.

Die großen Aufgaben, die gelöst werden mußten, können mit *Lampert* so gekennzeichnet werden:

1. „die Schaffung der Voraussetzungen für die Erhaltung und Sicherung der Existenz der eigentumslosen, unter Angebotszwang stehenden Arbeitskräfte . . .;
2. die Schaffung von Arbeits- und Betriebsverfassungen, die der Würde des Menschen entsprechen und die Berücksichtigung elementarer Interessen der Arbeitnehmer (. . .) gegenüber den Kapitalinteressen gewährleisten;

3. die Schaffung ausreichenden und sanitären sowie gesundheitlichen Mindestbedingungen genügenden Wohnraumes zu tragbaren Mieten;
4. die soziale und politische Integration der neu entstandenen Schicht der Arbeiter in die Gesellschaft" (*H. Lampert,* 1994, S. 39 f.).

Die „repressiv-staatsautoritäre Sozialpolitik" *(Lampert)* der Bismarckzeit war objektiv nicht in der Lage, die Anforderungen einer modernen Sozialpolitik zu erfüllen.

Bismarck, der 1862 preußischer Ministerpräsident wurde und bis 1890 als Reichskanzler wirkte, war aus eigener Überzeugung und wegen der ihn stützenden Koalition aus Konservativen und Erzreaktionären unfähig, eine moderne Sozialpolitik zu betreiben. Für *Bismarck* waren die Probleme des Proletariats militärisch zu lösen. Daher bekämpfte er auch konsequent die demokratischen Kräfte, indem er sich auf den Standpunkt des *Prinzen Wilhelm* stellte: „Gegen Demokraten helfen nur Soldaten." Die Sozialpolitik des Kaiserreiches war gegen das Selbstbewußtsein der Arbeiterschaft gerichtet, und daher wurde selbst die im Ausland gerühmte Sozialversicherungsgesetzgebung von den Arbeitern als „Zuckerbrot zur Peitsche" betrachtet (*A. Rüstow,* 1959, S. 11 ff.).

Eine moderne Sozialpolitik im oben schon gekennzeichneten Sinne hat es im Kaiserreich nicht gegeben.

Wir können daher feststellen, daß in der gesamten Laissez-Faire-Periode eine konzeptionell geschlossene, von der Arbeiterschaft unterstützte, moderne Sozialpolitik fehlte.

An dieser Stelle bedarf es noch einer Anmerkung zur Periodisierung unserer Wirtschaftsphasen. Die zu Beginn des Kapitels als Laissez-Faire-Periode bis 1900 abgegrenzte Zeit ist für das Deutsche Reich bis 1914 auszudehnen. Sie könnte zugleich den Eindruck erwecken, daß das staatliche Eingreifen für den Wirtschaftsprozeß unbedeutsam gewesen sei. Es wäre aber nichts falscher als anzunehmen, daß der Staat sich aus den Wirtschafts- und Sozialangelegenheiten im Sinne des liberalen Nachtwächterstaates herausgehalten hätte. Gerade im Deutschen Reich wirkte der Staat in der hochkapitalistischen und imperialen Phase aktiv auf Wirtschaft und Gesellschaft ein.

Die nationalistische Erregung zur Zeit des Deutsch-Französischen Krieges 1870 war ein nicht zu unterschätzendes Antriebsmoment. Die Erweiterung des Reiches um Elsaß-Lothringen, die Reichsgründung und die gewaltigen Reparationsleistungen Frankreichs beeinflußten die Wirtschaftsentwicklung maßgeblich. Die Duldung großer Kartelle und Trusts im Bereich der Elektrizitätswirtschaft, der Stahlindustrie und der chemischen Industrie behinderten den Wettbewerb und steigerten durch die Vorteile der Großfertigung die Machtstellung dieser Industriezweige.

Der Staat nahm auch aktiv Anteil beim Ausbau des Telefonnetzes, des Kanal- und Flußausbaus sowie der Eisenbahn- und Schiffahrtsentwicklung.

Durch die Protektion durch Schutzzölle beschaffte er den Schichten Vorteile, die ihn am stärksten absicherten: dem großgrundbesitzenden Adel und dem großindustriellen Bürgertum. Die stärker werdenden Organisationen der Arbeiter wurden 1878 durch das „Gesetz gegen die gemeingefährlichen Bestrebungen der Sozialdemokratie" einzuschüchtern versucht.

Durch das Klassenwahlrecht in Preußen wird eine angemessene demokratische Repräsentation der Arbeiter verhindert.

Als Mittel im Kampf gegen die Arbeiterbewegung wird auch die Sozialgesetzgebung eingesetzt. *Bismarck* bezeichnet die „Bemühungen für eine Besserung des Schicksals der Arbeiter ... als Komplement für das Sozialistengesetz".

Es wurden im einzelnen angekündigt und verabschiedet:

Übersicht 2.3: **Sozialgesetzgebung**

1881 und 1883 Kaiserliche Botschaft

Der Auftakt der deutschen Sozialversicherungsgesetzgebung: „Für diese Fürsorge die rechten Mittel und Wege zu finden, ist eine schwierige, aber auch eine der höchsten Aufgaben jedes Gemeinwesens, welches auf den sittlichen Fundamenten des christlichen Volkslebens steht. Der engere Anschluß an die realen Kräfte dieses Volkslebens und das Zusammenfassen der letzteren in Form korporativer Genossenschaften unter staatlichem Schutze und staatlicher Förderung werden, wie wir hoffen, auch die Lösung auch von Aufgaben möglich machen, denen die Staatsgewalt allein in gleichem Umfange nicht gewachsen sein würde."

1883 Krankenversicherungsgesetz

1884 Unfallversicherungsgesetz, Errichtung des Reichsversicherungsamtes

1884 Wahrnehmung von Unfallverhütungsaufgaben durch die Berufsgenossenschaften

1889 Invaliditäts- und Altersversicherungsgesetz

Während in der imperialen Phase des Deutschen Reiches Rüstungs- und Schwerindustrie ein rasantes Größenwachstum durchliefen – allein der AEG-Konzern vermehrte seine Arbeitskräfte von 1890 bis 1913 von 2000 auf 70 000 –, blieb der Lebensstandard der Arbeiterbevölkerung völlig unzureichend. Von einem sehr niedrigen Niveau ausgehend, stiegen die Löhne zwar nominal um mehr als 50 Prozent ab 1883 bis 1914, diese Steigerungen wurden aber vor dem ersten Weltkrieg durch Preissteigerungen im Agrar- und Gütersektor teilweise kompensiert.

Die Klassengesellschaft hatte sich verfestigt, und eine Reform konnte erst durch das gleiche Wahlrecht und die Erstarkung der Arbeiterbewegung nach dem ersten Weltkrieg erreicht werden.

2.1.5 Die Entwicklung zur modernen Sozialpolitik im 20. Jahrhundert

Wenn hier die Entwicklung zur modernen Sozialpolitik im 20. Jahrhundert behandelt wird, so muß zunächst die Zeit nach dem ersten Weltkrieg betrachtet werden. Obwohl auch in der Phase von 1900 bis 1914 und während des ersten Weltkrieges einschneidende sozialpolitische Maßnahmen getroffen wurden, ist ein umfassendes Konzept nicht sichtbar geworden. Dies liegt zum einen an der Herrschaft konservativer Kräfte, bedingt u. a. durch das Wahlsystem in Preußen, wodurch diese auch den Staatsapparat beherrschten. Zum anderen gilt für das Gesamtreich, daß auch hier der Machtelite von Kaiserhaus, Hochadel und Offiziersadel, die vom industriellen Großbürgertum unterstützt wird, auf der anderen Seite die Masse der Arbeitnehmer gegenübersteht, die von den wichtigen Entscheidungen ausgeschlossen ist.

Wenn auch mit dem Ausbruch des Krieges 1914 die offizielle Anerkennung der Gewerkschaften durch Regierung, später dann auch durch die Arbeitgeber, erfolgt und 1916 mit dem Gesetz über den „Vaterländischen Hilfsdienst" Arbeiterausschüsse mit weitgehenden Befugnissen obligatorisch werden, so dienen diese Zugeständnisse doch auch dem Versuch, die Arbeitnehmer in den autoritären Obrigkeitsstaat einzugliedern. Eine Sozialpolitik mit der organisierten Arbeiterschaft für die Arbeiterschaft war aber erst nach der „Ablösung des autoritären Obrigkeitsstaates durch eine parlamentarisch-demokratische Republik" (*G. Leminsky,* 1981, S. 887) möglich.

2.1.5.1 Sozialpolitik in der Weimarer Republik

Die Gewerkschaften (die 1913 etwa 2,5 Millionen Mitglieder hatten), die Sozialdemokraten und die Sozialreform („Verein für Socialpolitik" und „Gesellschaft für Sozialreform") hatten bereits vor dem Krieg Fortschritte vor allem auf dem Gebiet des Arbeiterschutzes und der Sozialversicherung erreicht. Dennoch konnten grundlegende Verbesserungen nicht erzielt werden, weil insbesondere reaktionäre Kreise Wirtschaftskrisen nutzten, um sozialpolitisch Erreichtes rückgängig zu machen. Hier ist besonders der Staatssekretär des Inneren, *Delbrück,* zu nennen.

Dies ändert sich erst mit der Umwälzung der politischen Verhältnisse in der Weimarer Republik. Den Parteien der „Weimarer" Koalition, SPD, Zentrum und Deutscher Demokratischer Partei, gelingt es, entscheidenden Einfluß in der Nationalversammlung zu erringen. Die SPD erhält 37,9, das Zentrum 19,7 und die Deutsche Demokratische Partei 18,6 Prozent der Stimmen.

Hinzu kommt das Erstarken der Gewerkschaften. Die Freien Gewerkschaften erreichen 1919 einen Mitgliederstand von 5,5 Millionen und steigen bis 1922 auf 8 Millionen an. Auch die christlichen und **Hirsch-Duncker**schen Gewerkschaftseinrichtungen können erhebliche Mitgliederzuwächse verzeichnen.

Schon von November 1918 bis zur Verabschiedung der Verfassung im August 1919 entwickelt der „Rat der Volksbeauftragten" eine Vielzahl sozialpolitischer Tätigkeiten. Er setzt durch Verordnung die **Arbeiterschutzbestimmungen** wieder in Kraft, durch Anordnung wird der **öffentliche Nachweis** von Arbeitsstellen ausgebaut, er ordnet den **8-Stunden-Tag** für gewerbliche Arbeiter an und schafft die Voraussetzung für die Entwicklung eines eigenständigen **kollektiven Arbeitsrechts** durch die Verordnung über Tarifverträge vom 23. Dezember 1918.

Die Parteien der „Weimarer" Koalition waren bis zum Kabinett *Fehrenbach* (20. 6. 1920 bis 4. 5. 1921) und zum Kabinett *Cuno* (22. 11. 1922 bis 12. 8. 1923) an allen Regierungen beteiligt.
Vom Kabinett *Marx* (1. 12. 1923 bis 15. 1. 1925) bis zum Kabinett *Hermann Müller II* (28. 6. 1928 bis 27. 3. 1930) waren die Sozialdemokraten nicht beteiligt.
Trotz vielfältiger politischer und wirtschaftlicher Krisen konnten diese Parteien einen maßgeblichen Einfluß auf die Sozialgesetzgebung ausüben. Die politischen Stimmgewichte dieser Parteien waren dabei unterschiedlich verteilt. Die SPD erhielt 1920 21,6 % der Stimmen und konnte sich bis 1930 mit 24,5 % gut behaupten.
Das Zentrum, das 1920 bei 13,6 % lag, sank bis 1930 leicht auf 11,8 % ab.
Die Deutsche Demokratische Partei erzielte 1920 noch 8,4 % und 1930 nur noch 3,8 % der Stimmen.

Die verfassunggebende Nationalversammlung beschließt 1919 zum ersten Mal in der deutschen Geschichte ein positives Koalitionsrecht. In Artikel 159 heißt es: „Die Vereinigungsfreiheit zur Wahrung und Förderung der Arbeits- und Wirtschaftsbedingungen ist für jedermann und alle Berufe gewährleistet."

Der Artikel 165 sieht Mitbestimmungs- und Mitwirkungsrechte bei allen wirtschaftlichen Fragen vor. Entsprechend dem Verfassungsauftrag wird 1920 das **Betriebsrätegesetz** verabschiedet. Es sieht für soziale und personelle Fragen die **Mitbestimmung,** für wirtschaftliche Angelegenheiten eine Mitberatung vor. Maßnahmen der **Erwerbslosenfürsorge** werden 1927 im **„Gesetz über Arbeitsvermittlung und Arbeitslosenversicherung"** weitergeführt. Mit der Anerkennung der **Tarifautonomie** und des **Kollektiven Arbeitsrechts (Arbeitsgerichtsgesetz 1926)** ist eine wesentliche Stärkung der Arbeitnehmer auf dem Arbeitsmarkt erreicht.

Mit der gleichberechtigten Mitwirkung der Sozialparteien, die sich auch in der Selbstverwaltung der Sozialversicherungszweige ausdrückt, wurde die staatliche Sozialpolitik in der Weimarer Republik „in bezug auf ihre Inhalte und in bezug auf das System der Träger und der Organe der Sozialpolitik demokratisiert" (*Lampert,* 1994, S. 81). So wurde die deutsche Arbeiterklasse von einem Objekt zu einer selbstverantwortlichen Sozialpartei *(Weddigen).*

2.1.5.2 Praktische Sozialpolitik und Wissenschaft: Der Verein für Socialpolitik

Der praktischen Sozialpolitik der Vorkriegszeit waren starke Anregungen aus Kreisen der freien Sozialreform (Gesellschaft für Sozialreform, Verein für Socialpolitik) zuteil geworden.

Ein Teil der freien Sozialreform arbeitete nach 1919 konstruktiv kritisch an der Sozialpolitik mit. Der „Gesellschaft für soziale Reform" traten schon 1916 die Freien Gewerkschaften und 1926 die Arbeitgeberverbände bei. Die Gesellschaft wirkte insbesondere durch ihre Zeitschrift „Soziale Praxis", die ab 1922 von Professor *L. Heyde* mitherausgegeben wurde. Unter der Leitung der Gesellschaft durch *H. von Nostiz* und *L. Heyde* trat stärker die ethisch-christliche Auffassung der Sozialpolitik hervor.

Die andere Säule der Sozialreform bildet der **„Verein für Socialpolitik".** Dieser Teil der sozialreformerischen Bewegung war in erster Linie gegen das **„Manchestertum"** gegründet worden. Dessen hauptsächliche Vertreter waren in Deutschland die **„Berliner Ökonomisten"** wie *C. Braun, H. B. Oppenheim, M. Wirth, Prince-Smith* und andere.

Diese Nationalökonomen betrachteten die Wirtschaft als „vom staatlichen und gesellschaftlichen Leben isolierte Erscheinung" (*Lindenlaub,* 1967, S. 3).

Der **Verein für Socialpolitik** wurde gegen diese Ansichten überwiegend von sozialreformerischen Universitätslehrern ins Leben gerufen *(Brentano, Hildebrand, Knapp, Roscher, Schmoller, Wagner).*

Abb. 2.2:

Aufruf zur Gründung eines Vereins für Sozialpolitik

Die Eisenacher Versammlung vom 7. Oktober 1872 zur Besprechung der sozialen Frage hat den unterzeichneten Ausschuß beauftragt, in diesem Jahre eine Zusammenkunft in gleichem Sinne zu berufen.

Für unsere Auffassung der sozialen Zustände beziehen wir uns auf die gedruckten Verhandlungen der vorjährigen Versammlung (Verhandlungen der Eisenacher Versammlung usw., Leipzig 1873).

Aus der Gesamtheit der mehr oder weniger berechtigten Versuche zur Weiterbildung der heutigen Erwerbsgesellschaft tritt zur Zeit der Streit zwischen Kapital und Arbeit gefahrdrohend hervor. Wir sind der Ansicht, daß hier für Staat und Gesellschaft dringende Aufgaben der friedlichen Reform vorliegen.

Zunächst wird es darauf ankommen, die Verhältnisse der Arbeiter und deren Beziehungen zu den Arbeitgebern aufzuklären, die Erfordernisse genossenschaftlicher Bildungen festzustellen, ihre gedeihliche Entwicklung zu unterstützen und jede Verständigung der streitenden Parteien zu fördern.

In gleicher Weise sollen die übrigen sozialen und ökonomischen Probleme der Zeit, wie Gesundheits- und Unterrichtswesen, Verkehrs-, Aktien- und Steuerwesen, in Betracht gezogen werden.

Wir sind der Überzeugung, daß das unbeschränkte Walten teilweise entgegengesetzter und ungleich starker Einzelinteressen das Wohl der Gesamtheit nicht verbürgt, daß vielmehr die Forderungen des Gemeinsinns und der Humanität auch im wirtschaftlichen Leben ihre Geltung behaupten müssen, und daß das wohlerwogene Eingreifen des Staates zum Schutze der berechtigten Interessen aller Beteiligten zeitig wachzurufen ist.

Diese staatliche Fürsorge sehen wir nicht als Notbehelf oder als unvermeidliches Übel an, sondern als Erfüllung einer der höchsten Aufgaben unserer Zeit und unserer Nation. In ernster Durchführung dieser Aufgaben wird sich der Egoismus des Einzelnen und das nächste Interesse der Klassen der dauernden und höheren Bestimmung des Ganzen unterordnen.

Wir glauben, daß ein regelmäßiger Gedankenaustausch zwischen Arbeitgebern und Arbeitern, Männern der Theorie und Praxis, wesentlich zu einer Verständigung beitragen wird, und fordern die früheren Teilnehmer und alle Gesinnungsgenossen, insbesondere auch Verwaltungsbeamte, zum Erscheinen in Eisenach am 12. Oktober dieses Jahres und zum Eintritt in den zu gründenden Verein auf.

Berlin, den 31. Mai 1873.

Der Ausschuß

Dr. Bitzer, Staatsrat. Borchert jun. Prof. Dr. Brentano. Franz Duncker. Dr. J. Eckardt. Dr. Engel, Geh. Oberregierungsrat. Geibel jun. Prof. Dr. Gneist. Prof. Dr. Frhr. v. d. Goltz. Prof. Dr. Held. Prof. Dr. Hildebrandt. Prof. Dr. v. Holtzendorff. Dr. Max Hirsch. L. Jacobi, Geh. Regierungsrat. Prof. Dr. Knapp. Prof. Dr. Knies. Dr. Löwe-Kalbe. Dr. Meitzen, Geh. Regierungsrat. Dr. Mithoff. Prof. Dr. Nasse. Rud. Ranisch. Frhr. v. Roggenbach, Staatsminister a. D. Prof. Dr. Roscher, Geh. Hofrat. Prof. Dr. Schmoller, Sombart (Ermsleben). J. Schulte, Handelskammersekretär. Prof. Dr. v. Sybel. Thorade, Bankdirektor. Tiedemann, Landrat. Prof. Dr. Wagner. v. Wedell-Malchow. Prof. Dr. Wirth.

Quelle: *F. Boese,* 1939, S. 248 f.

Nach Auflösung des wirtschaftsliberalen Kongresses der deutschen Volkswirte 1885 war er daher auch die wesentliche **„volkswirtschaftliche Fachvereinigung“** *(D. Lindenlaub).*

Bereits vor 1914 hatte sich der Verein neben den ursprünglich rein sozialpolitischen Fragen auch nationalökonomischen Problemen zugewandt. Nach dem politischen Umschwung befaßte er sich auf seiner ersten Tagung 1919 mit der aktuellen Frage der Sozialisierung. Auf der Eisenacher Jubiläumstagung 1922 (50jähriges Bestehen) erörterte er die „Zukunft der Sozialpolitik“. Die Stuttgarter Versammlung 1924 diskutierte Fragen des Klassenkampfes, in Königsberg wurden 1930 theoretische Grundlagen der Sozialpolitik behandelt, und die Dresdener Tagung 1932 erörterte das Thema „Industrialismus und Arbeitslosigkeit“.

Die Erörterungen über die Grundlagen der Sozialpolitik in der Weimarer Republik spitzten sich auch im Verein zu. Im Jahre 1920 war erstmals mit der Regierung *Fehrenbach* gezeigt worden, daß in der neuen Republik auch die bürgerlichen Kräfte unter Ausklammerung der Arbeiterschaft mehrheitsfähig waren. Die drückende Wirtschaftslage verstärkte die Notwendigkeit für eine Diskussion, ob die neue Sozialpolitik wirtschaftlich tragbar sei.

Im gleichen Jahr behandelte der stellvertretende Vorsitzende der Gesellschaft für Soziale Reform, Prof. *Ph. Stein,* die Zusammenhänge von Wirtschafts- und Sozialpolitik auf der Eisenacher Jubiläumstagung des Vereins. Die wirtschaftspolitischen Gesichtspunkte standen deutlich im Vordergrund.

Zeitlich fiel diese Rede zusammen mit der Versammlung der Vereinigung deutscher Arbeitgeberverbände, auf der *Dr. Silverberg* seine Forderung nach Vereinigung des Arbeits- und Wirtschaftsministeriums mit dem Hinweis auf die Eisenacher Tagung zu stützen versuchte.

Die damalige Debatte über die „Krise der Sozialpolitik“ wurde weiter verschärft durch die Diskussion der Arbeitszeitgesetzgebung. *Herkner,* der Vorsitzende des Vereins, nutzte diese Problematik zu einem grundsätzlichen Angriff auf die Sozialpolitik der Nachkriegszeit in der Zeitschrift „Der Arbeitgeber“ (1923). *Brentano* wies die Ausführungen *Herkners* zurück, sprach sich für Arbeitszeitverkürzung und die Notwendigkeit der Gewerkschaften aus. Eine Politik gegen die Gewerkschaften mußte nach seiner Auffassung den Klassenkampf verschärfen. Der Verein für Sozialpolitik werde so ein Verein gegen Sozialpolitik. *Brentano* zog daraus die Konsequenz und trat als ehemaliger Mitbegründer aus dem Verein aus.

Die grundsätzliche Frage nach den Beziehungen zwischen Sozialpolitik und Wirtschaftspolitik war dadurch nicht beantwortet worden.

Die Arbeitgeber neigten einem Primat der Wirtschaftspolitik zu, während insbesondere Gewerkschaftler eine Überordnung der Sozialpolitik über die Wirtschaftspolitik forderten.

Die Position der Arbeitgeber wurde vor allem durch den **Liberalismus** *L. Mises'* gestärkt, der mit seinem **„Neumanchestertum“** die Sozialpolitik als grundsätzlich „destruktionistisch“ ansah.

Demgegenüber verfocht *Herkner* wieder in Annäherung an *Brentano* die Grundsätze vom „sozialpolitischen Liberalismus".

Obwohl diese Grund- und wohl auch Weltanschauungsfragen nicht endgültig geklärt werden konnten, bildete sich doch bei den Einsichtigen die Position heraus, die den Zusammenhang zwischen Wirtschaftspolitik und Sozialpolitik als ein gegenseitiges Miteinander und nicht als eine Frage der Über- oder Unterordnung sahen.

Die politischen Auseinandersetzungen haben sicher mit dazu beigetragen, daß 1928 erstmals seit Gründung des Vereins kein Sozialpolitiker den Vorsitz des Vereins übernahm. 1928 trat mit *Ch. Eckert* der Kölner Handelswissenschaftler an die Spitze des Vereins.

Die gemäßigte reformerische Linie des Vereins zwischen Laissez-Faire-Liberalismus und Marxismus kam in der Endphase der Weimarer Republik immer mehr in Bedrängnis. Eine sachverständige Beratung der Legislative und Exekutive in sozialpolitischen Fragen wurde bei weltanschaulichen Extrempositionen immer weniger möglich.

Schon 1935 stellte der damalige Vorsitzende *W. Sombart* den Antrag auf Selbstauflösung, der aber von den Mitgliedern noch abgelehnt wurde.

Einer völligen Parteilichkeit zugunsten der Nationalsozialisten konnte der Verein 1936 nur durch Selbstauflösung zuvorkommen.

Nach dem Ende der Naziherrschaft in Deutschland wurde schon 1947 der Beschluß zur Neugründung gefaßt. 1948 fand wieder eine wissenschaftliche Tagung statt, diesmal in Marburg. Der Vereinstitel erhielt den Zusatz „Gesellschaft für Wirtschafts- und Sozialwissenschaften".

Der Charakter einer wissenschaftlichen Gesellschaft wurde zunehmend betont. Wirtschaftliche Themen rückten mehr und mehr in den Mittelpunkt der großen Tagungen. Diese vermeintliche Sachorientierung kann aber nur den Unbedarften täuschen, daß es dabei nicht auch um grundsätzliche gesellschaftspolitische Einflußnahmen geht. Der sozialpolitische Bezug kam vor allem wieder bei den Tagungen in Bad Kissingen 1960 mit dem Thema „Die Konzentration in der Wirtschaft", in Berlin 1968 mit dem Thema „Lohnpolitik und Einkommensverteilung" und in Innsbruck 1970 mit dem Generalthema „Probleme der Infrastruktur" zum Tragen.

2.1.5.3 Die Sozialpolitik 1933–1945

Im Rahmen der Darstellung der Hauptentwicklungen der praktischen Sozialpolitik kann nicht der Raum sein, die Gründe für das Scheitern der Weimarer Demokratie zu untersuchen. Auch die wenigen Hinweise auf die nationalsozialistischen sozialpolitischen Maßnahmen dienen hier nur dazu, den Interessierten zu weiteren Studien zu veranlassen.

Die Übernahme der politischen Macht durch die Nationalsozialisten führte zu einer Sozialpolitik mit eindeutig negativen Wirkungen.

Die große **Ankündigung** einer **Einheitssozialversicherung** fand in der tatsächlichen Politik keine Verwirklichung.

Einschneidender für die Arbeitnehmer war die **Aufhebung der Koalitionsfreiheit** und des **Streikrechts** (Ende der Gewerkschaften), die De-facto-Abschaffung des Arbeitsmarktes durch Beseitigung der Freizügigkeit des freien Arbeitsplatzwechsels und der Niederlassungsfreiheit (*F. W. Henning,* 1993 b, S. 168–170).

Die Arbeitsbedingungen wurden autoritär in Betriebsordnungen durch Reichstreuhänder der Arbeit festgesetzt. Die **Selbstverwaltung** durch Arbeitnehmer und Arbeitgeber in der Sozialversicherung wurde 1934 **beseitigt.** Das Ergebnis dieser arbeitnehmerfeindlichen Politik war, daß schon in Friedenszeiten der Reallohn stagnierte und sogar sank. Das nationalsozialistische „Führerprinzip" stärkte eine kleine Schicht der Gesellschaft auf Kosten der überwiegenden Mehrheit der Bevölkerung. Faktisch wurden alle sozialpolitischen Maßnahmen in den Dienst der Naziideologie genommen. Auch sie sollten dazu dienen, die Eroberungsziele in Europa besser zu erreichen. Für diese Sozialpolitik kann als Leitmotiv ein Wort *Goebbels'* gelten: „Wir müssen ein gesundes Volk besitzen, um uns in der Welt durchsetzen zu können."

2.1.6 Sozialpolitik in der Bundesrepublik Deutschland

Die enge Verzahnung von Sozial- und Wirtschaftspolitik, die wir in diesem Kapitel schon an anderer Stelle betont haben, wurde auch für die Sozialpolitik der Bundesrepublik wieder deutlich. Nach den ungeheuren Zerstörungen der Kriegszeit war es auch für die Sozialpolitik eine unabdingbare Notwendigkeit, zunächst die wirtschaftlichen Voraussetzungen zu schaffen, damit an die sozialpolitischen Leistungen der Weimarer Republik wieder angeknüpft werden konnte. Wie die Industrialisierung und Massenproduktion sozialpolitische Eingriffe notwendig gemacht hatte, bildete sie jetzt wieder die materielle Voraussetzung der Sozialpolitik. Ohne die gewaltigen Wohlstandsmehrungen, die Steigerung der Arbeitsproduktivität, die Erhöhung der Realeinkommen der Arbeitnehmer, die Massenproduktion von Gütern, hätte es die Möglichkeit zu einer Sozialpolitik im großen Stil, wie sie sich in der Bundesrepublik entwickelt hat, nicht gegeben.

Wir wollen zunächst auf die verfassungsrechtlichen Voraussetzungen der Sozialpolitik in der Bundesrepublik Deutschland im Rahmen des Grundgesetzes eingehen.

Welche verfassungsrechtlichen Grundentscheidungen sind uns in der Bundesrepublik Deutschland durch das Grundgesetz vorgegeben? Wegen der besonders engen Beziehungen und der im praktischen Bereich kaum zu trennenden Verklammerung zwischen Wirtschafts- und Sozialordnung wollen wir zur Beantwortung dieser Frage das Grundgesetz direkt nach entsprechenden Vorschriften zu diesem Bereich absuchen.

In der Frage der **Wirtschaftsordnung** lassen sich im wesentlichen drei Positionen unterscheiden. Für einige Verfassungsrechtler ist das Grundgesetz in der Frage der Wirtschaftsordnung neutral. Andere Rechtslehrer gehen von einem verfassungsrechtlichen Gebot eines gemischtwirtschaftlichen Systems aus, das eine kapitalistische oder verwaltungswirtschaftliche Ordnung ausschließe. Eine dritte Position glaubt, daß allein die Konzeption der Sozialen Marktwirtschaft dem Grundgesetz entspricht. Wir schließen uns hier der Meinung von *H. Lampert* an, daß das Grundgesetz eine verfassungspolitische Basisentscheidung getroffen hat, und zwar zugunsten einer Wirtschaftsordnung mit primärer Planung bei den einzelnen Wirtschaftssubjekten (*H. Lampert*, 1995, S. 102 f.).

Für die **Sozialordnung** sind die Artikel des Grundgesetzes inhaltlich faßbarer und für die praktische Sozialpolitik durch eine Reihe sozialer Grundrechte spezifiziert. Die „Wertentscheidung des Verfassungsgebers" ist durch die grundrechtlich verbürgte **Unantastbarkeit der Würde des Menschen** (Art. 1, Abs. 1 GG) und das Grundrecht auf die **freie Entfaltung seiner Persönlichkeit** (Art. 2, Abs. 1 GG) in Verbindung mit dem **Rechts-** und **Sozialstaatsprinzip** (Art. 20, Abs. 1 und Art. 28 Abs. 1 GG) zugunsten einer **freiheitlichen Sozialordnung** gefallen. Die Verhinderung eigener Einkommensbeschaffung zum Lebensunterhalt wäre z. B. mit Art. 2, Abs. 1 GG nicht vereinbar. Das Grundgesetz läßt aber andererseits die Erhebung von Pflichtbeiträgen zur Sozialversicherung zu, um eine über das „konventionelle Existenzminimum" hinausgehende Sicherung zu ermöglichen *(Sozialenquête-Kommission, o. J.).*

Die sozialen Grundrechte sind in den Grundrechtskatalog mit aufgenommen worden, so daß auch sie durch Art. 19, Abs. 2 GG vor einer Änderung in ihrem Wesensgehalt geschützt sind. Nach Art. 3, Abs. 2 GG ist z. B. die **Gleichberechtigung** von Mann und Frau verbindlich geltendes Recht. Dies hat auch entsprechende Bedeutung für die Forderung: Gleicher Lohn für gleiche Arbeit. Nach Art. 6 GG stehen ferner **Ehe** und **Familie** unter besonderem Schutz des Staates. Daraus ergeben sich durch Art. 6, Abs. 4 GG besondere Schutzrechte für die **Mutter.** Das **Elternrecht** ist durch Art. 6, Abs. 2 und 3 GG ebenfalls besonders gesichert. Die positive und negative **Koalitionsfreiheit** (Gewerkschaften, Arbeitgeberverbände) wird in Art. 9, Abs. 3 GG garantiert. Die **Arbeits-** und **Berufsfreiheit** sind mit Art. 12, Abs. 1 GG gesichert, und Art. 14, Abs. 1 GG gewährt das private Eigentum sowie das Erbrecht.

Damit sind die Tätigkeitsfelder der Sozialpolitik nach dem Grundgesetz allerdings noch keineswegs erschöpft. Ein Teil der sozialen Grundrechte ist implizite durch die Verfassung verbürgt. Die freiheitliche Sozialordnung, die die **Würde des Menschen** zu schützen hat und das Recht auf **freie Entfaltung seiner Persönlichkeit** zu einer tatsächlichen Möglichkeit werden lassen muß, kann nach dem Sozialstaatsprinzip aber auch eine Reihe von **korrigierenden Eingriffen** erfordern. Daraus ergeben sich mittelbar als weitere soziale Rechte das **Recht auf Soziale Sicherung** und ein **menschenwürdiges Existenzminimum.** Der Schutz der Gesundheit, die Schaffung ausreichender Freizeit und Urlaubszeit zur Erholung und Persönlichkeitsentfaltung sowie die Förderung eines ausreichenden und gesunden Wohnraumes gehören ebenfalls zu den Sicherungspflichten des Staates. Zum Schutz der Menschenwürde und der Persönlichkeitsentfaltung müssen außerdem sowohl die Ordnung des Betriebes und Unternehmens als auch des Arbeitsmarktes, ferner der Schutz des Arbeitnehmers im Arbeitswesen sowie die Schaffung gleicher Bildungschancen für Gleichbegabte als grundgesetzlich gebundene Aufgaben des Staates betrachtet werden.

Das sich durch das **Sozialstaatsprinzip** und die aus ihm abgeleiteten Einsatzmöglichkeiten ergebende Spannungsverhältnis zum **Rechtsstaatsprinzip,** dem besonders die Sicherung der individuellen Freiheitssphäre obliegt, wird lt. Sozialenquête-Kommission überwunden, wenn „die Sicherung durch den Sozialstaat in den Dienst der freiheitlichen Entfaltung der Persönlichkeit und damit auch in den Dienst des Rechtsstaates gestellt wird" (*Sozialenquête-Kommission, o. J., S. 54).* Für die Geltendmachung dieser Rechte ist der nach Art. 19, Abs. 4 GG verfassungsmäßig gewährleistete Rechtsschutz bedeutsam.

2.1.6.1 Teilbereiche der Sozialpolitik

Aus den sozialen Grundrechten ergeben sich nun eine Vielzahl von Teilbereichen, denen sich die Sozialpolitik zuwendet. Es sind dies z. B. die Familien- und Jugendpolitik, die Politik der Sozialen Sicherung, die Sozialhilfe, die Vermögenspolitik, die Wohnungspolitik, die Arbeitsmarktpolitik und die Politik zur Verbesserung der Arbeitsbedingungen und Arbeitsbeziehungen.

Wir wollen in diesem Abschnitt nicht alle staatlichen Aktivitäten in allen Teilbereichen der Sozialpolitik in den über 45 Jahren seit Inkrafttreten des Grundgesetzes nachzeichnen. (Eine gute Zusammenfassung der quantitativen Aspekte findet sich in: *Bundesminister für Arbeit und Sozialordnung* [Hrsg.]: Übersicht über die Soziale Sicherung, Bonn.)

Um die Wandlungen zu verdeutlichen, wollen wir uns zunächst einmal darauf beschränken, die Hauptaufgaben der Sozialpolitik in der ersten und siebten Legislaturperiode einander gegenüberzustellen. Auch sollen hier einige Zahlen und Fakten für den Zeitraum von 1950 bis 1990, für den uns „lange Reihen" den Entwicklungstrend aufzeigen können, die quantitative Bedeutung der Sozialpolitik verdeutlichen. Besonders wichtig erscheint uns aber eine Akzentsetzung bei denjenigen Tätigkeiten, die qualitative Wirkungen auf die Sozial- und Wirtschaftsordnung haben.

2.1.6.2 Die erste Legislaturperiode in der Bundesrepublik Deutschland und die sozialpolitischen Aufgaben

Nach dem Ende des Dritten Reiches standen die politischen Instanzen im wirtschaftlichen und sozialen Bereich vor schier unlösbar erscheinenden Aufgaben. Die Wirtschafts- und Geldordnung waren zerrüttet, die Produktionsmittel weitgehend zerstört. Millionen von Kriegsgeschädigten und Flüchtlingen galt es, zunächst mit dem Lebensnotwendigsten zu versorgen. Das Massenelend war qualitativ mit den Zuständen zur Zeit frühkapitalistischer Industrialisierungsphasen vergleichbar, nur war die Zahl der Betroffenen sehr viel größer.

Als Voraussetzung für eine wirksame Sozialpolitik stellte sich zuerst die Aufgabe, die Volkswirtschaft wieder aufzubauen. Darüber hinaus bestand die Verpflichtung, konkrete sozialpolitische Aufgaben anzugehen, die sich aus der Nachkriegslage ergaben. Es galt – wie in der Regierungserklärung *Konrad Adenauers* vom 20. September 1949 angesprochen –, die Ansiedlung der Vertriebenen in den verschiedenen Bundesländern, eine schwerpunktmäßige Förderung des Wohnungsbaues, eine endgültige gesetzliche Regelung des Lastenausgleichs, die Anpassung der Pensionen für die vertriebenen Beamten und ehemaligen Soldaten sowie die Abdeckung von kriegsbedingten Schäden durch die Kriegsopferversorgung und die Wiedergutmachung als Aufgabenkatalog in Angriff zu nehmen.

Die Grundnormen für die Sozialpolitik waren in das Grundgesetz eingegangen und bildeten die den Parteien gemeinsamen moralischen Maßstäbe. Sie gründeten auf christlichen, liberal-aufklärerischen und freiheitlich-sozialistischen Werten.

Die ordnungspolitische Leistung der ersten Legislaturperiode bestand im „klassischen" Bereich der Sozialpolitik darin, daß nach der totalitären Naziherrschaft wieder freiheitlich-demokratische Grundsätze bezüglich der **Tarifautonomie** der Arbeitsmarktparteien, des **Streikrechts** und der **Koalitionsfreiheit** sowie der **Selbstverwaltung** im Bereich der Sozialversicherungsträger und eine selbständige **Arbeitsgerichtsrechtsprechung** durchgesetzt wurden. Hier konnte man vor allem an die sozialrechtlichen Prinzipien und Grundzüge eines kollektiven Arbeitsrechts aus der Weimarer Republik anknüpfen.

Um eine Vorstellung von den quantitativen Leistungen jener Zeit zu vermitteln, sollen einige Zahlen das Bild dieser ersten Aufbauphase abrunden. So verfügten die 13,9 Mio. Arbeitnehmer in der Bundesrepublik 1950 im Durchschnitt über einen monatlichen Nettoverdienst von 218 DM. Die durchschnittliche Monatsrente in der Arbeiterrentenversicherung lag bei 60,50 DM, in der Angestelltenversicherung bei 92,90 DM. Die Einkommensübertragung der Sozialversicherung und der Gebietskörperschaften an private Haushalte und private Organisationen ohne Erwerbscharakter belief sich damals auf 12,1 Mrd. DM brutto. Der Staatsverbrauch der Sozialversicherung (netto) am Bruttosozialprodukt betrug 2,4 Prozent.

Um die sozialen Aufbauleistungen hinsichtlich ihres materiellen Versorgungsgrades auch im Vergleich zu heutigen Größenordnungen entsprechend würdigen zu können, muß kurz auf die Bedeutung der **ordnungspolitischen** Grundentscheidungen hingewiesen werden. Dabei wird nicht verkannt, daß Sozialpolitik nicht nur auf die materielle Versorgung mit Gütern und Leistungen abgestellt werden kann, sondern auf die gesamte Lebenslage bezogen sein muß. Aber auch Kritiker des Wirtschaftssystems kommen nicht an der Tatsache vorbei, daß eine umfassende aktive Sozialpolitik das Produktionswachstum mit steigendem Realeinkommen zur höchst erwünschten Nebenbedingung hat. Die unter dem Zeichen der **Sozialen Marktwirtschaft** realisierte Wirtschaftsordnung der Bundesrepublik Deutschland hatte das Ziel, auf der marktwirtschaftlichen Basis eines freiheitlichen Preissystems und eines funktionierenden Wettbewerbs die Dispositionsfreiheit der Wirtschaftssubjekte „mit einem gerade durch die marktwirtschaftliche Leistung gesicherten sozialen Fortschritt zu verbinden" (*A. Müller-Armack,* 1956, S. 390). Dabei sollte Marktwirtschaft nicht etwa als Wirtschaft verstanden werden, die die Möglichkeit von korrigierenden Staatsinterventionen ausschließt.

A. Müller-Armack, einer der geistigen Väter der Sozialen Marktwirtschaft, hat diesen Zusammenhang so formuliert: „In der Realität können wir nicht nur auf die Marktvorgänge blicken, sondern wir haben die staatliche Organisation zu sehen, die durch Besteuerung und Sozialversicherung die Einkommensbildung, die sich in einer nicht vorherbestimmbaren Streuung aus dem Marktgeschehen ergibt, zu korrigieren hat. Der größte Teil dieser Korrekturen betrifft die soziale Gestaltung dieses Marktvorganges selbst, die durch die verschiedenen Arten der Sozialversicherung, durch Renten, Wohngelder, Prämien zur Vermögensbildung eine soziale Umverteilung vollzieht ... Die Sozialfürsorge, die Hilfe für Jugendliche, Alte und nicht sozial Eingegliederte treten hinzu ... Die Möglichkeit, die Umverteilungsmasse wesentlich zu erhöhen, dürfte im Wachstum des Marktprozesses im ganzen liegen und berechtigt nicht, gegenüber dem Wettbewerb, der dieses Wachstum erzeugt, eine feindselige Haltung einzunehmen" (*A. Müller-Armack,* 1970, S. 26 f.).

Trotz mancher Unvollkommenheiten der marktwirtschaftlichen Komponente schlagen sich die Leistungen dieser Ordnung im wachsenden wirtschaftlichen Wohlstand, Sicherung der Vollbeschäftigung, Stabilisierungspolitik hinsichtlich des Geldwertes und vorteilhafte außenwirtschaftliche Erfolge auch in der Sozialpolitik nieder.

Das Bruttosozialprodukt stieg von 97,9 Mrd. DM im Jahr 1950 auf 296,8 Mrd. DM im Jahre 1960 und auf 1 123,2 Mrd. DM im Jahre 1976 an und hat sich dann bis zum Jahre 1990 auf 2 439,1 Mrd. DM nochmals mehr als verdoppelt. Berücksichtigt man die Preissteigerung mit dem Preisindex von 1985 = 100, so stieg das Sozialprodukt von 859,8 Mrd. DM im Jahre 1960 auf 1 554,7 Mrd. DM im Jahre 1976 bzw. 2 149,8 Mrd. DM in 1990 real an. Das durchschnittliche Jahreseinkommen des Arbeitnehmers stieg von 2 554 DM im Jahre 1950 auf 16 248 DM im Jahre 1976. 1990 betrug das durchschnittliche Jahreseinkommen eines vollbeschäftigten Arbeitnehmers bereits rund 40 000 DM.

Bei Abzug der Preiskomponente ergibt sich damit bis zum Jahre 1990 etwa eine Verfünffachung des Reallohnes.

Die Arbeitslosenquote, die 1950 noch mit 11 Prozent ein Massenproblem darstellte, war seit 1960 meist noch auf weniger als 1 Prozent heruntergedrückt worden. Seit 1973/1974 stieg sie im Zusammenhang mit internationalen Wirtschaftskrisen (Energiekrise, Dollarkrise) und einer rationalisierungsorientierten Umstrukturierung des Kapitalstocks (Mikroelektronik) auf mehr als 8 Prozent an. Entsprechend stiegen die Ausgaben der Bundesanstalt für Arbeit für Arbeitslosengeld und Arbeitslosenhilfe.

Durch die Dynamisierung der Renten hatten auch die nicht mehr aktiv im Arbeitsleben Stehenden einen größeren Anteil am Volkseinkommen erhalten. Die Renten aus der deutschen Sozialversicherung hatten 1984 ihr bisher höchstes Niveau erreicht. Sie betrugen damals 72 Prozent des vergleichbaren Nettoeinkommens eines Erwerbstätigen. Die diesem Verhältnis zugrundeliegenden Standardrenten (40 Jahre Berufstätigkeit bei mittlerem Verdienst) betrugen 1990 jährlich 19 698 DM. Von 1957 bis 1990 sind die Nettoarbeitsentgelte und die Bestandsrenten um das 6,7fache gestiegen. Damit liegt das Rentenniveau (Nettodurchschnittslohn zur Rente bei 45 Versicherungsjahren) bei 67,5 Prozent im Jahre 1990.

Die Sozialleistungen sind auf 703,1 Mrd. DM im Jahre 1990 angewachsen, 116 Mrd. DM entfielen davon auf die Rentenversicherung der Arbeiter, 97,4 Mrd. DM auf die Rentenversicherung der Angestellten und 134,9 Mrd. DM auf die gesetzliche Krankenversicherung.

All diese Leistungen konnten bei sinkender Arbeitszeit erbracht werden.

2.1.6.3 Die Sozialpolitik in der siebten und achten Legislaturperiode

Mit der Ausweitung der realen Möglichkeiten wurden auch die sozialpolitischen Wünsche ausgeweitet und neue Aufgaben in den Blickpunkt gerückt. Um den Unterschied zur ersten Legislaturperiode zu verdeutlichen, sollen einige Ziele und Vorhaben der siebten Legislaturperiode vorgestellt werden. Es ging nicht mehr nur darum, „die Furcht vor materieller Not und sozialem Abstieg zu beseitigen" (*Willy Brandt*). Neue

Aufgabenfelder und auch qualitativ anders zu bewertende Vorstellungen standen seinerzeit im Mittelpunkt. Nach der Regierungserklärung des damaligen Bundeskanzlers *Willy Brandt* vom 18. Januar 1973 und des damaligen Bundesministers für Arbeit und Sozialordnung, *Walter Ahrend,* am 1. Oktober 1973 im vorgelegten Sozialbericht geäußert, genossen folgende Bereiche Priorität:

- die Verbesserung der Arbeitsbeziehungen und Arbeitsbedingungen durch Ausbau der Mitbestimmung nach dem „Grundsatz der Gleichberechtigung und der Gleichgewichtigkeit von Arbeitnehmern und Anteilseignern";
- die Zusammenfassung der arbeitsrechtlichen Bestimmungen in einem Arbeitsgesetzbuch;
- besondere Maßnahmen im Bereich der Arbeitsmarktpolitik;
- die Probleme der Ausländerbeschäftigung;
- Vermögenspolitik;
- Zusammenfassung der sozialrechtlichen Einzelgesetze in einem übersichtlichen sozialen Gesetzbuch;
- eine Reform der Familien- und Jugendpolitik;
- Hilfen für ältere Mitbürger und soziale Randgruppen;
- die verstärkte Förderung der Rehabilitation sowie
- ganz allgemein die Schaffung neuer und die Verbesserung bestehender Instrumente vorausschauender Sozialpolitik.

Für eine Reihe von Zielverwirklichungen und Maßnahmen bedurfte es keiner oder nur geringer materieller Mittel. Diese Akzentsetzung fällt auch in der Regierungserklärung von 1976 auf. Der Bundeskanzler sprach von denen, „die durch persönliches Schicksal am Rande der Gesellschaft leben", und von den „unheilbar Kranken" und daß es bei den Älteren nicht allein um die Sicherung der materiellen Existenz gehe. Er appellierte an „tätige Barmherzigkeit" und an „Familiensinn".

In diesem Sinne erklärt auch Bundeskanzler *Helmut Schmidt* in seiner Regierungserklärung vom Dezember 1978: „Not bedeutet in unserem Lande nicht Hunger. Aber Not ist vielfach eben doch auch Einsamkeit und Hilflosigkeit, ist das Fremdsein derer, die aus eigener Kraft nur schwer in dieser an Leistung sich orientierenden Gesellschaft mitkommen. Und so dicht das soziale Netz auch geknüpft ist, nicht alle Not dieser Art kann es lindern ... Der Staat schafft Voraussetzungen dafür, daß sich der einzelne in wichtigen Lebensfragen auf die Solidarität der staatlichen Gemeinschaft verlassen kann. Für viele, viele Menschen haben wir erst durch diese Voraussetzungen ein menschenwürdiges Leben ermöglicht."

Trotz dieser qualitativen Orientierung der Sozialpolitik ging die Steigerung des Sozialbudgets von 1969 von 154 Mrd. DM auf 330 Mrd. DM im Jahre 1975 zu etwa 425 Mrd. DM im Jahre 1979 weiter. Insgesamt wurden 1974 je Kopf der Bevölkerung 4 656 DM für Sozialleistungen aufgebracht. Diese Leistung wurde bis 1979 um 48,9 Prozent auf etwa 6 931 DM je Kopf der Bevölkerung gesteigert. Überdurchschnittlich erhöhten sich die Gesundheitsausgaben, die Leistungen für Kinder und Alte (vgl. Sozialbericht, 1980).

Diese sozialpolitischen Aufwendungen schlugen sich auch in der Sozialleistungsquote, den Ausgaben für sozialpolitische Maßnahmen im Verhältnis zum Bruttosozialprodukt, nieder. Die Sozialleistungsquote betrug 1927 nur 10,4 %, 1933 18,4 % und fiel bis 1938 auf 8,9 %. Zu Beginn der Sozialpolitik der Bundesrepublik lag sie 1950 bei 16 %, fiel 1960 leicht auf 15,5 % und erreichte 1972 27,1 %. Heute liegt die Sozialleistungsquote bei etwa 30 %. Diese erhebliche und nicht unproblematische Ausweitung erhellt auch, welches Eigengewicht die sozialpolitischen Institutionen und ihre Haushalte bereits im Wirtschaftskreislauf erlangt haben.

Trotz vieler Erfolge ist die Sozialpolitik der Bundesrepublik Deutschland nicht ohne Probleme geblieben. Schwierigkeiten ergaben sich vor allem im Bereich der Rentenversicherung und bei den gesetzlichen Krankenkassen, die in Finanzierungsengpässe gerieten. Ein Grund dafür sind die ständig erweiterten Rechte der Versicherten, die von ihnen auch voll in Anspruch genommen werden, und der unausgewogene Altersaufbau der Bevölkerung, wodurch sich der Anteil der Rentner stark erhöht. Damit stieg auch das Krankheitsrisiko. Zusammen mit weiteren Ursachen kam es zur sogenannten **Kostenexplosion** im Gesundheitswesen, die aber durch ein Reformgesetz im Jahre 1977 bekämpft werden sollte. Weitere Schwierigkeiten für die Finanzlage der Sozialversicherung ergeben sich auch aus der gesunkenen Wachstumsrate der gesamten Wirtschaft und aus den relativ hohen Arbeitslosenquoten.

Bei einem Anteil der Sozialleistungen am Bruttosozialprodukt von etwa 30 % ist die sogenannte Primärverteilung des Einkommens über den Einfluß auf die Nachfragestruktur direkt betroffen. Durch die Datensetzung in der Arbeitsmarkt- und Arbeitsmarktschutzpolitik wurde damals die Angebotslage zugunsten der Arbeitnehmer verbessert. Die Verteilung der Einkommen durch Lohnbildung und Lohnfindung auf dem Arbeitsmarkt ist durch das Gewicht der Sozialpolitik also mit determiniert. Im Bereich der sogenannten Sekundärverteilung noch an eine Umverteilung von reich zu arm zu denken, ist inzwischen zu einem Wunschbild geworden. In der *Bismarck*zeit mochte eine Verteilungsrichtung von der dominanten Gruppe der Selbständigen zu den Arbeitern noch möglich sein. An die Stelle dieser vertikalen Umverteilung ist heute durch die Entwicklung der Sozialversicherung von einer klassenspezifischen Institution zur umfassenden Volksversicherung die horizontale Redistribution unter den Arbeitnehmern getreten.

Im Bereich der gesetzlich geregelten Teilnahme der Arbeitnehmer an Entscheidungen am Arbeitsplatz, im Betrieb und Unternehmen sind durch das Montanmitbestimmungsgesetz (1951), das Betriebsverfassungsgesetz (1952), das Personalvertretungsgesetz (1955) und nach dem Mitbestimmungsgesetz von 1976 Entscheidungen gefallen, die das Verhältnis zwischen Arbeitnehmern und Arbeitgebern im Sinne einer eher partnerschaftlichen Zusammenarbeit auf eine neue Ebene gestellt haben. Wenn die ideenmäßigen Grundlagen hierfür auch mehr als 100 Jahre zurückliegen und eine stärkere Konkretisierung der Vorstellung bereits in der Weimarer Republik erfolgte, waren die gesetzliche Einführung und Weiterentwicklung im Vergleich zu den westlichen Industriestaaten in dieser Form doch einmalig.

Mit der seit 1968 verstärkt vorgetragenen Forderung des DGB nach Ausweitung der paritätischen Mitbestimmung ist die Ausgestaltung der Mitbestimmungsrechte erneut zum Gegenstand politischer Auseinandersetzungen geworden. Da es sich hier um Macht- und auch Weltanschauungsfragen handelt, ist mit einer weiteren Entwicklung und Auseinandersetzung auf diesem Gebiet durchaus zu rechnen.

Die Soziale Frage in der zweiten Hälfte des 19. Jahrhunderts war die Arbeiterfrage. Sie war durch die Vermögenslosigkeit und Entwurzelung vieler Arbeiter und ihr Leben in proletarischer Existenz entstanden. Mit dem Einsatz insbesondere der Gewerkschaftsbewegung für die Soziale Sicherungspolitik und dem unbestreitbaren Erfolg der Arbeitnehmer auf diesem Gebiet hat die „Eigentumsfrage" viel von ihrer Brisanz verloren. Die Ansprüche auf Sozialeinkommen sind eine Art „Eigentumsersatz" geworden. Die durch den wirtschaftlichen Fortschritt ermöglichte Verdreifachung der Realeinkommen von 1860 bis Anfang der fünfziger Jahre und eine weitere mehr als Vervierfachung in den letzten Jahrzehnten hat die These von der Sparunfähigkeit der Arbeitnehmer ad absurdum geführt. Wenn auch die starke Konzentration des Eigentums an gewerblichen Produktionsvermögen weiterhin als Übelstand registriert werden muß, sind doch die Erfolge in anderen Vermögensbereichen nicht zu übersehen. Dies gilt insbesondere für das Wohnungseigentum und die Geldvermögensbildung. Die Vermögensbildung der Arbeitnehmer, die Eigentumsersatzfunktion der Sozialeinkommen und die Aushöhlung des Eigentums in den Publikumsaktiengesellschaften haben die Eigentumsfrage zwar nicht gelöst, so doch als soziales Problem deutlich in den Hintergrund treten lassen. Dazu haben auch die Förderung der Vermögensbildung durch die Bundesregierung und die gewerkschaftliche Investivlohnpolitik beigetragen.

2.1.6.4 Sozialpolitik in der zehnten bis zwölften Legislaturperiode und die deutsche Vereinigung

Als im Oktober 1982 die sozialdemokratisch-liberale Koalition durch eine christdemokratisch-liberale unter Bundeskanzler Helmut Kohl abgelöst wurde, befand sich die Bundesrepublik in der bis damals tiefsten Rezession seit ihrer Gründung. Im Zeitraum zwischen 1979 und 1984 stagnierte die reale Produktion, während die Zahl der Arbeitslosen gleichzeitig auf über 2,2 Mio. anstieg. Obwohl es erklärtes Ziel der neuen Regierung war, die hohe Arbeitslosigkeit abzubauen, verharrte sie doch bis 1989 auf dem Niveau von über 2 Mio. Im selben Zeitraum wuchs allerdings die Zahl der Erwerbstätigen um etwa 1,5 Mio., wodurch verstärkte Zuwanderungen, vornehmlich aus den Ländern Osteuropas und der DDR, in den Arbeitsmarkt integriert werden konnten. Der erhebliche Anstieg der Arbeitsplätze ist auch auf die von den Gewerkschaften in den 80er Jahren durchgesetzte Arbeitszeitverkürzung zurückzuführen. Daneben hat aber auch die verstärkte Schaffung von Teilzeitbeschäftigungen, die aus sozialpolitischer Sicht allerdings häufig nicht unproblematisch sind, den Anstieg der Erwerbstätigkeit begünstigt. Zu einem Rückgang der Arbeitslosen kam es erst im Zuge der Hochkonjunktur zum Ende der 80er Jahre und der starken Nachfragesteigerung nach Öffnung der Grenzen zwischen DDR und BRD im Gefolge der „friedlichen Revolution" in der DDR.

Als die Regierung Kohl die Macht in Bonn übernahm, lag die Inflationsrate bei etwa 6 Prozent. Die Schulden des Bundeshaushaltes waren auf beinahe 300 Mrd. DM angestiegen. Solche Rahmenbedingungen schränken die politisch gestaltbaren Handlungsspielräume naturgemäß ein. In seiner Regierungserklärung vom 13. Oktober 1982 formulierte Bundeskanzler *Kohl* als Ziel seiner Kanzlerschaft, über geordnete Finanzen zu einem geordneten Staat zu kommen. Die Weichen der Erneuerung wolle er durch eine Orientierung an den Grundsätzen:

„– Weg von mehr Staat, hin zu mehr Markt;
– weg von kollektiven Lasten, hin zur persönlichen Leistung;
– weg von verkrusteten Strukturen, hin zu mehr Beweglichkeit, Eigeninitiative und verstärkter Wettbewerbsfähigkeit" stellen.

Die Verfolgung dieser Grundsätze in der Sozialpolitik sollte bedeuten, „die sozialen Leistungen von Staat und Gesellschaft auf die wirklich Hilfsbedürftigen hin zu konzentrieren. Wo es Spielräume gibt, das Prinzip Leistung für Gegenleistung zu stärken, werden wir sie nutzen." *(H. Kohl)* Den Weg, diese Zielsetzung zu verwirklichen, benannte Kohl ebenfalls: „Dafür müssen wir unseren Mitbürgern Opfer zumuten. Dafür brauchen wir ihre Bereitschaft zur Solidarität. Diese Solidarität verlangt eine Atempause in der Sozialpolitik."

Die von Helmut Kohl angesprochene Atempause meinte aber nicht, einen sozialpolitischen Status Quo festzuschreiben. Vielmehr zeichnete sich die staatliche Sozialpolitik seit dem Regierungswechsel durch sinkende Leistungen bei steigenden Beiträgen aus.

So wurden im Bereich der Arbeitslosenversicherung die Beitragssätze von 3 Prozent (1981) auf zwischenzeitlich 6,8 Prozent (1991) angehoben. Gleichzeitig wurde das beitragspflichtige Einkommen durch eine stärkere Einbeziehung von Einmalzahlungen des Arbeitgebers erweitert, obwohl gerade diese Verdienstbestandteile aus der Bemessung des Lohnersatzleistungsanspruchs herausgenommen wurden. Das effektive Arbeitslosengeld sank hierdurch auf rd. 50 Prozent, die effektive Arbeitslosenhilfe auf etwa 45 Prozent des vorherigen Nettoeinkommens. Die Anwartschaftszeiten für den Bezug von Arbeitslosengeld wurden von 6 auf 12 Monate verdoppelt. Daneben wurden aber auch die Sperrzeiten mehrfach erhöht und die Zumutbarkeitsregelungen verschärft. Begleitet wurden diese Leistungseinschränkungen durch Kürzungen in den Bereichen Unterhalts- und Übergangsgeld sowie Qualifizierungsmaßnahmen.

Von besonderer Bedeutung für die Arbeitnehmer und ihre Gewerkschaften war die 1986 erfolgte Änderung des § 116 AFG. Früher zahlte die Bundesanstalt für Arbeit Arbeitnehmern, die zwar in der gleichen Branche, aber in einem anderen Tarifbezirk beschäftigt und von den Fernwirkungen eines Streiks betroffen waren, Arbeitslosen- oder Kurzarbeitergeld. Heute ist dies nur noch möglich, wenn im nicht selbst streikenden Tarifbezirk nicht die gleiche Hauptforderung besteht, oder das Arbeitskampfergebnis aller Voraussicht nach nicht im wesentlichen übernommen wird. Die Novellierung des § 116 AFG schwächte die Stellung der Arbeitnehmer in Tarifauseinandersetzungen somit entscheidend.

Aber nicht nur im Bereich der Arbeitsmarkt-, sondern auch in der Renten- und Krankenversicherungspolitik wurde die Stellung der Versicherten geschwächt. Sowohl in der Renten- als auch in der Krankenversicherung wurden, wie auch in der Arbeitslosenversicherung, Einmalzahlungen stärker als früher der Beitragspflicht unterworfen.

In der Rentenversicherung stieg der Beitragssatz von 18 Prozent (1983) auf 19,2 Prozent (1985). Erst 1993 wurde er auf 17,5 Prozent gesenkt. Mit dem Rentenreformgesetz von 1989 wurde die Rentenanpassung von der Bruttolohn- zugunsten einer Nettolohnorientierung umgestellt und die Regelaltersgrenzen von 60 bzw. 63 auf 65 Jahre angehoben. Die Inanspruchnahme von Rentenversicherungsleistungen vor Erreichen der neuen Regelaltersgrenze führen zu versicherungstechnischen Abschlägen von 0,3 Prozent pro Monat. Bei maximal drei Jahren vorgezogenem Ruhegeld entspricht das einer dauerhaften Rentenkürzung von 10,8 Prozent. Renteneinbußen haben seit 1983 auch Arbeitslose und seit 1989 Auszubildende hinzunehmen. Für die Arbeitslosen ist heute nicht mehr die Höhe des vormals bezogenen Bruttoentgeltes, sondern die Höhe der Lohnersatzleistungen für die Rentenversicherungszahlungen der Arbeitsämter entscheidend. Ausbildungszeiten werden seit dem Rentenreformgesetz nicht mehr im Umfang von bis zu 13, sondern maximal bis zu 7 Jahren angerechnet.

In der Krankenversicherung wurden schließlich seit 1982 kontinuierlich Zuzahlungen der Patienten zu Arzneien, Heil- und Hilfsmitteln sowie Krankenhausaufenthalten erhöht. Auch das Gesundheitsreformgesetz von 1989, das sich bereits 1990 als wirkungslos im Hinblick auf eine Kostendämpfung im Gesundheitswesen erwies, und das Gesundheitsstrukturgesetz von 1992 erweiterten die Selbstbeteiligungspflichten der Versicherten deutlich. Allerdings wurden mit dem Gesundheitsstrukturgesetz erstmalig auch die Leistungsanbieter im Gesundheitswesen in die Kostenverantwortung einbezogen. Positiv für die Versicherten ist schließlich auch die Ausweitung der Kassenwahlfreiheit (ab 1997) und deren Voraussetzung in Form des Risikostrukturausgleichs.

Hohe Arbeitslosigkeit und die Kürzungen der Leistungen im Bereich der Arbeitslosenversicherung waren mitentscheidend für die Verdoppelung der Zahl der Sozialhilfeempfänger seit 1980. Auf diese Entwicklung und ihre fiskalpolitischen Folgen hat die christdemokratisch-liberale Bundesregierung mit Leistungskürzungen für die Sozialhilfebezieher reagiert (Deckelung und Verschiebung von Regelsatzanpassungen, Kürzungen der Mehrbedarfszuschläge).

Allerdings gab es seit 1982 auch punktuelle Verbesserungen im Bereich der Sozialpolitik. Zu nennen sind hier vor allem die stärkere Anrechnung von Kindererziehungs- und Pflegezeiten in der Gesetzlichen Rentenversicherung, das mittlerweile ausgelaufene Vorruhestandsgesetz, das Erziehungsgeldgesetz und das Pflegeversicherungsgesetz.

Trotz der vielfältigen Leistungseinschränkungen ist es der Bundesregierung jedoch nicht gelungen, die Wachstumsdynamik des Sozialbudgets aufzuhalten. 1982 belief sich sein Gesamtumfang auf 529,8 Mrd. DM, 1990 bereits auf 716,5 Mrd. DM und 1993 (nur Westdeutschland) auf 859,3 Mrd. DM. Hinzu kommen die Sozialleistungen für Ostdeutschland, die seit der deutschen Vereinigung im Oktober 1990 anfielen. Sie betrugen 125,8 Mrd. DM in 1991, 179,3 Mrd. DM in 1992 und 203,2 Mrd. DM in 1993. Allein auf den Bereich Arbeitsförderung entfielen 1993 63,2 Mrd. DM (1992: 56,6 Mrd. DM). Dieser Betrag entspricht in seiner Höhe den vergleichbaren Aufwendungen in Westdeutschland. Diese wenigen Zahlen weisen bereits aus, in welchem Ausmaß die Sozialpolitik den Transformationsprozeß der DDR mitgestaltet hat. Notwendig geworden war dies, nachdem die Ökonomie der DDR, deren Produktivität etwa ein

Drittel der Westdeutschlands betrug, durch die Einführung der DM im Zuge der Wirtschafts-, Währungs- und Sozialunion ihre Wettbewerbsfähigkeit nahezu vollständig verloren hatte. Es kam zu einem Abbau von fast 4 Mio. Arbeitsplätzen in den neuen Bundesländern. Nur durch den extensiven Einsatz arbeitsmarktpolitischer Instrumente (Arbeitsbeschaffungsmaßnahmen, Kurzarbeit, Vorruhestand, Qualifizierung etc.) konnte eine umfangreiche offene Arbeitslosigkeit vermieden werden. Aber nicht nur die Arbeitslosigkeit stellte eine große Herausforderung für die Sozialpolitik dar. Vielmehr galt es, im Zuge der Systemtransformation der staatssozialistischen Volkswirtschaft der DDR zur marktwirtschaftlichen Ordnung der Bundesrepublik das gesamte soziale Sicherungssystem umzustellen. Obwohl dies – insbesondere für die Betroffenen – nicht immer reibungslos geglückt ist (vgl. die Beiträge in Zerche, 1994), so muß man insgesamt doch festhalten, daß diese größte politische Aufgabe in der Geschichte der Bundesrepublik von allen beteiligten Akteuren gemeistert wurde.

Blickt man heute auf die 45jährige Geschichte der Bundesrepublik Deutschland zurück, so ist festzustellen, daß die Sozialpolitik in quantitativer und qualitativer Hinsicht das Erscheinungsbild der Republik derart geprägt hat, daß sie sinnvollerweise nicht mit dem gleichen Namen belegt werden sollte wie der ungezügelte Kapitalismus des 19. Jahrhunderts. Es ist aber auch unübersehbar, daß es – insbesondere auch nach dem Wegfall der Systemkonkurrenz durch den Untergang der sozialistischen Staaten des Ostens – starke Kräfte gibt, die mit Sozialabbau und Deregulierung die Re-Etablierung einer wirtschaftsliberalen Gesellschaftsordnung anstreben. Dies gilt es gerade auch im Interesse der sozialen und gesellschaftlichen Stabilität zu verhindern. Darüber hinaus dürfen wir nicht die noch bestehenden Schattenseiten des Wohlstandsstaates übersehen. Unser Soziales Sicherungssystem ist gut auf den „normalen" Arbeitnehmer ausgerichtet. Gegenüber Armutsinseln bei alten Menschen, Obdachlosen, Nichtseßhaften und ethnischen Minderheiten ist mit bürokratischem und lediglich finanziellem Mitteleinsatz nichts auszurichten. Hier können nur flexible Verfahren und die Hilfe zur Selbsthilfe durch ebenso qualifizierte wie engagierte Sozialpädagogen und Sozialarbeiter eine Linderung herbeiführen. Für neue Wege in der Sozialpolitik gilt es auch dort, Akzente zu setzen, wo die Verknüpfung zur Wirtschaftspolitik besonders eng ist. Hier ist in jüngster Zeit besonders an eine Politik zur Stabilisierung des Preisniveaus, eine Verbesserung der Arbeitsmarkt- und Berufsbildungspolitik und den Verbraucherschutz zu denken. Während am Anfang der siebziger Jahre die Stabilisierung des Preisniveaus vordringlich war, ist heute die weitere Senkung der Arbeitslosigkeit die wichtigste Aufgabe der Wirtschafts- und Sozialpolitik.

Die wichtigsten sozialpolitischen Gesetze seit Gründung der Bundesrepublik Deutschland sind in der folgenden Übersicht (2.4) zusammengefaßt.

Übersicht 2.4: **Zeittafel wichtiger sozialpolitischer Gesetze in der Bundesrepublik Deutschland**

Vorläufer	1946	Zulassung der **Gründung von Gewerkschaften** (Kontrollratsdirektive Nr. 31)
	1948	Umstellungsgesetz (**Währungsreform:** Einführung der D-Mark; Ausnahme der Löhne und Gehälter sowie der Renten und Pensionen von der allgemeinen Abwertung im Verhältnis 10:1) Gesetz über die Leitsätze für die **Bewirtschaftung und Preispolitik:** Basis für die Einführung einer Politik der Sozialen Marktwirtschaft Gesetz zur Aufhebung des **Lohn- und Gehaltsstopps** (durch Kriegswirtschaftsverordnung 1939 erlassen)
	1949	**Tarifvertrag**sgesetz
(Koalition von CDU/CSU, FDP, DP unter Adenauer)	1949	**Sozialversicherungs-Anpassung**sgesetz Gesetz zur Milderung dringender sozialer Notstände (**Soforthilfe**gesetz)
	1950	1. **Wohnungsbau**gesetz Gesetze über die Hilfe für Kriegsheimkehrer und über die Versorgung von Kriegsopfern (Bundes**versorgungs**gesetz/BVG)
	1951	Gesetz über die **Selbstverwaltung** in der Sozialversicherung **Montanmitbestimmung**sgesetz (für den Bergbau und die Eisen und Stahl erzeugende Industrie) Kündigungsschutzgesetz
	1952	**Mutterschutz**gesetz **Bausparprämien**-Gesetz **Lastenausgleich**sgesetz/LAG **Betriebsverfassung**sgesetz
	1953	Bundes**vertriebenen**gesetz **Schwerbeschädigten**gesetz **Sozialgericht**sgesetz **Arbeitsgericht**sgesetz
(Koalition von CDU/CSU, FDP, DP und BHE unter Adenauer)	1954	**Kindergeld**gesetz (Finanzierung durch Arbeitgeber)
	1955	**Personalvertretung**sgesetz
	1957	Neuregelungsgesetze für die Rentenversicherung (Einführung der **Dynamischen Rente**) und Gesetz über eine Altershilfe für Landwirte 1. **Lohnfortzahlung**sgesetz
(Koalition von CDU/CSU und DP unter Adenauer)	1959	**Sparprämien**gesetz
	1960	Gesetz über den **Jugendarbeitsschutz** **Handwerkerversicherung**sgesetz

	1961	Bundes**sozialhilfe**gesetz/BSHG **Vermögensbildung**sgesetz Gesetz für **Jugendwohlfahrt**/JWG
(Koalition von CDU/ CSU und FDP unter Adenauer)	1964	Bundes**kindergeld**gesetz
(Koalition von CDU/ CSU und FDP unter Erhard)	1965	**Wohngeld**gesetz
(Große Koalition von CDU/CSU und SPD unter Kiesinger)	1967	**Sanierung der Rentenversicherung**
	1969	**Arbeitsförderung**sgesetz/AFG **Lohnfortzahlung**sgesetz **Berufsbildung**sgesetz
(Koalition von SPD und FDP unter Brandt)	1971	Bundes**ausbildungsförderung**sgesetz/BAföG
	1972	Novelle zum **Betriebsverfassung**sgesetz **Rentenreform**gesetz (u. a. Flexible Altersgrenze)
	1973	**Arbeitssicherheit**sgesetz
	1974	**Schwerbehinderte**ngesetz
(1. SPD/FDP-Ko. unter Schmidt)	1975	**Sozialgesetzbuch**/SGB (Allgemeiner Teil)
(2. Koalit. von SPD und FDP unter Schmidt)	1976	**Jugendarbeitsschutz**gesetz Reform des **Ehe- und Familienrecht**s **Mitbestimmung**sgesetz
	1977	**Krankenversicherungs-Kostendämpfung**sgesetz
	1979	**Mutterschaftsurlaub**sgesetz
	1980	Gesetz über die **Gleichbehandlung** von Männern und Frauen am Arbeitsplatz
	1981	**Künstlersozialversicherung**sgesetz
(1. Koalit. von CDU/ CSU u. FDP unter Kohl)	1984	Gesetz zur Neuordnung der **Krankenhausfinanzierung**
	1985	**Beschäftigungsförderung**sgesetz Bundes**erziehungsgeld**gesetz Gleichstellung von Männern und Frauen bei den **Hinterbliebenenrenten,** Anrechnung von **Kindererziehungszeiten** in der Rentenversicherung (HEZG)
	1988	**Gesundheitsreform**gesetz
	1989	**Rentenreform**gesetz 1992 (u. a. Übergang von der Brutto- zur Netto-Anpassung)
	1990	Staatsvertrag zur Währungs-, Wirtschafts- und **Sozialunion** **Kinder- und Jugendhilfe**gesetz/KJHG
(2. Koalit. von CDU/ CSU u. FDP unter Kohl)	1992	**Gesundheitsstruktur**gesetz
	1994	**Pflegeversicherung**sgesetz **Arbeitszeit**gesetz **Wohnungsbauförderung**sgesetz **Beschäftigungsförderung**sgesetz 1994

Kontrollfragen zu Kapitel 2

1. Warum ist die Dominanz kapitalistischer Produktionsverfahren und Produktionsverhältnisse für das Entstehen der modernen Sozialpolitik bedeutsam?

2. Welche Kräfte haben neben der technischen und wirtschaftlichen Entwicklung die Durchsetzung der Sozialpolitik gefördert?

3. Was versteht man unter „industrieller Revolution", und warum war die „industrielle Revolution in England" auch für die Entwicklung in Deutschland von besonderer Bedeutung?

4. Warum waren die sozialen Folgen der „industriellen Revolution" für die Arbeiterschaft besonders negativ?

5. Welche Selbsthilfemaßnahmen ergriffen die Arbeiter?

6. Warum verlief die wirtschaftliche und soziale Entwicklung in Deutschland mit einer deutlichen zeitlichen Verzögerung?

7. Welches waren die wichtigsten sozialen Mißstände in der Industrialisierungsphase in Deutschland?

8. Warum hat das Kaiserreich in der „Arbeiterfrage" versagt?

9. Welches waren die durchgreifenden Reformen in der Sozialpolitik der Weimarer Republik?

10. Welche Rolle hat der Verein für Socialpolitik in der Sozialpolitikberatung und der Entwicklung der Fachdisziplin gespielt?

11. Welche Hauptentscheidungen in der Wirtschafts- und Sozialpolitik der Bundesrepublik Deutschland zeigen die Bedeutung der Interdependenzen beider Politikbereiche besonders klar auf?

12. Welches sind die wichtigsten verfassungsrechtlichen Grundlagen für die Sozialpolitik in der Bundesrepublik Deutschland?

13. Welcher Indikator kann die quantitative Bedeutung der Sozialpolitik relativ gut anzeigen?

14. Welches waren nach Ihrer Auffassung die wichtigsten sozialordnungspolitischen Entscheidungen in der Bundesrepublik Deutschland?

15. Halten Sie eine Sozialpolitik „aus einem Guß" für machbar, und welche Kräfte könnten dem entgegenstehen?

Literatur zu Kapitel 1 und 2

Achinger, H.: Sozialpolitik als Gesellschaftspolitik. Von der Arbeiterfrage zum Wohlfahrtsstaat. 3. Auflage, Frankfurt/Main 1979.
Albers, W.: Sozialpolitik IV: In der Bundesrepublik Deutschland, in: Handwörterbuch der Wirtschaftswissenschaften, Bd. 7, Stuttgart u. a. 1977.
Albrecht, G.: Sozialpolitik, Göttingen 1955.
Ammon, A.: Der Begriff der Sozialpolitik, in: Schmollers Jahrbuch 1924.
Böhm, F.: Eine Kampfansage an Ordnungstheorie und Ordnungspolitik. Zu einem Aufsatz in Kyklos, in: ORDO, 24. Bd., Düsseldorf und München 1973.
Boese, F.: Geschichte des Vereins für Socialpolitik 1872–1932, in: Schriften des Vereins für Socialpolitik, Bd. 188, Berlin 1939.
Borght, R. van der: Grundzüge der Sozialpolitik, Leipzig 1904.
Der Bundesminister für Arbeit und Sozialordnung (Hrsg.) Statistiken für die Arbeits- und Sozialpolitik, Bonn 1973.
Ders. (Hrsg.): Sozialbericht 1973, Bonn 1973.
Ders. (Hrsg.): Sozialbericht 1980, Bonn 1980.
Ders. (Hrsg.): Sozialbericht 1990, Bonn 1990.

Ders.: (Hrsg.): Übersicht über die Soziale Sicherung, Bonn 1991.

Eucken, W.: Grundsätze der Wirtschaftspolitik (1952), 6. Aufl. Tübingen 1990.

Gründger, F.: Beveridge meets Bismarck: Echo, Effects, and Evaluation of the Beveridge Report in Germany, in: J. Hills u. a. (Hrsg.): Beveridge and Social Security. An International Retrospective, Oxfort, 1994, S. 134–153.

Hasbach, W.: Die allgemeinen philosophischen Grundlagen der von François Quesna und Adam Smith begründeten politischen Ökonomie, Leipzig 1890.

Henning, F.-W.: Die Industrialisierung in Deutschland 1800–1914, 8. Auflage, Paderborn u. a. 1993 a.

Ders.: Das industrialisierte Deutschland 1914 bis 1992, 8. Auflage, Paderborn u. a. 1993 b.

Herbig, R.: Notizen aus der Sozial-, Wirtschafts- und Gewerkschaftsgeschichte vom 14. Jh. bis zur Gegenwart, hrsg. v. Deutschen Gewerkschaftsbund. 6. Aufl., Wolframs-Eschenbach 1978.

Heyde, L.: Abriß der Sozialpolitik, Heidelberg 1949.

Kaiser, N. F.: Economics: Analysis und Policy. New York, London, Sydney 1965.

Kleinhenz, G., Lampert, H.: Zwei Jahrzente Sozialpolitik in der BRD. Eine kritische Analyse, in: ORDO, 22. Bd., Düsseldorf und München 1971, S. 103 ff.

Külp, B., Schreiber, W. (Hrsg.): Arbeitsökonomik, Köln, Berlin 1972.

Lampert, H.: Die Wirtschafts- und Sozialordnung der Bundesrepublik Deutschland, 12., völlig überarb. Aufl., München und Landsberg am Lech 1995.

Ders.: „Denken in Ordnungen" als ungelöste Aufgabe, in: Jahrbücher für Nationalökonomie und Statistik, Bd. 206, 1989, S. 446 ff.

Ders.: Lehrbuch der Sozialpolitik, 3. Auflage, Berlin u. a. 1994.

Leminsky, G.: Wandel gewerkschaftlicher Strategien nach dem 2. Weltkrieg., in: Gewerkschaftliche Monatshefte, Köln, H. 2, 1981.

Lindenlaub, D.: Richtungskämpfe im Verein für Socialpolitik Teil I, in: Vierteljahreszeitschrift für Sozial- und Wirtschaftsgeschichte. Beiheft Nr. 52, Wiesbaden 1967.

Lütge, F.: Deutsche Sozial- und Wirtschaftsgeschichte, 3. Aufl., Berlin, Heidelberg u. a. 1979.

Mandeville, B.: The Fable of the Bees: or Private Vices, Public Benefits, Oxford 1924.

Mill, J. St.: Grundsätze der politischen Ökonomie mit einigen ihrer Anwendungen auf die Sozialphilosophie, deutsch nach der 7. Auflage. 11. Bd., Jena 1924.

Molitor, B.: Was ist Sozialpolitik? in: Hamburger Jahrbuch für Wirtschafts- und Gesellschaftspolitik, Bd. 17, Tübingen 1971.

Mommsen, H.: Die Gewerkschaften und die Durchsetzung des Sozialstaates in Deutschland, in: Gewerkschaftliche Monatshefte, H. 2. Köln 1981.

Müller-Armack, A.: Soziale Marktwirtschaft, in: Handwörterbuch der Sozialwissenschaften, Bd. 9, Stuttgart u. a. 1956.

Ders.: Der Moralist und der Ökonom, in: ORDO, 21. Bd., Düsseldorf und München 1970.

Okun, A. M.: Equity und Efficiency – The Big Trade-Off, Washington D.C. 1975.

Paulsen, A.: Allgemeine Volkswirtschaftslehre, I: Grundlegung, Wirtschaftskreislauf, 5. Aufl., Berlin 1964.

Preller, L.: Sozialpolitik in der Weimarer Republik, Stuttgart 1949.

Reeve, R. M.: The Industrial Revolution 1760–1850, London 1971.

Rüstow, A.: Sozialpolitik diesseits und jenseits des Klassenkampfes, in: Aktionsgemeinschaft Soziale Marktwirtschaft (Hrsg.) Sinnvolle und sinnwidrige Sozialpolitik, Ludwigsburg 1959.

Sanmann, H.: Sozialpolitik, in: W. Ehrlicher u. a. (Hrsg.): Kompendium der Volkswirtschaftslehre, Bd. 2, Göttingen 1972.

Schachtschabel, H. G.: Sozialpolitik, in: Handwörterbuch des Genossenschaftswesens, hrsg. von E. Mändle und H. W. Winter, Wiesbaden 1980.

Schiller, K.: Wirtschaftspolitik, in: Handwörterbuch der Sozialwissenschaften. Bd. 12, Stuttgart u. a. 1965, S. 210 f.

Smales, B. J.: Economic History, London 1975.

Smith, A.: An Inquiry into the Nature and Causes of the Wealth of Nations, 2. Bd., 1776, deutsch: Der Reichtum der Nationen, 2. Bd., Leipzig 1910.

Sozialenquête-Kommission, Bericht der: Soziale Sicherung in der Bundesrepublik Deutschland (Sozialenquête), Stuttgart, Berlin, Köln, Mainz o.J. (1966).

Stolper, G., Hauser, K., Borchardt, K.: Deutsche Wirtschaft seit 1870, Tübingen 1966.

Weber, M.: Zum Begriff der Sozialpolitik, in: W. F. Wagner, F. Marbach (Hrsg.): Wirtschaftstheorie und Wirtschaftspolitik, Festschrift für Alfred Ammon, Bern 1953.

Weddigen, W.: Grundzüge der Sozialpolitik und Wohlfahrtspflege, Stuttgart 1937.

Wiese, L. von: Sozialpolitik (III) Sozialpolitik als Wissenschaft, in: Beckerath, Erwin von; Brinkmann, Carl; Gutenberg, Erich; u.a. (Hrsg.): Handwörterbuch der Sozialwissenschaften, Bd. 9, Stuttgart, Tübingen, Göttingen 1956, S. 547–553.

Zerche, J.: Wandlungen in der Sozialpolitik – Erfolge und Schattenseiten einer 25jährigen Politik, in: Wirtschaftsdienst, H. 5, Hamburg 1974.

Ders.: Arbeitsökonomik. Mit einem Beitrag von Fritz Gründger, Berlin, New York 1979.

Ders.: Gewerkschaften und private Vermögensbildung, in: Hamburger Jahrbuch für Wirtschafts- und Gesellschaftspolitik 1976, wiederabgedr. in: U. Teichmann (Hrsg): Gewerkschaften, Analysen, Theorie und Politik, Darmstadt 1981, Wege der Forschung, Bd. 568, S. 318 ff.

Ders.: (Hrsg.) Vom sozialistischen Versorgungsstaat zum Sozialstaat Bundesrepublik. Ausbau oder Abbau der sozialen Lage in den neuen Bundesländern, Regensburg 1994.

Zerche, J., Schmale, I.: Ansätze der Verteilungspolitik, in: Wirtschaftswissenschaftliches Studium (WiSt), München und Frankfurt, H. 10, 1980.

Zwiedineck-Südenhorst, O. von: Sozialpolitik, Leipzig, Berlin 1911.

3 Die ökonomische Theorie der Sozialpolitik I (Theoretische Grundlagen)

3.1 Die ökonomische Betrachtungsweise in der Sozialpolitik

Die praktische Sozialpolitik und ihre Probleme sind ein **Erfahrungsobjekt,** das von mehreren wissenschaftlichen Disziplinen zum Gegenstand ihrer spezifischen Betrachtung **(Erkenntnisobjekt)** gemacht werden kann. Diese Arbeitsteilung ist nicht nur zulässig und sinnvoll, sondern auch notwendig. Keine Einzelwissenschaft vermag die Gegenstände unserer Erfahrung in ihrer Totalität und Komplexität zu erfassen, sondern muß sich auf bestimmte Aspekte der Erscheinungen in der von uns wahrgenommenen Wirklichkeit beschränken. Auch und gerade die theoretische (d.h. die Theorie der) Sozialpolitik erfordert daher den Einsatz von Methoden und Erkenntnissen mehrerer Fachdisziplinen, die sich gegenseitig ergänzen müssen. Angesichts der Tatsache, daß dieser Anspruch wiederum von einer einzelnen Forscherpersönlichkeit nicht geleistet werden kann, werden in der stark anwendungsorientierten **Sozialpolitiklehre** wie auch in der **praktischen Sozialpolitik** besonders hohe Anforderungen an die Fähigkeit und Bereitschaft zu einer **interdisziplinären Zusammenarbeit** gestellt.

Die wichtigsten Fragestellungen der Sozialpolitik richten sich an die Soziologie (einschließlich der Statistik und der empirischen Sozialforschung als grundlegende soziale Hilfswissenschaften), die Geschichts- und die Rechtswissenschaft, die Politischen und Verwaltungswissenschaften und schließlich die **Ökonomik** mit ihren Teilgebieten der Volks- und der Betriebswirtschaftslehre sowie die Finanzwissenschaft. Aber auch die Beiträge der gesellschaftsbezogenen Teilgebiete anderer Wissenschaften (z.B. Sozialethik, Sozialpsychologie, Sozialpädagogik und Sozialmedizin) haben sich als unentbehrlich bei der Beantwortung sozialpolitischer Fragestellungen erwiesen.

Die **ökonomische Analyse** bzw. die ökonomische Theorie (Ökonomik) der Sozialpolitik bezieht die **Rechtfertigung** für ihre spezifische Betrachtungsweise aus mehreren Gründen (vgl. a. *J. Zerche,* 1988):

1. Viele Probleme der praktischen Sozialpolitik sind **ursächlich mit ökonomischen Erscheinungen und Bedingungen in unserer Gesellschaft verbunden.** Dies gilt für die sozialen Phänomene von Armut und Arbeitslosigkeit ebenso wie für Arbeitsunfälle, Berufskrankheiten und Wohnungsprobleme.

2. Die meisten Probleme der praktischen Sozialpolitik lassen sich **mit ökonomischen Kategorien beschreiben und quantifizieren,** z.B. Arbeitslosigkeit als ein Über**angebot** von Arbeitskräften am Arbeitsmarkt, Armut als relative Unterversorgung, gemessen an einem postulierten Mindest**einkommen** oder dem durchschnittlichen „Konsumniveau" (Lebensstandard) einer vergleichbaren Personengruppe bzw. der Gesamtbevölkerung. Medizinische Unterversorgung kann als **Bedarf, Defizit** oder unbefriedigte **Nachfrage** an ärztlichem oder pflegerischem Personal, Betten, Behandlungseinrichtungen, Arzneimitteln usw. definiert werden.

3. Die meisten Probleme der praktischen Sozialpolitik können **mit ökonomischen Mitteln** (Aufwand an knappen Dienst-, Sach- oder Geldleistungen) **bewältigt** werden bzw. erfordern angesichts der **Knappheit** der erforderlichen Mittel Überlegungen ökonomischer Art. Darunter versteht man u. a. Analysen hinsichtlich der Wirtschaftlichkeit oder des Verhältnisses von Kosten und Nutzen alternativer Lösungen.

4. Die praktische Sozialpolitik befindet sich in einem gegenseitigen **Abhängigkeitsverhältnis** (Interdependenz) **zu der Wirtschaftspolitik:** Je leistungsfähiger die Wirtschaft eines Landes ist, um so leichter lassen sich sozialpolitische Probleme mit ökonomischen Mitteln lösen oder sogar vermeiden; je näher andererseits Sozialordnung und Sozialpolitik der herrschenden Vorstellung von Sozialer Sicherheit, sozialer Gerechtigkeit und sozialem Fortschritt kommen, desto stabiler ist mit dem Gesellschaftssystem auch dessen Wirtschaftsordnung und die gesamtwirtschaftliche Entwicklung.

Die ökonomische Theorie der Sozialpolitik betrachtet die praktische Sozialpolitik grundsätzlich unter **zwei Fragestellungen:**

1. **extern:** Welche **Wechselwirkungen** bestehen zwischen der Sozialpolitik und dem ökonomischen System bzw. der Volkswirtschaft (als Ganzem oder in regionalen und sektoralen Teilbereichen)? Diese Frage zielt auf den Bezug und die Abgabe von Leistungen durch das sozialpolitische System.

2. **intern:** Wie sind die ökonomischen oder **Knappheitsprobleme** zu lösen, vor denen die Sozialpolitik bei der Verfolgung ihrer Ziele steht? Hier richtet sich die Frage auf die Verwertung der Leistungen durch das sozialpolitische System, die sich mit den Begriffen der **Wirtschaftlichkeit** (Effizienz) und der **Wirksamkeit** (Effektivität) erfassen läßt.

Eine Klärung kann **auf drei analytischen Ebenen** unternommen werden:

1. Auf der Ebene der **einzelwirtschaftlichen** Entscheidungen (Theorie der Wahlhandlungen) wird das Verhalten von Wirtschaften mit nach außen einheitlicher Willensbildung (Privathaushalt, Unternehmung, öffentlicher Haushalt) untersucht.

2. Auf der Ebene der **marktwirtschaftlichen** Beziehungen werden die Verhältnisse und Prozesse zwischen Wirtschaftseinheiten analysiert, die sich als Tauschpartner (d. h. als „Anbieter" und „Nachfrager") gegenüberstehen.

3. Auf der Ebene der **gesamtwirtschaftlichen** Beziehungen findet eine Analyse der leistungsmäßigen Verflechtungen zwischen den Einzelwirtschaften eines größeren, meist nationalen, ökonomischen Systems statt, wobei zumeist auch die Beziehungen der betrachteten Volkswirtschaft und/oder ihrer Teilbereiche zu ihrer Umwelt („Ausland") einbezogen werden.

Solange die betrachteten Wirtschaftssubjekte als Einzelphänomene, d. h. als einzelne Haushalte, Unternehmungen usw., betrachtet werden, spricht man von einer **mikroökonomischen Analyse.** Aus Gründen der Vereinfachung und Überschaubarkeit können sie aber auch zu Gruppen zusammengefaßt („aggregiert") werden. Dann betrachtet man, vor allem im gesamtwirtschaftlichen Zusammenhang, nur noch einige wenige „Sektoren" und untersucht im Rahmen der **makroökonomischen Analyse** deren kollektives Verhalten (Sparen des Haushaltssektors, Investitionen des Unternehmungssektors, Staatsausgaben, Exportnachfrage des Auslandes).

3.2 Sozialpolitische Wirklichkeit und ökonomische Modellanalyse

Zur Überprüfung ihrer theoretischen Grundlagen an der Wirklichkeit ist die Sozialpolitik auf die Beobachtung historischer (d. h. einmaliger, in derselben Form nicht-wiederholbarer) Erscheinungen angewiesen. Im Vergleich zu Naturwissenschaft und Technik können in den Sozialwissenschaften i. d. R. **keine realen Experimente** durchgeführt werden.

1. **Praktische Gründe:** Die Kontrolle und Konstanthaltung der Umweltbedingungen, wie sie in Labor- und Prüffeldversuchen weitgehend garantiert werden können, sind in der sozialen Wirklichkeit nicht zu verwirklichen.

2. **Moralische Gründe:** Gegen sein Wissen und Wollen darf kein Mensch zum Gegenstand eines Experimentes gemacht werden; sobald aber den Versuchspersonen Sinn und Zweck des an ihnen zu vollziehenden Experimentes bekannt ist, muß damit gerechnet werden, daß sie sich nicht mehr „natürlich“ verhalten und damit die Aussage des Projektes entwerten.

Der Verzicht auf Real-Experimente wird in der Ökonomik großenteils durch **gedankliche Experimente** kompensiert. Zur Aufhellung (Beschreibung, Erklärung, Prognose) komplizierter empirischer Zusammenhänge bedient sich daher die ökonomische Theorie der Sozialpolitik der von der Wirtschaftstheorie entwickelten Methodik der **Modellanalyse.** Hierbei wird unter Vernachlässigung anderer Teile des Erfahrungsobjektes der für den Untersuchungszweck für wesentlich erachtete „Kern“ oder ein bestimmtes Detail des Erfahrungsobjektes besonders hervorgehoben. Von einer ausdrücklichen **Partialanalyse** ist dann die Rede, wenn man bestimmte Erscheinungen – wie z. B. in diesem Text einzelne Haushalte oder Märkte – aus ihrem gesamtwirtschaftlichen Zusammenhang löst und damit annimmt, daß sie sich gedanklich von äußeren Einwirkungen oder Wechselwirkungen mit ihrer Umwelt isolieren lassen („ceteris-paribus“-Klausel). Im Gegensatz dazu steht die **Totalanalyse,** die in ganzheitlichen Zusammenhängen denkt und auch die Interdependenzen in komplexen Systemen zu erfassen sucht („mutatis-mutandis“-Klausel).

Zwar kann man sich auch bei der ökonomischen Modellanalyse der **verbalen Ausdrucksweise** bedienen. Der größeren Klarheit halber und um durch die Mehrdeutigkeit unserer Sprache bedingte Mißverständnisse und Denkfehler möglichst zu vermeiden, bevorzugt man eine **mathematische Ausdrucksweise,** d. h. die formalisierten Sprachen der Algebra (Buchstabensymbolik) oder der Geometrie (Grafik), welch letzterer auch hier wegen ihrer Anschaulichkeit der Vorzug gegeben wird.

Algebraisch oder geometrisch formulierte Modelle haben bei ihrer Anwendung den **Vorteil gegenüber verbalen Modellen,** daß sie zu erhöhter Konzentration und Klarheit der Gedankenführung zwingen, die Ableitung logisch einwandfreier Schlußfolgerungen erleichtern und sowohl dem Benutzer als auch dem Kritiker größere Sicherheit bei ihrer Überprüfung bieten. Ihr **Nachteil** besteht in der Gefahr, daß unmittelbar aus dem Modell Aussagen über die Wirklichkeit abgeleitet werden. Es muß vielmehr stets berücksichtigt werden, daß zur Konstruktion eines jeden Modelles (technisch notwendige!) Annahmen und Vereinfachungen gemacht wurden, die eine unmittelbare **Übertragung der Modellergebnisse auf die Realität** ausschließen. So wie jedes Modell nur Ausschnitte oder Teilaspekte des Erfahrungsobjektes zu erfassen vermag, kann es zunächst auch nur in diesen selbstgesteckten Grenzen Gültigkeit beanspruchen.

Die Aufgabe eines **wissenschaftlich** arbeitenden Sozialpolitikers ist es daher, die aus der Modellanalyse gewonnenen Einsichten zum Bestandteil einer These oder umfassenden Theorie zu machen, die von jedem sachverständigen anderem **gedanklich nachvollzogen und empirisch überprüft** werden kann. Im strengen Sinne als „wissenschaftlich" kann eine solche Aussage nach *K. R. Popper* dann bezeichnet werden, wenn sie so eindeutig formuliert ist, daß sie ihren Kritikern die Chance der Widerlegung gibt. Folgt man *Poppers* **Falsifikationskriterium,** ist die Güte einer wissenschaftlichen Behauptung dann nicht daran zu messen, wie häufig sie bestätigt wurde, sondern wie häufig sie solchen Widerlegungsversuchen standgehalten hat (vgl. *K. R. Popper,* 1976, passim.).

Der besondere **Wert der Modellanalyse** eines sozio-ökonomischen Problems **für die praktische Sozialpolitik** liegt u. a. darin, daß mit der Offenlegung der inneren Logik menschlichen Handelns, sozialer Interaktionen und gesamtwirtschaftlicher Zusammenhänge **mögliche Auswirkungen von staatlichen Eingriffen** (in der Sprache der Modellanalyse „Änderungen von Daten" oder „Störungen des Gleichgewichtszustandes") herausgearbeitet werden können. Erlaubt die logische Analyse allein noch keine eindeutige Voraussage über die potentiellen Folgen einer politischen Intervention oder weist sie auf alternative Reaktionen des Systems, seiner Institutionen und Akteure hin, so ist auch dies bereits eine wichtige Erkenntnis für den handelnden Sozialpolitiker, zwingt sie ihn doch zur erneuten **Überprüfung der vorgesehenen Maßnahme** und weist ihn auf das **Risiko eines Scheiterns** seiner Politik hin. Oft löst das Ergebnis einer Modellanalyse weitere Untersuchungen der empirischen Wirtschafts- und Sozialforschung aus, um durch die Anpassung der sozialpolitischen Maßnahmen an genauere Informationen über die in der Realität geltenden Daten und Gesetzmäßigkeiten die Erfolgsaussichten zu verbessern.

Im folgenden Abschnitt soll zunächst für jede der drei ökonomischen Betrachtungsebenen die **Grundform eines spezifischen Modelltyps** skizziert werden. Dieser Bereitstellung der analytischen „Werkzeuge" schließt sich deren **Anwendung auf ausgewählte Problembereiche** der praktischen Sozialpolitik an.

Exkurs über den Elastizitätsbegriff

Ein wichtiger Begriff zur Beschreibung funktionaler Abhängigkeiten und somit auch der Gestalt der Kurven als deren grafischer Darstellung ist die **Elastizität.** Man bezeichnet damit das Ausmaß, in dem eine abhängige Variable y reagiert. Betrachtet man die Funktion y= f(*x*) unter dem Gesichtspunkt einer marginalen (d. h. unendlich kleinen) relativen Änderung von x, so erhält man den Ausdruck

$$\varepsilon = \frac{dy}{y} : \frac{dx}{x} = \frac{dy}{dx} \cdot \frac{x}{y}.$$

Je höher der numerische Wert dieses Ausdrucks (als absolute Zahl genommen) ist, je stärker also die Reaktion ausfällt, desto „elastischer" ist die Funktion (bzw. Kurve) in dem betrachteten Wert (bzw. Kurvenpunkt). Bei einem Elastizitätswert von Null spricht man von einer völligen Unelastizität, bei einem Wert von Unendlich entsprechend von unendlicher Elastizität.

In der grafischen Darstellung ist die Elastizität einer Kurve bzw. eines Kurvenbereiches leicht an der Steigung und somit an der Kurvengestalt zu erkennen: Je geringer der Kurvenanstieg ist, desto höher ist die Elastizität; bei einer Steigung von Null (die Tangente bildet eine Parallele zur Abszisse) ist die abhängige Variable völlig elastisch, bei einer Steigung von Unendlich (die Tangente steht senkrecht auf der Abszisse) ist sie völlig unelastisch („starr").

Im Zusammenhang dieses Textes werden überwiegend Abhängigkeiten zwischen (Angebots- oder Nachfrage-)Mengen und den Preisen verschiedener Güter behandelt, so daß vorwiegend von **Preiselastizität** die Rede ist. Überall dort, wo die Abhängigkeit ökonomischen Verhaltens von Einkommensänderungen betrachtet wird, kann aber auch der Begriff der **Einkommenselastizität** zur Beschreibung und Erläuterung hinzugezogen werden.

Einen besonderen Fall stellt die zur Beschreibung der Indifferenzkurven verwendete **Substitutionselastizität** dar. Sie bringt die Enge des Austauschverhältnisses zweier Güter (mit den jeweiligen Gütermengen x_1 und x_2) zum Ausdruck. Wenn jede Indifferenzkurve als geometrischer Ort aller Mengenkombinationen mit gleichem Gesamtnutzen definiert wird, so beschreibt die Substitutionselastizität

$$\sigma = \frac{dx_1}{x_1} : \frac{dx_2}{x_2} = \frac{dx_1}{x_2} : \frac{x_2}{x_1}$$

für jeden Wert einer Nutzenfunktion $U = f(x_1, x_2) = \text{const.}$ diejenige Menge x_1, die hinzugefügt werden muß, um die Nutzeneinbuße durch eine marginale Verminderung der Menge x_2 wettzumachen. Auch hier wieder kann die Steigung der Tangente (z. B. der Budgetlinie) als Elastizitätsindikator für die Bedeutung dienen, die das jeweilige Wirtschaftssubjekt dem Verlust eines Gutes, gemessen in Mengen des konkurrierenden zweiten Gutes, beimißt.

3.3 Stufen der ökonomischen Modellbetrachtung

3.3.1 Optimales Verhalten des privaten Haushaltes (Indifferenzkurven und Budget-Linie im Zwei-Güter-Diagramm)

3.3.1.1 Ansatz und Modellannahmen

Nachdem sich herausgestellt hatte, daß der deutsche Nationalökonom *H. H. Gossen* (1810-1858) bei seiner Annahme, daß auch die menschlichen Bedürfnisse und der Grad ihrer Befriedigung **(Nutzen)** als den Bestimmungsgründen sozialen Verhaltens letzten Endes kardinal meßbar und interpersonell vergleichbar seien **(Gossensche Gesetze),** von einer unerfüllbaren Voraussetzung ausgegangen war, suchte die Wirtschaftstheorie nach anderen Wegen zur Begründung einer Lehre vom rationalen Verhalten. Als recht tragfähiger Ersatz erwies sich die auf *F. Y. Edgeworth* (1845–1926) und *V. Pareto* (1848–1923) zurückgehende **ordinale Nutzentheorie,** die sich mangels absoluter Maßgrößen für psychische Phänomene darauf beschränkt, Nutzenwertungen eines Individuums in eine Reihenfolge zu bringen (Methode der Nutzenskalierung).

Auf dieser Grundlage versucht nun die **Indifferenzkurven-Analyse,** eine Antwort auf die Frage zu geben: Worin besteht das **optimale Verhalten eines Haushaltes,** der die Wahl hat, seine Geld- und sonstigen Vermögenswerte auf unterschiedliche Verwendungszwecke aufzuteilen. Hieran anschließend kann nach der **optimalen Reaktion** des Haushaltes gefragt werden, wenn sich eine **Änderung der Daten** ergibt, die seiner bisherigen Situation (Haushaltsgleichgewicht) zugrunde liegen. Hierbei wird unterstellt, daß der Haushalt erstens **bewußt** handelt (Gegensatz: unabsichtliches oder zwanghaftes Handeln), zweitens das ökonomische Prinzip **(Rationalprinzip)** beachtet, indem er versucht, ein gesetztes Ziel mit möglichst geringem Aufwand bzw. ein möglichst hohes Ziel mit gegebenem Aufwand zu erreichen, und drittens die **Maximierung seines Gesamtnutzens** anstrebt.

Neben diese Annahmen über die Verhaltensmaximen des Haushaltes müssen bei einer grafischen Präsentation des Modells **weitere Annahmen** treten, die der zeichnerischen Vereinfachung dienen und die Anschaulichkeit gewährleisten sollen. Bei einer zweidimensionalen (d. h. flächigen) Darstellung wird man sich daher darauf beschränken müssen, zwei Variablen in ihrem Verhältnis zueinander zu betrachten. Für den vorliegenden Fall (Abb. 3.1) bedeutet das: Es wird angenommen, daß der Haushalt seine Mittel auf lediglich zwei Verwendungszwecke, nämlich den Erwerb alternativer Mengen x_a bzw. x_b der beiden Güter (oder Güterbündel) A (Abszisse) und B (Ordinate), verteilen kann.

3.3.1.2 Das Haushaltsbudget

Der Umfang der Mittel, die dem Haushalt zur Befriedigung der Bedürfnisse seiner Mitglieder zur Verfügung stehen, wird durch die **Budgetlinie** $\overline{B_0A_0}$ (auch „Bilanz-

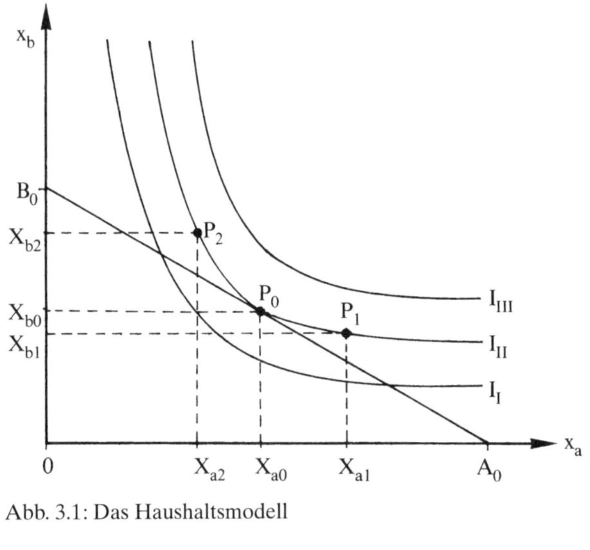

Abb. 3.1: Das Haushaltsmodell

gerade" genannt) ausgedrückt. Die von ihr begrenzte Fläche OA_0B_0 ist der geometrische Ort aller Kombinationen der Gütermengen x_a und x_b, die der Haushalt durch Einsatz seiner Mittel **(Budget)** erwerben kann. Nimmt man an, daß der Haushalt das Budget einer Periode voll ausschöpfen will, so wird die von ihm gewählte Mengenkombination stets durch einen Punkt **auf** der Budgetlinie repräsentiert sein, die somit die Grenzen seines ökonomischen Handlungsspielraums markiert.

3.3.1.3 Die Haushaltspräferenzen

Wie der Haushalt die beiden in seinen Begehrskreis fallenden Güter bewertet, d. h. welche mengenmäßigen Kombinationen (Zusammensetzung seines „Warenkorbes") x_a und x_b er unter mehreren Möglichkeiten bevorzugt oder als einander gleichwertig ansieht, macht seine Bedürfnisstruktur (Präferenzskala) aus. Diese wird durch eine Schar von **Indifferenzkurven** widergespiegelt, von denen jede einzelne ein bestimmtes Nutzen-Niveau

$$N = f(x_a, x_b) = \text{const.}$$

verkörpert. Mit anderen Worten: Jede einzelne Indifferenzkurve ist der geometrische Ort aller Punkte (= Kombination der beiden Gütermengen x_1 und x_2), die dem Haushalt denselben Gesamtnutzen stiften, d. h. von ihm als völlig gleichwertig angesehen werden. Vor die Wahl gestellt, sich zwischen den beiden durch die Kurvenpunkte P_1 und P_2 bezeichneten Güterbündeln zu entscheiden, würde sich der Haushalt – wenn es lediglich um den Nutzen ginge – gleichgültig („indifferent") verhalten: er könnte keinem dieser beiden oder irgendeinem anderen der Punkte derselben Kurve den Vorrang einräumen.

Die Indifferenzkurven sind nach dem Grad der Bedürfnisbefriedigung geordnet, den sie repräsentieren, und durch einen **ordinalen Nutzenindex** bewertet: Je höher das Nutzenniveau einer Indifferenzkurve ist, desto weiter ist sie vom Nullpunkt entfernt; die Punkte auf I_{II} werden höher bewertet als diejenigen auf I_I, aber niedriger als diejenigen auf I_{III}, d. h. $I_I < I_{II} < I_{III}$.

Es muß allerdings eingeräumt werden, daß diese Beschreibung für den gegebenen Fall zwar hilfreich, aber nicht ganz korrekt ist. So läßt sich zeigen, daß die hier wie auch in den meisten Lehrbüchern abgebildeten Indifferenzkurven nur Teilausschnitte von ringförmigen Gebilden mit einem gemeinsamen Mittelpunkt sind. Dieser bezeichnet diejenige Gütermengenkombination, die den absolut höchsten für den Haushalt erreichbaren Nutzen gewährt, nämlich im Falle unbegrenzt verfügbarer Mittel. Jedes Abweichen von **dieser** Mittelpunktsposition – also auch nach „oben" im Sinne unserer Grafik! – muß notwendigerweise auf eine minderwertige Indifferenzkurve (und somit zu Nutzeneinbußen) führen (vgl. hierzu *K. E. Boulding,* 1966, S. 605 f., sowie *H. R. Varian,* 1989, S. 40).

Eine wichtige Eigenschaft der Indifferenzkurven eines Systems ergibt sich aus obiger Definition bzw. Interpretation. Da hiernach die Punkte auf unterschiedlichen Indifferenzkurven auch jeweils einen unterschiedlichen Nutzen ausdrücken, können sich Indifferenzkurven logischerweise nicht berühren noch gar schneiden. Sie hätten dann nämlich einen gemeinsamen Berührungs- oder Schnittpunkt, der gleichzeitig (also für ein und dieselbe Mengenkombination) zwei verschiedene Nutzenniveaus für denselben Haushalt ausweist. Andererseits kann inner- und außerhalb der in der Grafik exemplarisch abgebildeten Indifferenzkurvenschar eine Vielzahl von weiteren Kurven angenommen werden, die für eine weitere Differenzierung der Nutzenskala stehen.

3.3.1.4 Das Haushaltsoptimum

Unter den Annahmen einer angestrebten Nutzenmaximierung und der Rationalität seines Verhaltens wird der Haushalt versuchen, seine begrenzten Mittel so auf die zur Wahl stehenden Güter zu verteilen, daß die zu wählende Kombination der Gütermengen x_a und x_b ihm den höchstmöglichen Gesamtnutzen gewährt. Im Bilde der Grafik bedeutet das: Er wird versuchen, einen Punkt zu erreichen, den die Budgetlinie gemeinsam hat mit derjenigen unter allen Indifferenzkurven, die den höchsten Nutzenindex hat. Diese Bedingung wird erfüllt durch diejenige Mengenkombination, bei der die Budgetlinie eine der Indifferenzkurven berührt. Der Tangentialpunkt P_0 auf I_{II} bezeichnet daher das Optimum des Haushalts: Dieser befindet sich im **Gleichgewicht,** denn er hat unter den gegebenen Umständen keine Aussicht mehr, eine günstigere Kombination als bei den Mengenpunkten X_{a0} für Gut A und X_{b0} für Gut B zu finden. Eine höhere Bedürfnisbefriedigung (ausgedrückt durch eine höherwertige Indifferenzkurve) ist mangels zusätzlich erforderlicher Mittel (Budgetlinie) nicht zu erreichen; jede andere Verteilung der gegebenen Mittel innerhalb der Fläche $0A_0B_0$ würde nur zu einem minderen Nutzen (Kombination auf geringerwertigen Indifferenzkurven) führen.

3.3.1.5 Die komparativ-statische Methode

Der theoretischen Sozialpolitik nutzbar gemacht wird das Indifferenzkursen-Diagramm, das den **Zustand** eines optimalen Haushaltsgebarens beschreibt, indem man diese **statische** Betrachtungsweise zu einer **komparativ**-statischen Analyse erweitert. Diese besteht in dem **Vergleich** einer gleichgewichtigen Ausgangssituation mit einem anderen Gleichgewichtszustand, der sich dann einstellt, wenn eine oder mehrere Variablen des Modells verändert worden sind und der Haushalt auf der Suche nach einem neuen Optimum durch eine entsprechende Anpassung seines Verhaltens an die veränderten Umstände reagiert.

Die komparativ-statische Analyse vergleicht allerdings nur den Anfangszustand eines gestörten Systemgleichgewichtes mit dem nach erfolgter Anpassung erreichten Endzustand, es zeigt also **nur die Auswirkungen** einer solchen Störung auf. Sie vermag jedoch **nichts über den Ablauf** der Anpassungsprozesse selbst auszusagen. Dies bliebe einer differenzierteren **dynamischen** Analyse vorbehalten, die den Zeitfaktor berücksichtigt. Sie vergleicht nicht nur Gleichgewichtslagen zu verschiedenen Zeit**punkten** miteinander, sondern verfolgt auch den Übergang von einem Gleichgewicht zum anderen innerhalb eines Zeit**raumes,** indem sie mit datierten Variablen arbeitet und so im Wege einer Periodisierung der Anpassungsreaktionen auch deren ungleichgewichtige Zwischenstufen zu erfassen vermag.

Bei den „Störungen" eines Gleichgewichtszustandes durch **Datenänderungen** kann es sich handeln

1. um eine **veränderte Bedürfnislage** des Haushaltes (veränderte Lage oder/und Form der Indifferenzkurven) oder

2. um eine **Zu- oder Abnahme der** dem Haushalt zu Gebote stehenden Mittel (veränderte Lage oder/und Form der Budgetlinie).

Für die theoretische Sozialpolitik bietet die komparative Analyse des Haushaltsmodells die Möglichkeit, die Wirkungen von Maßnahmen zu betrachten, durch die den Haushalten in irgendeiner Form Ressourcen zugeführt oder entzogen werden. Dagegen wird zwar üblicherweise davon ausgegangen, daß die Bedürfnisse konstant bleiben. Daß diese Annahme durchaus nicht selbstverständlich ist, wird im nächsten Abschnitt deutlich werden. Dennoch wird es auch weiterhin sinnvoll sein, die Bedürfnisstruktur als eine eher autonome, d. h. eigenen Gesetzen folgende, Größe zu behandeln, die in der Praxis schwerer in eine bestimmte Richtung gebracht werden kann als das Budget des Haushaltes.

Die **Einfachheit und Klarheit der Indifferenzkurven-Analyse,** verbunden mit dem weiten Interpretationsspielraum, den sie für die Erörterung von ökonomischen Entscheidungsproblemen bietet, haben zu einer **vielfältigen Anwendung** geführt. Neben der Untersuchung der verschiedenartigsten mikroökonomischen Konstellationen, die im exemplarischen Teil mit zwei Fällen aus dem Bereich der Sozialpolitik vorgestellt werden sollen, wurde das Prinzip dieses Modells **auch in der Makroökonomik** verwendet, wobei vor allem auf die bedeutende Rolle hingewiesen sei, die es bei der Erläuterung des bilateralen Monopols (Gewerkschaften/Arbeitgeberverbände) sowie des Zwei-Länder-Falles in der realen Theorie des Außenhandels spielt.

3.3.2 Preisbildung an Gütermärkten (Angebots- und Nachfragekurven im Preis-Mengen-Diagramm)

3.3.2.1 Markt und Marktwirtschaft

Ein Schlüsselbegriff zur Erkenntnis der neuzeitlichen Wirtschaftsgesellschaft ist „Markt". Dabei ist durchaus nicht nur an die institutionalisierten Märkte (Wochen- und Gebrauchtwarenmärkte, Verkaufsausstellungen, Waren- und Wertpapierbörsen usw.) gedacht, auf denen sich Kauf- und Verkaufsinteressenten großenteils noch persönlich zu vereinbarter Zeit treffen, um miteinander ihre Tauschgeschäfte (meist Geld gegen Ware, seltener Naturaltausch) abzuwickeln. Vielmehr faßt man den **Marktbegriff** sehr viel weiter und abstrakter, nämlich als „Gesamtheit der ökonomischen Beziehungen (...) zwischen einer Gruppe von Anbietern und Nachfragern" *(E. Schneider,* 1972, S. 77) oder als „den gedachten Ort, an dem sich Angebot von und Nachfrage nach einem bestimmten Gut treffen" *(A. Paulsen, R. Schilcher,* 1977, S. 227). Diese Fiktion erlaubt es grundsätzlich, **nahezu alle gesellschaftlichen Austauschbeziehungen,** einschließlich des Verhältnisses zwischen Bürger und Regierung, als mehr oder weniger vollkommene Marktbeziehungen zu interpretieren. Wo hier die Grenze zu ziehen ist, das kann jeweils nur im konkreten Fall nach den Kriterien der Zweckmäßigkeit, gegebenenfalls auch der Sittlichkeit („Heirats**markt", „käufliche** Liebe" usw.), beurteilt werden. So ist die Anwendung dieser **fiktiven Marktkonzeption** nicht nur unabhängig von äußeren Veranstaltungsformen; auch die Marktgegenstände können eine vielförmige Gestalt annehmen. Neben Sachgütern können daher auch Dienstleistungen und immaterielle Güter (Nutzungsrechte, Versicherungsschutz usw.) Objekt der Marktbeziehungen sein. Das Geld kann (als Kaufpreis) durch andere Forderungsrechte (Zahlungsversprechen, Gutscheine, Wertmarken u. ä.) ersetzt, und

Geldzeichen fremder und eigener Währung (z. B. zu Sammlerzwecken) können zum Gegenstand der mit Geld ausgestatteten Marktnachfrage werden.

Es braucht ferner wohl nicht mehr betont zu werden, daß der hier gebrauchte Marktbegriff auch **nicht auf eine bestimmte Wirtschaftsordnung,** insbesondere die westlich-kapitalistische „Marktwirtschaft“, **beschränkt** ist. Er läßt sich vielmehr grundsätzlich überall dort anwenden, wo zwischen Menschen (einschließlich der von ihnen geschaffenen und betriebenen Einrichtungen) Austauschbeziehungen herrschen, die sich in irgendeiner Form als „Angebot“ und „Nachfrage“ deuten lassen. Der Marktbegriff ist also unabhängig von privatem Eigentum an Produktionsmitteln und unternehmerischer Wirtschaftsweise und eignet sich auch zur Subsumierung einer Vielzahl von Erscheinungen **in bürokratisch verfaßten Organisationen und zentralverwalteten Wirtschaftssystemen** mit weitgehend verstaatlichtem oder vergesellschaftetem Eigentum.

Dennoch ist es sinnvoll, zur Kennzeichnung des ökonomischen Systems der Bundesrepublik und anderer westlicher Länder weiterhin von einer **marktwirtschaftlichen Ordnung** zu sprechen. Gemeint ist dann, daß auch in den „mixed economies“ der Gegenwart ein wesentlicher Teil der gesamten Güterallokation durch die Interaktion zwischen **privaten** Anbietern und **privaten** Nachfragern erfolgt. Diese **Privatheit der Marktbeziehungen** existiert nicht nur in Gemeinschaft oder Konkurrenz zu staatswirtschaftlicher (d. h. administrierter) Güterversorgung. Sie ist auch eingebettet in ein Rahmenwerk aus rechtlichen Normen („Wirtschaftsverfassung“) und einer Vielzahl von staatlichen Maßnahmen ausgesetzt, die das Marktgeschehen beeinflussen. Hierbei handelt es sich um den Einsatz von Mitteln der Rechtspolitik, der Preispolitik und der Finanzpolitik. Ordnet man diese Steuerungsmittel nach ihrer Intensität, so kommt man etwa zu folgendem Katalog:

1. **Information** (Bericht und Prognosen über die wirtschaftliche Situation der Volkswirtschaft und ihrer Teilbereiche);
2. **Beratung;**
3. **Empfehlung** eines bestimmten Verhaltens;
4. **Überredung** („moral persuasion“, dt. auch „Seelenmassage“), z. B. zu einem bestimmten Verhalten der Verbraucher (Anpassung des Konsums an bestimmte volkswirtschaftliche Ziele oder nationale Interessen) oder der Unternehmer (Verstärkung der Investitionen in der Rezession bzw. Bevorzugung bestimmter Personengruppen bei der Einstellung usw.);
5. **Sanktionen:**
   5a Ankündigung von **Vergünstigungen** für erwünschtes Verhalten (positive Sanktionen) z. B. durch finanzielle (Subventionen und Kredite) und rechtlich-administrative Förderung und Bevorzugung;
   5b Ankündigung von **Belastungen** für unerwünschtes Verhalten (negative Sanktionen) z. B. durch finanzielle (Steuern und Geldbußen) oder rechtlich-administrative Behinderung und Benachteiligung;
6. **Verbote** eines bestimmten Verhaltens;
7. **Genehmigungspflichtigkeit** eines bestimmten Verhaltens;
8. **Anweisung** eines bestimmten Verhaltens;

9. teilweise oder gänzliche **Übernahme** der einzelwirtschaftlichen Aktivitäten und Entscheidungen **durch den Staat** bzw. dessen Beauftragte.

Für die ökonomische Theorie der Sozialpolitik besteht in einer **Marktwirtschaft** ein zentrales Interesse an der Beantwortung der Frage:

1. Sind die Bedingungen und Ergebnisse der privaten Marktprozesse **mit den sozialpolitischen Zielsetzungen vereinbar?** Fällt die Antwort darauf negativ oder unbefriedigend aus, so knüpft sich daran als weitere Frage:

2. Unter welchen Bedingungen und mit welchen Resultaten (Erfolgsaussichten, Kosten und sonstigen Neben- oder Folgewirkungen) kann durch staatliche Maßnahmen das Funktionieren des Marktmechanismus korrigiert, d. h. **im Sinne der sozialpolitischen Zielsetzungen beeinflußt** werden?

3.3.2.2 Das Marktmodell

Zur Beantwortung sowohl der ersten wie auch der zweiten Frage kann sich der Fragesteller nicht mit dem Standpunkt des Beobachters begnügen, sondern muß sich eine Vorstellung von Funktion und Wirkungsweise eines Marktes zu verschaffen suchen. Zur Erfassung des Prinzips „Markt“ bedient er sich auch hier wieder eines Modells, das sich auf die von dem englischen Nationalökonomen *A. Marshall* (1842–1924) entwickelte **partielle Preistheorie** zurückführen läßt. Gegenstand des Modells ist der Markt eines bestimmten Gutes x, wobei für beide Marktparteien angenommen wird, daß – bei Konstanz ihres Einkommens – ihr **Verhalten nur durch Preisänderungen bestimmt** wird. Diese Abhängigkeit wird ausgedrückt durch die **Angebotsfunktion**

(1) $A_x = f(p)$

und die **Nachfragefunktion**

(2) $N_x = f(p)$,

wobei A_x und N_x jeweils für die angebotenen resp. nachgefragten Mengen des Gutes x und p für dessen Stückpreis stehen. Diese Funktionen werden grafisch dargestellt in einem Koordinatenfeld, in dem die alternativen Mengen auf der Abszisse (Mengenachse) und die Preise auf der Ordinate (Preisachse) abgetragen werden.

Zu den Kurvenverläufen in Abb. 3.2: Die **Nachfragekurve** N_x läßt sich unmittelbar aus dem Ausgabeverhalten der privaten Haushalte ableiten und weist im Normalfall eine negative Steigung auf (die nachgefragte Menge steigt mit sinkendem Preis, et vice versa); die **Angebotskurve** A_x hingegen hat – als Ausdruck unternehmerischer Kosten-Ertrags-Überlegungen – einen positiven Anstieg (die Angebotsmenge variiert tendenziell gleichsinnig mit dem gebotenen Preis).

Hinweise auf eine **grafische Deduktion der Nachfragekurve** aus dem Indifferenzkurven-Diagramm (durch Übertragung der verschiedenen Tangentialpunkte bei graduellen Preisvariationen) finden sich übrigens in vielen volkswirtschaftlichen Lehrbüchern, so z. B. auch bei *A. Paulsen/R. Schilcher,* 1977, S. 85 ff. und *H. R. Varian,* 1989, S. 92 ff.

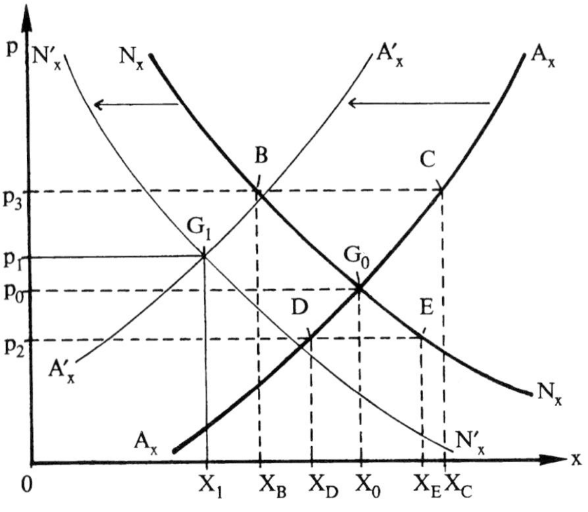

Abb. 3.2: Das Marktmodell

3.3.2.3 Das Marktgleichgewicht

Die Angebots- und die Nachfragekurve sind das grafische Spiegelbild der Vorstellungen und Erwartungen, mit denen Anbieter und Nachfrager einander am Markt gegenübertreten. Die Bedingungen ihres Übereinstimmens bezeichnet der Schnittpunkt und zugleich auch „Gleichgewichts"-Punkt G_0. Seine Koordinaten geben den Preis p_0 und die Menge x_0 an, bei denen sich das Systemgefüge „Markt" in einem Zustand des Gleichgewichts befindet. Zu einem höheren Marktpreis (z. B. p_3) nämlich wäre ein Teil des Angebots ($\overline{X_B X_C} = \overline{BC}$) nicht abzusetzen, so daß die enttäuschten Anbieter zur Vermeidung von Verlusten ihre Absatzpläne ändern würden (Tendenz: Verbilligung und Einschränkung ihrer Produktion). Bei einem niedrigeren Marktpreis (z. B. p_2) aber herrschte ebenfalls noch kein Gleichgewicht am Markt: Da ein Teil der bei diesem Preis geäußerten Nachfrage ($\overline{X_D X_E} = \overline{DE}$) nicht gedeckt werden kann, denken die Anbieter ebenfalls an eine Änderung ihres Verhaltens (Tendenz: erhöhte Preisforderungen und Produktionsausweitung), um die für sie vorteilhafte Situation („Verkäufermarkt") zu Gewinnmitnahmen auszunutzen. In beiden Fällen wird deutlich, daß das „freie Spiel" von Angebot und Nachfrage die Neigung zur Herstellung einer Gleichgewichtslage hat, d. h. eine **immanente Tendenz zum Ausgleich** bzw. zur Aufhebung von Überschuß- wie Mangelsituationen besitzt.

Der diese Gleichgewichtslage markierende Schnittpunkt wird seinerseits bestimmt durch Gestalt und Lage der beiden Marktkurven. Verlagerungen oder Verformungen der Kurven (gleichbedeutend mit Änderungen in Einstellung und Erwartungen der Marktteilnehmer) führen gegebenenfalls zu einem neuen Gleichgewichtspunkt G_1 und somit auch zu einem neuen Gleichgewichtspreis p_1. Die Anbieter stehen also **unter einem ständigen Anpassungszwang:** Schätzen sie die Nachfrage zu niedrig ein, entgehen ihnen mögliche Gewinne; überschätzen sie die Nachfrage, drohen ihnen Verluste, weil sie ihren Überschuß nicht oder doch nur zu unerwartet niedrigeren Preisen absetzen können. Hier wird allerdings auch sehr deutlich, worin schon *A. Smith* (1723–1790) und die anderen klassischen Nationalökonomen die besondere **volkswirtschaftliche Bedeutung eines privatwirtschaftlich organisierten Marktes** sahen: Indem Anbieter und Nachfrager ihre eigennützigen Ziele (Gewinnstreben und Bedürfnisbefriedigung) rational und selbständig verfolgen, erreichen sie auf vielen Gebieten durch gegenseitigen Wettbewerb und freien Handel einen **höheren Grad der Bedarfsdeckung** und eine **bessere Ausnutzung der Ressourcen** als es Regie und Verteilungswirtschaft des Staates vermögen.

3.3.2.4 Die Bedingungen des „idealen Marktes"

Allerdings zeigte sich in zwei Jahrhunderten wissenschaftlich reflektierter Erfahrungen mit der sozialen Institution „Markt", daß diese ihre **gesamtwirtschaftliche Koordinationsfunktion nur unter ganz bestimmten Bedingungen befriedigend zu erfüllen** vermag. Für einen „idealen Markt" schließlich, der dem Gedanken des Marktes in seiner reinsten Form entspricht, die auch dem obigen Modell als Annahmen zugrunde liegen, lassen sich folgende Voraussetzungen formulieren:

1. **Fehlende Präferenzen** (*Jevons'* „Law of Indifference", *W. St. Jevons,* englischer Nationalökonom [1835–1882]): In den Augen aller Marktteilnehmer müssen die an einem Teilmarkt gehandelten Güter völlig gleichartig sein. Die tatsächliche, naturwissenschaftlich-technische „Homogenität" dagegen ist weder eine notwendige noch eine ausreichende Bedingung; entscheidend ist lediglich, daß die gehandelten Güter als völlig gleichartig **angesehen** werden. Ist diese Bedingung erfüllt, dann kann es für die Güter eines Marktes auch nur **einen** (d. h. einheitlichen) Preis geben.

2. **Vollständige Markttransparenz:** Die Marktteilnehmer sind lückenlos informiert über die Eigenschaften und Mengen der am Markt angebotenen und nachgefragten Güter sowie die dafür gebotenen und verlangten Preise.

3. **Fehlende Marktmacht:** Es treten so viele Teilnehmer am Markt auf, daß der einzelne durch die selbständige Festsetzung von Preisen und Mengen das Gesamtgeschehen am Markt nicht beeinflussen kann. Vielmehr liegt es in seinem eigenen Interesse, den herrschenden Marktpreis weder zu überbieten noch zu unterbieten, sondern ihn als gegeben hinzunehmen und an ihn sein eigenes Verhalten anzupassen („Mengenanpasser"). Es besteht ferner keine Möglichkeit, sich mit anderen Marktpartnern auf ein gemeinsames Verhalten (und damit Einschränkung oder Ausschaltung des Wettbewerbs) zu einigen.

4. **Freier Marktzutritt:** Es herrschen keine Zugangsbeschränkungen für „Newcomer", d. h. keine Möglichkeit, neu hinzukommende Anbieter oder Nachfrager als unerwünschte Konkurrenten vom Marktgeschehen auszuschließen.

5. **Unendlich große Anpassungsgeschwindigkeit:** Die Marktteilnehmer passen ihr Verhalten an Datenänderungen bzw. Veränderungen der Angebots- und Nachfragesituation ohne Zeitverlust an.

6. **Vollständige Preisflexibilität:** Die Preise sind nach oben und unten frei beweglich.

7. **Abstinenz des Staates:** Der Staat garantiert die äußere und innere Sicherheit des Landes und beschränkt sich im ökonomischen Bereich darauf, die vorgenannten Vor-

aussetzungen für das Funktionieren des Marktmechanismus durch geeignete Maßnahmen herbeizuführen bzw. zu sichern.

3.3.2.5 Eingriffe in den Marktmechanismus

Zu legalen Eingriffen in das Marktgeschehen, insbesondere durch den Staat und seine politischen Organe, kommt es allerdings nicht nur, **um die Bedingungen für das Funktionieren des Marktmechanismus zu verbessern,** sondern auch dann, wenn das ungehinderte Wechselspiel von Angebot und Nachfrage zu einem Ergebnis zu führen droht, durch das **wichtige Zielsetzungen der staatlichen Politik gefährdet** werden. Es kommt dann sogar regelmäßig zu einer teils beabsichtigten und teils zumindest in Kauf genommenen Beeinträchtigung des Marktmechanismus, die **bis zu völliger Beseitigung der marktwirtschaftlichen Güterallokation** und ihrer Ersetzung durch Formen der administrativen Güterversorgung reichen kann.

Staatliche Marktinterventionen, die sozialpolitisch motiviert sind, d. h. vor allem mit dem **Argument der Verteilungsgerechtigkeit** begründet werden, lassen sich daher auch an den Märkten rechtfertigen, die den Idealbedingungen entsprechen oder ihnen doch sehr nahe kommen. Auch das Idealmodell eines Marktes ist **völlig neutral gegenüber der Verteilung von Einkommen und Vermögen** unter den Beteiligten. Die reine Form des am Markt praktizierten Tausches geht von der völligen Gleichwertigkeit von Leistung und Gegenleistung, von Ware und Geldpreis aus, läßt also die Verteilungspositionen der Marktpartner jeweils unverändert.

Um auch **wirtschaftlich und sozial schwachen Haushalten** einen angemessenen Anteil an der Güterversorgung zu sichern, bedient sich der Staat im Rahmen seiner Sozialpolitik nicht nur **einkommenspolitischer Maßnahmen** (Stärkung des Haushaltseinkommens durch Sozialtransfers und steuerliche Vergünstigungen). Darüber hinaus greift er auch mit **preispolitischen** Mitteln in den Marktmechanismus ein. Insbesondere durch die staatliche **Festsetzung von Preisen oder Preis-Limits** wird die Funktionsfähigkeit des Marktes an seiner empfindlichsten Stelle und mit oft weitreichenden und nachhaltigen Auswirkungen gestört. Der Preis büßt dabei seine Rolle als Gradmesser für die Ver- oder Entknappung eines Gutes **(Knappheitsindikator)** sowie als **Anpassungsanreiz** weitgehend ein. Die dadurch hervorgerufenen Versorgungsstörungen machen dann meist sehr umfangreiche und aufwendige **weitere wirtschaftspolitische Eingriffe des Staates erforderlich,** deren Bedeutung und Zwangsläufigkeit kurzfristig leicht übersehen werden.

3.3.3 Gesamtwirtschaftliche Einkommensströme (Das ökonomische Kreislaufschema)

3.3.3.1 Das Aggregationsproblem

Je weiter die ökonomische Theorie und mit ihr die ökonomische Theorie der Sozialpolitik sich von der Ebene der Einzelwirtschaften entfernen und je mehr die Zahl der betrachteten Wirtschaftssubjekte zunimmt, desto stärker wird der Zwang, **einzelne Wirtschaftseinheiten zu größeren Gesamtheiten zusammenzufassen.** Bereits bei der Arbeit mit dem Modell des Marktes wurden daher Angebot und Nachfrage als

„Aggregate" behandelt, d.h. als Größen, hinter denen jeweils eine Vielzahl von Anbietern und Nachfragern zu vermuten ist. Für den „idealen Markt" war diese Pluralität geradezu eine wesentliche Voraussetzung, um Wettbewerb auf beiden Seiten des Marktes zu gewährleisten.

Der offensichtliche **Vorteil der Aggregierung** einzelner Wirtschaftssubjekte besteht in der insbesondere von grafischen Modellen geforderten **Vereinfachung und Veranschaulichung der Problemlage.** Ihr Preis liegt in der Vernachlässigung der oft recht erheblichen Unterschiede zwischen den einzelnen Bestandteilen der Aggregate. Es sei nur daran erinnert, daß die Marktanalyse meist darüber hinwegsehen muß, ob und inwieweit es sich bei den Anbietern um Groß-, Mittel- oder Kleinunternehmen handelt bzw. ob und inwieweit unter den Nachfragern „arme" und „reiche" Haushalte vertreten sind. Aber gerade diese für die sozialpolitische Fragestellung so entscheidenden Aspekte müssen daher an anderer Stelle mit verfeinerten Methoden und Instrumenten ergänzend berücksichtigt und verdeutlicht werden, wenn es **wirklichkeitsfremde Schlußfolgerungen zu vermeiden** gilt.

Besonders merklich wird der Zwang zur Vereinfachung durch Aggregation dann, wenn es darum geht, **sozialpolitische Probleme in gesamtwirtschaftlichen Zusammenhängen** darzustellen und zu klären. Sobald die ökonomischen Beziehungen zwischen Haushalten und Unternehmungen auf mehr als nur einem einzigen Markt untersucht werden sollen, ist das Marktmodell überfordert. Zwar lassen sich die volkswirtschaftlichen Interdependenzen der Einzelwirtschaften formal noch in einem durch hohe Abstraktion gekennzeichneten „System des allgemeinen Gleichgewichtes" algebraisch ausdrücken; auf der Suche nach der Bildung ebenso anschaulicher wie realitätsbezogener Modelle muß jedoch ein anderer Weg eingeschlagen werden. Er bietet sich in dem **Konzept des volkswirtschaftlichen Kreislaufs** an. In Analogie zu dem von dem Engländer *W. Harvey* (1578–1657) entdeckten und schematisch dargestellten Blutkreislauf des menschlichen Körpers entwickelte der am französischen Königshofe lebende Arzt und Nationalökonom *F. Quesnay* (1694–1774) mit seinem „Tableau économique" das erste Modell zur Darstellung der gesamtwirtschaftlichen Geld- und Güterströme, durch die die großen Gruppen der Bauern, Grundeigentümer, Kaufleute und Handwerker miteinander verbunden waren.

Dieser Grundgedanke, die Wirtschaft eines ganzen Landes als ein System von wenigen großen Aggregaten („Sektoren") zu begreifen und darzustellen, ist seitdem aus dem Instrumentarium der Wirtschaftstheorie nicht mehr fortzudenken. Allerdings erfuhr dieses Konzept im Laufe der Zeit, u. a. auch durch die beiden revolutionären Nationalökonomen *K. Marx* (1818–1883) und *J. M. Keynes* (1883–1946), wesentliche Veränderungen und Neuinterpretationen bis hin zu den **hochspezialisierten Verfahren des Volkswirtschaftlichen Rechnungswesens,** die z. B. in Form der Input-Output-Analyse die Grenzen der Anschaulichkeit häufig überschreiten und mit grafischen Mitteln allein auch nicht mehr zureichend erfaßt werden können.

3.3.3.2 Das Grundmodell des Wirtschaftskreislaufs

In seiner einfachsten Form geht das Kreislaufmodell von der Fiktion einer Volkswirtschaft aus, in der es nur private Verbraucher (Haushalte) und private Erzeuger und

Händler (Unternehmer) gibt. Von der Existenz des Staates wird hierbei noch ebenso abgesehen wie auch von einem das System umgebenden „Ausland“. Es **interessieren lediglich die Beziehungen zwischen dem Haushaltssektor und dem Unternehmenssektor,** die als Ganzheiten behandelt werden (Abb. 3.3). Sie werden durch zwei einander entgegengesetzte Ströme verbunden:

1. den **realen** oder **Güterstrom** (die Unternehmer liefern ihre Erzeugnisse, d. h. Sachgüter und Dienstleistungen, an die Haushalte und nehmen von ihnen Faktorleistungen, d. h. Arbeit und Kapital, in Anspruch);

2. den **monetären** oder **Geldstrom** (die Haushalte leisten in Form ihrer Konsumausgaben Zahlungen für die von den Unternehmen bezogenen Güter und erhalten von den Unternehmungen Löhne und Zinsen als Einkommensentgelte für erbrachte Faktorleistungen).

3.3.3.3 Disaggregation und Erweiterung des Modells

Wenn und solange Güter gegen Geld an Märkten getauscht werden, müssen sich realer und monetärer Strom an jeder Stelle des Kreislaufes wertmäßig entsprechen. Diese Tatsache macht man sich dann zunutze, wenn die Zahl der darzustellenden Kreislaufsektoren erhöht werden soll, indem man sich **auf die Einzeichnung der Geldströme beschränkt,** um die Übersichtlichkeit des Schemas zu erhalten. Dies kann der Fall sein bei Aufspaltung der Sektoren bzw. Bildung von „Subsektoren“: Obwohl es gerade ein **wesentliches Merkmal der makroökonomischen Analyse ist, die heterogene Zusammensetzung der Kreislaufaggregate und die Geld- und Güterströme innerhalb der Sektoren** zunächst **zu ignorieren,** ist es bei bestimmten Fragestellungen geradezu unerläßlich, einen Sektor zu untergliedern, um auch diese „intrasektoralen“ Geld- und Güterströme oder die besondere Stellung bestimmter Teilsektoren im Gesamtkreislauf zu analysieren.

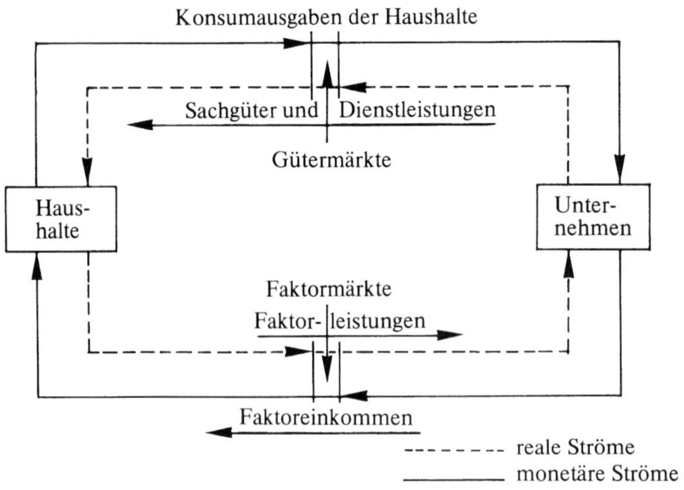

Abb. 3.3: Das einfache Kreislaufmodell

Im übrigen ist eine Beschränkung auf die Darstellung der monetären Ströme so lange unproblematisch, wie in dem betrachteten Wirtschaftssystem keine **einseitigen** Übertragungen (Transfers) erfolgen, d. h. Leistungen, denen eben keine marktmäßigen Äquivalente gegenüberstehen (also alle Formen von „Geschenken", Zwangsabgaben usw.). Bei diesen gerade für Sozialpolitik grundlegenden Versorgungs- und Umverteilungsmedien bedarf es die Kreislaufgrafik ergänzender Hinweise insbesondere dann, wenn z. B. im Rahmen der Sozialen Sicherung unentgeltliche Sach- und Dienstleistungen (Realtransfers) abgegeben werden.

Mögliches Kriterium einer solchen **Disaggregierung** kann einmal das Merkmal der Regionalität sein (gesonderte Betrachtung von Haushalten und Unternehmen in einzelnen Bundesländern, in Zonenrandgebieten, ländlichen oder Ballungsräumen usw.). Aber auch die Unterteilung in Unternehmer-, Arbeitnehmer-, Rentner- und Sozialhilfeempfänger-Haushalte oder nach der Höhe des Haushaltseinkommens kann gerade auch für sozialpolitische Fragen notwendig sein. Entsprechendes gilt für die Unternehmensseite, wobei es z. B. für Probleme der sozialpolitisch orientierten Lohn- und Finanzpolitik nicht gleichgültig ist, wie die Einkommensströme verschiedener Unternehmenssektoren (Klein- oder Großbetriebe, landwirtschaftliche, Handwerks-, Industrie- oder Dienstleistungsunternehmen) verlaufen und auf Änderungen im gesamtwirtschaftlichen System reagieren.

Von erhöhter praktisch-politischer Bedeutung wird der Gesichtspunkt der Disaggregierung, wie soeben angedeutet, aber erst bei der **Einbeziehung des Staates und seiner Einrichtungen** in das Kreislaufschema (Abb. 3.4). Der Staatssektor ist mit dem Haushalt verbunden durch die Inanspruchnahme von Diensten (real), für die er als mone-

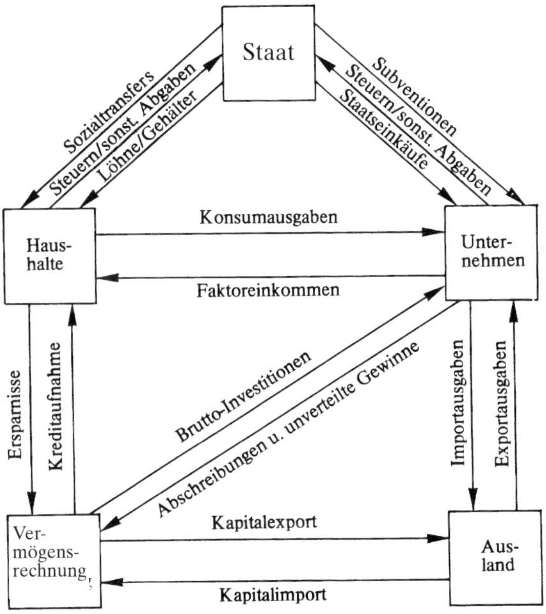

Abb. 3.4: Das erweiterte Kreislaufmodell (Fünf-Sektoren-Modell)

täre Gegenleistung ähnlich wie ein privater Unternehmer Löhne und Gehälter zahlt. Hinzu kommen als einseitige monetäre Übertragungen (Transfers) die Zahlungen von direkten Steuern an den Staat und der Bezug von staatlichen Zuschüssen und Unterhaltszahlungen (Sozialrenten, Pensionen usw.). Vom Unternehmenssektor erwirbt der Staat gegen Zahlung Sachgüter und Dienste (staatlicher Konsum) bzw. nimmt verzinsliche Kredite auf. Die Kreditbeziehungen zwischen Staats- und Haushaltssektor seien der Vollständigkeit halber erwähnt, ohne daß sie aber auch in der Zeichnung zum Ausdruck kämen.

Unentgeltliche Leistungen der Unternehmungen in Form indirekter Steuern an den Staat und staatliche Subventionszahlungen an die Unternehmen ergänzen das Schema des erweiterten Kreislaufes. Seine logische Vervollkommnung findet es jedoch erst durch die Einführung des **Auslandssektors,** in dem sämtliche außenwirtschaftlichen Beziehungen des betrachteten Volkswirtschaftssystems zusammengefaßt sind.

Der Sektor **Vermögensrechnung** schließlich"trägt dem Umstand Rechnung, daß die einzelnen Kreislaufsektoren ebenso wie die einzelnen Wirtscjaftseinheiten nur in Ausnahmefällen ein völlig ausgeglichenes „Budget" haben, sondern regelmäßig entweder Einnahmenüberschüsse („Sparen") oder Ausgabenüberschüsse („Entsparen" durch Vermögensabbau oder Verschwldung) ausweisen. Das Vermögensrechnungskonto spiegelt den Stand der volkswirtschaftlichen Vermögensbildung wider und schließt damit zugleich als Restgröße die letzte Lücke im systematischen Aufbau des Kreislaufmodells.

Auch die im erweiterten Schema hinzugekommenen Sektoren können zum Zwecke gesonderter Betrachtung in **Subsektoren unterteilt** werden. Dies gilt sowohl für den Auslandssektor (einzelne Länder, Europäische Gemeinschaft, Ostblockländer, Dritte Welt und sonstige Regionalisierungen) als auch für den Vermögensbildungssektor (z. B. nach Art und Herkunft der Fonds), besonders aber für den Sektor „Staat". Er umfaßt z. B. in der Bundesrepublik neben den Haushalten der großen Gebietskörperschaften des Bundes und der Länder viele Hunderte öffentlicher Haushalte, von den Sondervermögen des Lastenausgleichs und des ERP-Fonds bis zu denen der Gemeinden und Gemeindeverbände.

Eine zentrale Bedeutung bei der Heraushebung als eigenes Kreislaufelement kommt innerhalb des Staatssektors dem **Sozialhaushalt** zu. Seine spezifische Rolle im Geschehen der Gesamtwirtschaft und die Wechselwirkungen zwischen ihm und den übrigen Sektoren werden im Kreislaufschema deutlich aufweisbar und sollen im Abschnitt über die Soziale Sicherungspolitik (Kapitel 5) auch in dieser Form analysiert werden.

Kontrollfragen zu Kapitel 3

1. Welche Aufgabe hat die ökonomische Theorie der Sozialpolitik?

2. Welche Rolle spielt die Modellbetrachtung in der ökonomischen Theorie der Sozialpolitik?

3. Welches sind die wesentlichen Merkmale der drei sozialpolitisch bedeutsamen Modelle des Haushaltes, des Marktes und des Kreislaufes?

Literatur zu Kapitel 3

Boulding K. E.: Economie Analysis, Vo. I: Microeconomics, New York u. a. 1966.

Paulsen, A., Schilcher, R.: Allgemeine Volkswirtschaftslehre I: Grundlegung, Wirtschaftskreislauf, 10. Aufl. Berlin und New York 1974.

Dies.: Allgemeine Volkswirtschaftslehre II: Haushalte, Unternehmungen, Märkte, 10. Aufl. Berlin und New York 1977.

Popper, K. R.: Logik der Forschung, 6. Aufl. Tübingen 1976.

Schneider, E.: Einführung in die Wirtschaftstheorie, II. Teil: Wirtschaftspläne und wirtschaftliches Gleichgewicht in der Verkehrswirtschaft, 13. Aufl. Tübingen 1972.

Varian, H. R.: Grundzüge der Mikroökonomik, München 1989.

Zerche, J.: Theorie der Sozialpolitik versus Theorie der Wirtschaftspolitik?, in: Wirtschaftsdienst 1/1988, S. 52–56.

4 Die ökonomische Theorie der Sozialpolitik II (Exemplarische Modelle der Mikroökonomik)

4.1 Sozialpolitik und private Haushaltsführung

4.1.1 Grundbegriffe

4.1.1.1 Individuum, Familie und Haushalt

Unmittelbarer Adressat der Sozialpolitik ist der **einzelne Mensch** und seine Lebensumstände, zugleich aber auch die **Familie** als kleinste Gruppe von gemeinsam lebenden und wirtschaftenden Personen. Hierbei herrscht im Zuge der Industrialisierung ein enger Zusammenhang zwischen der Entwicklung moderner Sozialpolitik und dem Wandel der Familie als sozialer Lebensform. Mit der Auflösung der ländlichen Großfamilie büßte die Familie viel von ihrer Fähigkeit ein, ihre Mitglieder gegen die Risiken eines normalen Menschenlebens zu schützen und im Notfall auch zu versorgen. Diese **Protektions- und Alimentationsfunktion** wurde in großem Umfang von öffentlichen Einrichtungen der Sozialen Sicherung übernommen.

Unter ökonomischem Blickwinkel werden selbständig wirtschaftende Einzelpersonen und Familien als **private Haushalte** betrachtet. Ihr Zweck besteht in der Befriedigung der Bedürfnisse der Haushaltsmitglieder durch gemeinschaftlich organisierten Verbrauch von Gütern. Die ökonomische Theorie sieht den privaten Haushalt in seiner doppelten Funktion: Zum einen sucht der Haushalt nach einer optimalen Verwendung seines Einkommens hinsichtlich der Aufteilung der Konsumsumme auf einzelne Güter. Neben diesen Entscheidungen über Umfang und Zusammensetzung seiner Verbrauchsnachfrage erfüllt der Haushalt noch eine weitere ökonomische Funktion dadurch, daß er die von den Unternehmern benötigten produktiven Leistungen bereitstellt. Als Gegenwert für diese Produktionsfaktoren erzielt er Einkommen, die wiederum eine Voraussetzung für seine Verbrauchsentscheidungen sind. So erzielt er für die Verwertung menschlicher Arbeitskraft Faktorentgelte in Form von Löhnen und Gehältern, für die Hingabe von Geldkapital (Kreditgewährung) in Form von Zinsen und Gewinnanteilen.

Als Nachfrager an den Gütermärkten und als Anbieter an den Faktormärkten steht also jeder Haushalt in wechselseitiger ökonomischer Beziehung zu den Unternehmen und somit dem volkswirtschaftlichen Einkommenskreislauf (s. o. Abschnitt 3.3.3.2). Hinzu kommt, daß ein Teil der Haushaltseinkommen auch vom Staatshaushalt und anderen öffentlichen Einrichtungen bezogen wird, und zwar teils als Gegenwert für Arbeitsleistungen im öffentlichen Dienst (d. h. als Arbeiter, Angestellter, Beamter, Richter oder Soldat) oder für die Gewährung von Krediten (z. B. durch den Erwerb von öffentlichen Anleihen und Schatzbriefen), teils aber auch unentgeltlich. Diese unentgeltlichen Einkommensübertragungen werden auch als soziale Transfereinkommen oder „Sozialtransfers“ bezeichnet. Hierunter fallen die Zahlungen aufgrund von Versorgungs- und Versicherungsansprüchen (d. h. Pensionen und Renten) ebenso wie die Leistungen der Sozialhilfe und eine Vielzahl öffentlicher Zuschüsse und Beihilfen zur privaten Lebenshaltung, darunter auch u. a. das Wohngeld und die Stipendien nach dem Bundesausbildungsförderungsgesetz (BAFöG).

Weiterhin zu berücksichtigen sind Leistungen des Staates, die zwar nicht in Geldform gewährt werden, aber doch „geldwert" sind, weil sie dem Haushalt bestimmte Ausgaben ersparen. Zu diesen „Quasi-Einkommen" gehören nicht nur Sachleistungen bzw. Gutscheine für den Bezug von Sachleistungen, sondern auch nicht-kostendeckende Gebühren (z. B. bei öffentlichen Verkehrsbetrieben, Schwimmbädern und Theatern) bis hin zu der völlig gebührenfreien Nutzung („Nulltarif") öffentlicher Bildungs- und Erholungseinrichtungen. Andererseits können die Haushalte aber auch nicht uneingeschränkt über die Verwendung der von ihnen erzielten Einkommen verfügen. Zumindest die Faktoreinkommen unterliegen regelmäßig einer Belastung mit Zwangsabgaben für direkte Steuern und Sozialbeiträge.

4.1.1.2 Bedürfnisse, Lebensstandard und Haushaltseinkommen

Die menschlichen Grundbedürfnisse lassen sich (nach A. H. Maslow, 1977) nach ihrer Dringlichkeit in fünf Kategorien einordnen:

1. **Physiologische** Bedürfnisse (Essen, Trinken, Schlafen);
2. **Sicherheits**bedürfnisse (Wunsch nach Sicherheit, Geborgenheit, Schutz, Freiheit von Angst, nach Stabilität, Ordnung und Gesetz);
3. **Gemeinschafts**bedürfnisse (Wunsch nach Liebe, Zuneigung und Zugehörigkeit zu bestimmten Personen und Institutionen);
4. **Geltungs**bedürfnisse (Wunsch sowohl nach Selbstachtung, Selbstvertrauen und Freiheit als auch nach Prestige und Anerkennung durch andere),
5. **Selbstverwirklichungs**bedürfnisse (Wunsch nach Entfaltung und Anreicherung der Fähigkeiten und des Wissens, der schöpferischen Gestaltungskraft und des Weltverständnisses).

Unter ökonomischen Gesichtspunkten erfolgt die Befriedigung derartiger Bedürfnisse als „Konsum" in Haushalten und erfordert jeweils ein bestimmtes Maß an materiellen Gütern (Konsumgütern). Der Grad der Versorgung mit Konsumgütern läßt sich als „Lebensstandard" bezeichnen. Unter dem Oberziel der sozialen Gerechtigkeit entwickelt die Sozialpolitik gesellschaftliche Normen für die materielle Mindestversorgung der Bevölkerung. Diese Vorstellungen werden in dem Begriff des „Existenzminimums" erfaßt. Hierbei bildet das **phys(iolog)ische** Existenzminimum die Untergrenze zur Sicherung der am biologischen Überleben orientierten Existenzbedürfnisse. Bei dem weiterreichenden **kulturellen** oder **konventionellen** Existenzminimum wird das Kriterium eines „menschenwürdigen" Lebens zugrunde gelegt, das an dem jeweils herrschenden religiösen oder weltanschaulichen Menschenbild einer Gesellschaft gemessen wird.

Mit dem kulturellen Existenzminimum ist auch der Begriff der „Armut" als dem Ausdruck seines Unterschreitens nicht allgemeingültig definierbar, sondern als historisch zu verstehen, d. h. in Abhängigkeit von dem Selbstverständnis sowie dem sozio-ökonomischen Entwicklungsstand der jeweiligen Gesellschaft. In den entwickelten Industrieländern wird daher auch der Begriff der Armut als absolute Größe nicht mehr benutzt, sondern durch die Konzepte der „Einkommensschwäche" (immer im Verhältnis zum durchschnittlichen Lebensstandard der Bevölkerung) oder der „Sozialhilfebedürftigkeit" (als zeitweilige oder dauernde Unfähigkeit, den Lebensunterhalt mit eigenen Mitteln bzw. aus eigenen Kräften zu bestreiten).

Die gesellschaftlichen Versorgungsnormen beziehen sich nicht nur auf das Niveau der Güterversorgung (generell), sondern auch auf die Struktur der Güterversorgung (partiell). So kann man zwar davon ausgehen, daß die Nachfrage der Haushalte nach Konsumgütern mit wachsendem Wohlstand (gemessen an der Höhe des Einkommens) steigt. Aber einerseits wird ein mit wachsendem Einkommen zunehmender Anteil der finanziellen Mittel nicht für Konsumzwecke ausgegeben, sondern in irgendeiner Form „gespart", d.h. der Sicherung **zukünftigen** Konsums gewidmet. Andererseits aber ist nicht damit zu rechnen, daß eine steigende Konsum(ausgaben)summe auch wieder in der bisherigen Proportion auf die vom Haushalt begehrten Güter verteilt wird. Vielmehr ist auch mit einer Änderung der **Konsumstruktur** zu rechnen.

4.1.1.3 Einkommen, Güterpreise und Verbraucherverhalten

Sowohl die empirische Haushalts- und Konsumforschung als auch die theoretische Haushaltslehre (Haushaltstheorie) haben versucht, die Gesetzmäßigkeiten des Verbraucherverhaltens zu ergründen und damit Ansatzpunkte und Grundlagen für erfolgreiche wirtschafts- und sozialpolitische Interventionen zu schaffen. Bereits in der Mitte des 19. Jahrhunderts wurden von den beiden deutschen Statistikern *E. Engel* (1821–1896) und *H. Schwabe* (1830–1874) sozialpolitisch bedeutsame Beobachtungen über die Abhängigkeiten zwischen Einkommenshöhe und Struktur der Konsumausgaben gemacht. So stellte Engel fest, daß mit sinkendem Haushaltseinkommen der relative Anteil der Ernährungsausgaben statistisch nachweislich zunimmt, während *Schwabe* bei steigendem Wohlstand einen nur unterproportionalen Zuwachs der Aufwendungen für die Wohnungsmiete konstatierte. Das **Engel-Schwabe-Gesetz** besagt in seiner allgemeinsten Form, daß die Belastung des Haushaltsbudgets durch Güter des Existenzbedarfs mit sinkendem Einkommen relativ zunimmt.

Eine anomale Reaktion der Konsumenten im Sinne einer steigenden Güternachfrage bei sinkendem Einkommen konnte der britische Statistiker und Nationalökonom *R. Giffen* (1837–1910) empirisch nachweisen. Er beobachtete, daß Haushalte mit niedrigen Einkommen ihre Nachfrage nach Brot als dem minderwertigen („inferioren") Gut absolut erhöhten, wenn die Preise anderer (höherwertiger oder „superiorer") Nahrungsgüter wie z.B. Fleisch und Butter stiegen oder ihre Einkommen sanken **(Giffen-Effekt).**

Die ökonomische Haushaltstheorie unternimmt es, die empirisch beobachteten Nachfragereaktionen als rationales Verhalten von nutzenmaximierenden Haushalten zu erklären. Sie schafft damit für die Sozialpolitik die Grundlagen zur Beantwortung der Frage nach den Wirkungen von sozialpolitischen Maßnahmen in Gestalt von Preis- oder Einkommensänderungen auf das Verhalten des Haushaltes als Nachfrager von Sachgütern und Dienstleistungen.

4.1.2 Die Analyse von Haushaltsreaktionen (allgemein)

4.1.2.1 Subjektive Bestimmungsgründe: Bedürfniswandel

Verhaltensänderungen können, wie oben bereits erwähnt (s. Abschnitt 3.3.1.5), grundsätzlich auf zwei verschiedene Ursachen zurückgeführt werden: auf einen Wandel der

Haushaltsbedürfnisse (subjektiver Faktor) oder auf Veränderungen im Bestand der Haushaltsmittel (objektiver Faktor). Hierbei bedeutet ein Bedürfniswandel, daß bestimmte Güter für den Haushalt an Bedeutung verlieren, andere dagegen neu in den Begehrskreis eintreten oder stärker begehrt werden als zuvor. Das Beispiel einer solchen Gewichtsverlagerung kann am Verhältnis der Haushaltsausgaben für Kleidung und Gesundheitsgüter demonstriert werden. Selbst wenn Angebot und Preise dieser Güter sowie das Haushaltseinkommen konstant bleiben, ist eine ständige, mehr oder weniger starke Verschiebung in ihrer mengenmäßigen Zusammensetzung zu erwarten: Bewußte Einflußnahme von außen (anregende oder abschreckende Informationen über angeblichen Schaden oder Nutzen dieser Güter), Anpassung an Zeitströmungen, aber auch der reine Zeitablauf können zu derartigen Verlagerungen der Bedürfnisse führen: z. B. gewinnt mit zunehmendem Alter die Sorge erwachsener Menschen um ihre Gesundheit an Bedeutung gegenüber dem Interesse an modischem Kleidungswechsel. Wandlungen in der ethischen Einstellung können eine bewußte Konsumeinschränkung für bestimmte oder sämtliche Güter bewirken zugunsten der Vermögensbildung oder karitativer Handlungen.

4.1.2.2 Objektive Bestimmungsgründe: Einkommensänderungen

Veränderungen im Bestand der Haushaltsmittel lassen sich am leichtesten erklären, wenn man annimmt, daß es sich hierbei um Bargeldbeträge handelt, die dem Haushalt als Einkommen zugeflossen sind. Diese finanziellen Mittel verkörpern Kaufkraft, deren Ausmaß grundsätzlich von zwei Seiten her beeinflußt werden kann (Abb. 4.1):

1. vermittels **Einkommensänderungen:** Ein Rückgang (Zuwachs) des Geldeinkommens erfordert eine Einschränkung (erlaubt eine Ausweitung) der Güternachfrage. Bei konstanten Güterpreisen betrifft diese die beiden Güterkategorien A und B gleichmäßig; d. h. würde der Haushalt seine gesamte Kaufkraft auf ein einziges der beiden Güter konzentrieren, so würde sich bei einer Einkommensvariation der Gegenwert (in der Menge dieses Gutes gemessen) in derselben Richtung und zum selben Prozentsatz verändern wie die des Geldeinkommens. Dementsprechend wird ein Rückgang (Zuwachs) des nominellen Haushaltseinkommens grafisch zu einer Parallelverschiebung der Budgetlinie in Richtung auf den Nullpunkt (entgegengesetzt zum Nullpunkt) führen; in der Grafik wird also die Strecke $\overline{B_0A_0}$ durch $\overline{B_1A_1}$ ersetzt, so daß das neue Optimum durch P_1 (nach P_0) ausgedrückt wird, wenn das Beispiel eines Einkommensrückganges demonstriert werden soll.

2. vermittels **Preisänderungen:** Während bei konstanten Geldpreisen der Güter eine Veränderung des Geldeinkommens uno actu eine gleichsinnige Veränderung der Kaufkraft, also des Realeinkommens, bedeutete, haben umgekehrt Preisänderungen Auswirkungen auf das Realeinkommen auch dann, wenn das Geldeinkommen seinerseits unverändert bleibt. So bedeutet die Preissteigerung eines Gutes bei Preiskonstanz des anderen, daß der Haushalt nunmehr von dem verteuerten Gut weniger als vorher erwerben kann, wenn er nicht zu einer gleichzeitigen entsprechenden Einschränkung seiner Nachfrage nach dem anderen Gut bereit ist. Vice versa, handelt es sich aber um die Preissenkung eines Gutes, so könnte bei konstantem Geldeinkommen hiervon mehr nachgefragt werden, ohne daß die Nachfrage nach dem anderen Gut reduziert

werden müßte. Ganz offensichtlich wirkt also die absolute Änderung eines Güterpreises so, **als ob** sich das Geldeinkommen des Haushaltes in gegenläufigem Sinne verändert hätte. Tatsächlich ist also die Kaufkraft bzw. das Realeinkommen und damit der Lebensstandard des Haushaltes nicht nur abhängig von der Höhe des Geldeinkommens, sondern auch von Niveau und Struktur der Güterpreise, wodurch sowohl die staatliche Preis- als auch die Anti-Inflationspolitik ihre sozialpolitische Bedeutung erhalten. Grafisch stellt sich der hier angesprochene Sachverhalt (in Abb. 4.1 das Beispiel einer Preiserhöhung von B) dar als eine Drehung der Budgetlinie um den Punkt A_0, so daß sich die Strecke $\overline{OB_0}$ um das Ausmaß des Preisanstiegs verkürzt auf $\overline{OB_1}$: Würde der Haushalt sein gesamtes Geldeinkommen für den Erwerb des Gutes B aufwenden, könnte er nur noch eine um das Ausmaß der Preissteigerung verringerte Gütermenge B_1 dafür eintauschen.

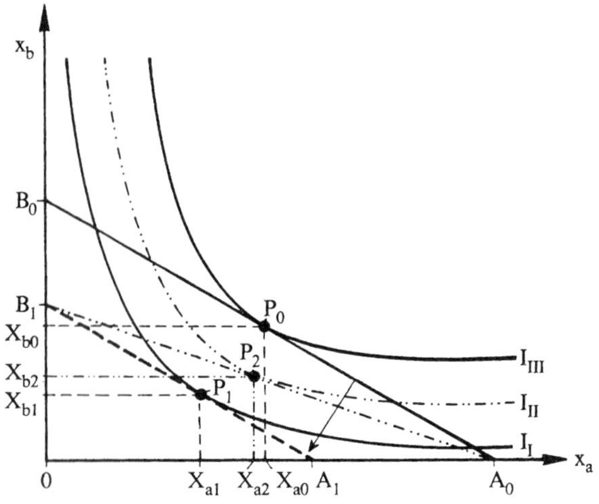

Abb. 4.1: Veränderung des Haushaltseinkommens

Wie der Haushalt bei veränderten Bedürfnissen, (Geld-)Einkommen und Preisen reagiert, wo also das neue Optimum liegt, wird allerdings nicht durch eine derartige Änderung allein bestimmt, sondern durch die Gesamtheit der Situationselemente. Im Modell heißt das: Ausmaß und Richtung der Änderung sowie Form und Lage der Indifferenzkurven wie der Budgetlinie bestimmen gemeinsam diejenige Gütermengen-Kombination, bei der der Haushalt sich im Gleichgewicht befindet. Eine **Erhöhung des Geldeinkommens** kann ebensogut zu einem ungleichmäßigen Nachfragezuwachs bei den einzelnen Gütern wie zu einem Rückgang des Verbrauchs bei bestimmten „inferioren" Gütern (s. o.) führen. Entsprechendes gilt umgekehrt für Einkommensrückgänge, die einen Verzicht auf „Luxusgüter" zugunsten einer vermehrten Nachfrage nach Gütern einer bescheideneren Lebensweise bewirken können. Und eine **Preiserhöhung** braucht nicht in jedem Fall auch zu einem Rückgang der Nachfrage für das verteuerte Gut zu führen, sondern kann sogar eine vermehrte Nachfrage hervorrufen (Snob-Effekt). Entsprechendes gilt für den umgekehrten Fall einer Preissenkung. Gerade aber die atypischen Haushaltsreaktionen lassen sich als Möglichkeiten und Risiken, mit denen die Wirtschafts- und Sozialpolitik rechnen müssen, bei der

Indifferenzkurvenanalyse logisch klar herausarbeiten und in ihren Bedingungskonstellationen anschaulich erörtern.

4.1.2.3 Wohlfahrts- und Substitutionseffekt

Zur weiteren Untersuchung und Beurteilung der Ausgabenentscheidungen eines Haushaltes angesichts veränderter Nominal- oder Realeinkommen bzw. infolge eines Wandels seiner Präferenzen vergleicht man die Gleichgewichtslage vor Eintritt der betreffenden „Störung“ mit der Situation nach vollzogener Anpassung an die neue Datenkonstellation (vgl. die Anmerkungen zur komparativ-statischen Methode im Abschnitt 3.3.1.5). Auch wenn man die räumliche Verlagerung der Tangentialpunkte, d. h. der Optimal-Kombinationen, nicht als „Bewegung“ im strengsten Sinne auffaßt, läßt sie sich zumindest doch auch im Rahmen der grafischen Darstellung in zwei vektorielle Komponenten zerlegen:

1. in den Wechsel von einer Indifferenzkurve auf eine andere, der den Zuwachs oder Verlust an „Nutzen“ für den Haushalt ausweist (Einkommens- oder besser Wohlfahrtseffekt);

2. in die Verschiebung des Optimalpunktes auf einer Indifferenzkurve als Ausdruck eines veränderten Mengenverhältnisses in der Nachfrage nach den beiden Gütern. Die Größe dieses **„Substitutionseffekts“** kann mit Hilfe der sogenannten **„Grenzrate der Substitution“** gemessen werden. Man versteht darunter die Steigung der Tangente in einem bestimmten Punkt derjenigen Indifferenzkurve, auf deren Niveau die Substitution („Austausch“, „Ersetzung“) einer Teilmenge des einen Gutes (z. B. x_1) durch ein zusätzliches Quantum des anderen Gutes (x_2) erfolgt, d. h.

$$G_s(x_1, x_2) = \frac{dx_2}{dx_1},$$

oder als Substitutions**elastizität** (s. Exkurs im zweiten Teil):

$$E_s(x_1, x_2) = \frac{dx_2}{x_2} : \frac{dx_1}{x_1} = \frac{dx_2}{dx_1} \cdot \frac{x_1}{x_2}.$$

Für einen **endlich** großen Teilbereich der Kurve würde man statt wie oben nicht mit Differential-, sondern mit **Differenzen**quotienten arbeiten müssen. Der numerische Wert der Substitutionsrate bzw. der Substitutionselastizität gibt dann an, mit welcher Reaktion zu rechnen ist, wenn das bestehende Gleichgewicht durch eine Preis- oder Geldeinkommensänderung gestört wird. Ein hoher Wert (absolut genommen, denn es handelt sich hier um negative Zahlen!) zeigt dann an, daß als Folge eine erhebliche Verschiebung in der mengenmäßigen Zusammensetzung zu erwarten wäre. Je niedriger der Wert hingegen ist, desto geringer werden die Substitutionsbewegungen sein; bei Eins bliebe das **Verhältnis** der Mengen x_1 und x_2 zueinander unverändert: Preis- und Einkommensänderungen würden nur zu einem Lebensstandard auf verändertem Niveau führen, jedoch das Mengenverhältnis zwischen beiden Gütern (deren relative oder prozentuale Anteile an der Konsumsumme, d. h. die Struktur der Konsumausgaben) nicht berühren. Bei einem Wert von E_s gleich Null schließlich fände überhaupt keine Substitution zwischen den beiden Gütern statt.

Wenn es sich um „normale“ Güter handelt, hat die Kumulation von Wohlfahrts- und Substitutionseffekt einen rein additiven Charakter: Die Richtung der Wirkung von Datenänderungen ist a priori eindeutig bestimmbar; anders sieht es dagegen aus, wenn Gütergruppen einbezogen werden, bei denen der Haushalt atypisch reagiert, d. h. bei denen eine Erhöhung des Geldeinkommens oder eine Preissenkung nicht in einer Zu-, sondern einer Abnahme der Nachfrage resultiert. In diesen Fällen verhalten sich Wohlfahrts- und Substitutionseffekt gegenläufig. Ob das neue Optimum durch eine zunehmende, konstante oder sinkende Nachfrage nach einem jeden der beiden Güter gekennzeichnet ist, hängt davon ab, welcher der beiden Effekte sich als der stärkere erweist. Die hier angesprochene Problematik wird im folgenden noch einmal angeschnitten, wenn die Nachfrage des Haushaltes nach dem Gut „Freizeit“ bzw. sein Angebot an Arbeitsleistungen zu erörtern und mit der Nachfrage an Gütermärkten zu vergleichen ist.

4.1.3 Der Einfluß sozialpolitischer Maßnahmen auf die Haushaltsnachfrage an Gütermärkten

4.1.3.1 Das Instrumentarium in partialanalytischer Betrachtung

Das Verhalten des privaten Haushaltes als Nachfrager nach Verbrauchsgütern kann in drei Etappen untersucht werden: Zunächst ist zu zeigen, wie sozialpolitische Maßnahmen (bzw. sozialpolitisch bedeutsame Ereignisse) auf den **Lebensstandard** des Haushaltes wirken. Anschließend ist nachzuweisen, wie die veränderte materielle Situation des Haushaltes sein **Nachfrageverhalten** am Gütermarkt beeinflußt. Aus den dabei gewonnenen Erkenntnissen können **Schlußfolgerungen** für die **sozialpolitische Praxis** gezogen werden.

4.1.3.1.1 Variables Geldeinkommen bei konstanten Preisen

Der Umfang der Aufwendungen, die der private Haushalt für seine Versorgung mit Gütern macht (Konsumsumme), wird begrenzt durch die Höhe seines Einkommens, wenn man die Möglichkeit ausschließt, daß er zusätzliche Mittel durch Auflösung von Sparrücklagen und anderen Vermögenswerten oder durch Kreditaufnahme (Verschuldung) bei Dritten verfügbar machen kann. Aber nicht nur das **Niveau der privaten Verbrauchsausgaben** wird von der Höhe des Einkommens bestimmt, sondern auch deren **Zusammensetzung,** d. h. deren Aufteilung auf verschiedene Güter oder Güterkategorien. Als Gesetzmäßigkeiten können dabei die inzwischen empirisch-statistisch vielfach bestätigten Beobachtungen gelten, daß mit steigendem Wohlstand bzw. Einkommen erstens der relative Anteil und damit die Bedeutung der Ausgaben für Nahrung und Wohnung sinken **(Engel-Schwabe-Gesetz)** und entsprechend die Ausgaben für Güter des gehobenen Bedarfs (Möbel, Reisen, Kultur und Unterhaltung) überproportional steigen und zweitens auch die Ersparnisse (im weitesten Sinne alle diejenigen Einkommensteile, die nicht zu Konsumzwecken ausgegeben werden) relativ zunehmen (*J. M. Keynes'* **„fundamentales psychologisches Gesetz“ des Sparverhaltens)**.

Zu Ausgabezwecken verwendet werden kann nur das sogenannte „disponible“ oder verfügbare Einkommen als das vom Bruttoeinkommen nach Abzug der direkten (d. h.

der Lohn- und Einkommen-)Steuern und der Sozialbeiträge und unter Hinzurechnung abgabenfreier Zulagen und sonstiger Transfereinkommen verbleibende Nettoeinkommen. Dementsprechend kann die Einkommensposition und damit der Lebensstandard des Haushaltes grundsätzlich durch drei Einkommensimpulse verbessert werden:

1. durch eine Erhöhung des Erwerbseinkommens über (1 a) Mehrarbeit oder/und höhere Lohn- und Gehaltssätze bzw. (1 b) vermehrten Einsatz des Geld- oder Sachvermögens oder/und höhere Zinssätze für Kredite, Pacht, Miete usw.;
2. durch eine Senkung der Steuer- und Sozialbeitragssätze;
3. durch staatliche Transferzahlungen (Einkommenssubventionen, Sozialrenten, Beihilfen usw.).

Umgekehrt kann die Einkommensposition des Haushaltes verschlechtert werden durch

1. Verringerung der Arbeitsleistung oder/und sinkende Arbeitsentgelte je Zeit- oder (bei Leistungslöhnen) Mengeneinheit;
2. Erhöhung der Steuer- und Soziallasten;
3. Senkung staatlicher Geldtransfers.

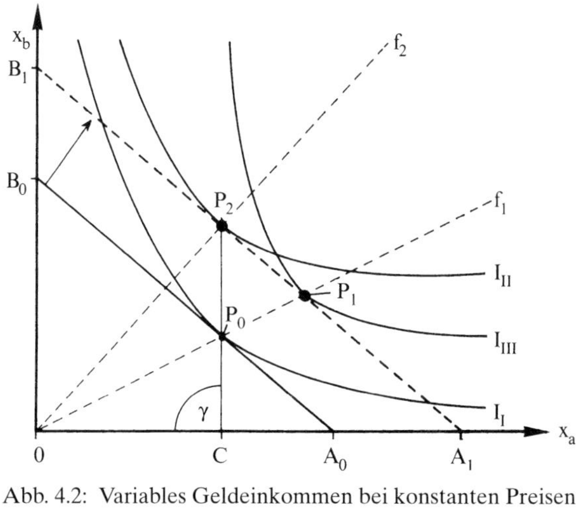

Abb. 4.2: Variables Geldeinkommen bei konstanten Preisen

Solange es sich hier noch um monetäre Größen, also um Geldeinkommensströme, handelt, kann eine Einkommensänderung grafisch durch eine Parallelverschiebung der Budgetlinie dargestellt werden. Bei einer Einkommenserhöhung wächst ihr Abstand vom Nullpunkt, bei einer Einkommenssenkung verringert er sich. Gleichzeitig damit verlagert sich aber auch der Tangentialpunkt der Budgetlinie, der die optimale Zusammensetzung der Haushaltsausgaben (d. h. die optimale Struktur des „Warenkorbes") ausdrückt. Bei gestiegenem Einkommen kann sich der Haushalt ceteris paribus mehr Güter leisten als zuvor. Der mit dieser Erhöhung des materiellen Lebensstandards verbundene Nutzenzuwachs wird daran kenntlich, daß der Punkt der optimalen Gütermengenkombination nunmehr auf einer höher(wertig)en Indifferenzkurve liegt. Gleichzeitig kann sich aber auch die Zusammensetzung der Konsumausgaben verändert haben. So wäre bei einem als unverändert angenommenen Mengenverhältnis zwischen den beiden betrachteten Gütern A und B in der Abb. 4.2 nun P_1 der neue Optimalpunkt. Bei dem hier angenommenen Verlauf der Indifferenzkurve II wird sie aber von der neuen Budgetlinie in P_2 tangiert: Das Mengenverhältnis hat sich also zugunsten des Gutes B verändert, wie sich deutlich an der Verwandlung des Fahrstrahls f_1 in f_2 ablesen läßt. Man kann auch sagen, daß mit steigendem Einkommen das Gut A durch das Gut B zwar nicht völlig ersetzt, aber doch erheblich verdrängt worden ist. Während sich also der Wohlfahrtseffekt einer Einkommenserhöhung gewissermaßen als ein „Sprung" von einer Indifferenzkurve auf die höchstmögliche nächste erweist, d. h. von P_0 auf P_1, stellt sich der Substitutionseffekt in einer Bewegung **auf derselben** Indifferenzkurve dar. Die Gesamtwirkung einer Einkommenserhöhung kann somit auch aufgefaßt werden als eine vektoriell zustande gekommene Bewegung von P_0 nach P_2 (Näheres hierzu in den Erläuterung zu Abb. 4.3).

Bei dem hier angenommenen Kurvenverlauf kann man auch sagen, daß das Gut B eine höhere Einkommens**elastizität** (E_y) aufweist als das Gut A:

$$E_y(x_b) = \frac{dx_b}{x_b} : \frac{dy}{y} = \frac{dx_b}{dy} \cdot \frac{y}{x_b} > E_y(x_a),$$

wobei das Symbol y für das Hauthaltseinkommen steht und x_a und x_b die jeweiligen Mengen der beiden Güter A und B bezeichnen.

Erhöht sich infolge einer Einkommenserhöhung die von A und B nachgefragte Menge bei beiden Gütern in absoluter Höhe und geht dabei der Anteil eines Gutes, z. B. des Gutes A, an den Verbrauchsausgaben zugunsten des anderen (hier B), d. h. **relativ** zurück, so handelt es sich bei Gut A, im Vergleich zu Gut B, um ein als unentbehrlich angesehenes Gut, z. B. Salz. Geht jedoch die nachgefragte Menge von A bei einem Einkommenszuwachs auch **absolut** zurück, dann handelt es sich bei A um ein gegenüber B als minderwertiger angesehenes (inferiores) Gut, das bei steigendem Lebensstandard für den Haushalt nicht nur an Bedeutung verliert, sondern zunehmend ersetzt wird. Man denke dabei etwa an die **Substitutionalität** (Konkurrenzverhältnis) zwischen der Butter und der ursprünglich als Ersatz für sie gedachten Margarine. Im Gegensatz dazu sind aber auch Verläufe der Indifferenzkurven vorstellbar, bei denen eine Einkommenssteigerung zu einer wenig veränderten oder sogar völlig gleichbleibenden Mengenkombination zwischen zwei Gütern A und B führt (der neue Optimalpunkt würde dann in der Nähe oder unmittelbar auf dem ursprünglichen Fahrstrahl f_1 liegen). Dies wäre vor allem dann der Fall, wenn beide Güter in einem Verhältnis enger **Komplementarität** (Nachfrageverbundenheit) stehen, wie z. B. Kraftfahrzeuge und der zu ihrem Betrieb erforderliche Treibstoff.

4.1.3.1.2 Variable Preise bei konstantem Geldeinkommen

Während eine Veränderung des Geldeinkommens bei konstanten Preisen in der Indifferenzkurven-Analyse des Haushaltsverhaltens durch eine Parallelverschiebung der Budgetlinie veranschaulicht werden konnte, ergibt sich eine andere Konstellation im umgekehrten Falle, d. h. bei konstantem Haushaltseinkommen und veränderten Preisen. Auch hier wieder ist die neue Situation durch eine Verlagerung der Budgetlinie gekennzeichnet, denn es wirken auch die Preisbewegungen auf die Einkommenslage des Haushaltes ein (s. 4.1.2.2). Mit Aufhebung der angenommenen Preiskonstanz kann allerdings auch das Geldeinkommen nicht mehr Maßstab für den tatsächlichen Lebensstandard sein. Es ist jetzt vielmehr notwendig, zwischen Geld- und Realeinkommen zu unterscheiden, indem man die Kaufkraft des Haushaltseinkommens zum Maßstab der Betrachtung macht: Je höher die Preise der vom Haushalt begehrten Güter sind, desto geringer ist der reale Gegenwert, den dieser für sein bisheriges Einkommen erhält, bzw. desto höher müssen seine Konsumausgaben (in Geldeinheiten bewertet) sein, wenn er die bisher vom Markt bezogene Gütermenge auch weiterhin erwerben will.

In der grafischen Darstellung (Abb. 4.3) heißt dies: Bei steigendem Preis des Gutes A wird sich bei ausschließlicher Nachfrage nach diesem Gut nur noch eine geringere Menge als vorher erwerben lassen; die Strecke $\overline{0A_0}$ wird sich um den relativen Umfang der Preiserhöhung verkürzen, z. B. auf $\overline{0A_1}$, wobei sich also die Budgetlinie im Punkte B_0 so dreht, daß der Winkel β abnimmt.

Entsprechend führt ein Preisrückgang für das Gut A zu einer Erhöhung des Realeinkommens bzw. der Kaufkraft des Geldeinkommens; grafisch bedeutet das eine Drehung der Budgetlinie im Punkt B_0 bei einer Zunahme des Winkels β. Der Punkt B_0 als Achse bleibt somit in beiden Fällen unverändert, weil und solange der Preis für das Gut B unverändert bleibt, also auch der reale Gegenwert des Geldeinkommens, gemessen in Mengeneinheiten des Gutes B.

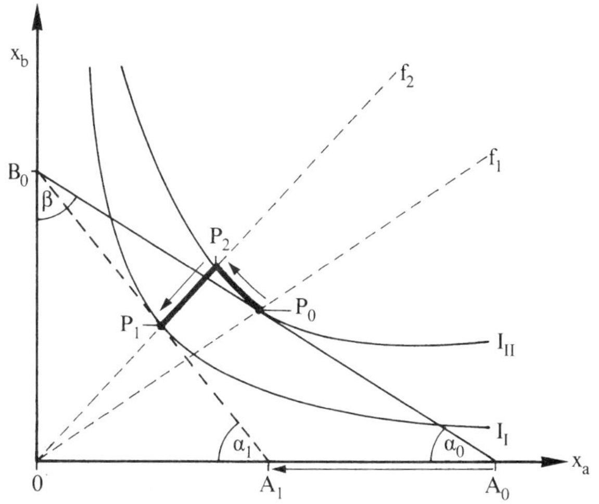

Abb. 4.3: Substitutions- und Wohlfahrtseffekte

Analoge Beobachtungen lassen sich nun auch leicht für den Fall anstellen, daß bei Konstanz des Geldeinkommens und des Güterpreises für A der Preis für das Gut B variiert, so daß die Budgetlinie diesmal einen Drehpunkt in A_0 findet. Es ist allerdings realistischer, davon auszugehen, daß die Preise für **beide** betrachteten Güter variieren. Dann empfiehlt es sich, nicht mehr von den Änderungen der absoluten Preise zu reden, sondern von Verschiebungen ihres Preisverhältnisses bzw. von **Änderungen**

ihres relativen Preises. Ausdruck dieser Preisrelation ist dann die Steigung der Budgetlinie, gemessen durch den Tangens des Winkels, den sie mit der Abszisse bildet:

$$\text{tang}\ \alpha = \frac{\overline{0B_0}}{\overline{0A_0}},$$

d. h. die Menge an Einheiten des Gutes B, die sich bei dem herrschenden Preisverhältnis für eine (strenggenommen: unendlich kleine) Einheit des Gutes A eintauschen lassen. Der Preis eines Gutes wird hier also nicht mehr in Geldeinheiten, sondern in Mengeneinheiten gemessen, die den realen Tauschwert in Quantitäten eines anderen Gutes ausdrücken. Dieses Tauschverhältnis und damit die Lage der Budgetlinie wird stets dann verändert, wenn entweder (a) der absolute Preis nur eines der beiden Güter variiert oder (b) die absoluten Preise beider Güter so variieren, daß nicht gleichzeitig **Richtung und Ausmaß der Preisbewegungen** übereinstimmen. Nur dann, wenn die Preisbewegung im Gleichschritt erfolgt, d. h. eine simultane Erhöhung oder Senkung beider Preise um **denselben** Prozentsatz erfolgt, bleibt das Preisverhältnis konstant, und das Realeinkommen sinkt oder steigt um eben diesen Satz.

Dieser Ausnahmefall führt in der grafischen Darstellung zu einer Parallelverschiebung der Budgetlinie (konstantes Preisverhältnis = konstante Steigung!); im Gegensatz zu der früheren Beobachtung handelt es sich jetzt allerdings nicht mehr um eine Variation des Geldeinkommens (damals wegen Konstanz der **absoluten** Preise identisch mit dem Realeinkommen), sondern um eine Variation des Realeinkommens bei gegebenem Geldeinkommen. So können Schwankungen des Preisniveaus, z. B. inflationäre Preiserhöhungen, analytisch genauso betrachtet werden wie Schwankungen des Geldeinkommens. Bei beiden handelt es sich um Veränderungen (im Beispiel eben um einen Rückgang) des Realeinkommens, d. h. um einen Rückgang der Kaufkraft bzw. derjenigen Gütermenge, die für ein bestimmtes Geldeinkommen erworben werden kann.

Gesonderte Berücksichtigung erfordert dagegen der normale Fall, daß die Preise aller im Modell betrachteten Güter sich nicht gleichmäßig verändern. Am deutlichsten wird dies, wenn eine Situation vorliegt, in der nur der Preis **eines** Gutes verändert wird. So führt z. B. eine Erhöhung des Preises von Gut A um 100% (bei gegebenem Geldeinkommen und Konstanz des Preises von Gut B) dazu, daß sich der betreffende Haushalt für dieselbe Geldsumme wie bisher nur noch die Hälfte der bisherigen Menge von Gut A beschaffen kann.

In Abb. 4.3 läßt sich dies durch eine Drehung der Budgetlinie in Punkt B_0 zeigen, wobei die Strecke $\overline{0A_0}$ auf $\overline{0A_1}$ verkürzt wird. Wie sich dieser Rückgang des Realeinkommens auf die Nachfrage des Haushaltes auswirkt, hängt nun wieder von Lage und Verlauf der Indifferenzkurven ab: Der Optimalpunkt P_0 im Indifferenzkurvensystem wurde im Ausgangsstadium durch die Bilanzgerade als Tangente gegeben. Als neues Optimum ergibt sich die durch den Punkt P_1 repräsentierte Mengenkombination, die sich zum einen durch eine teilweise Verlagerung der Nachfrage vom absolut teurer gewordenen Gut A zum Gut B, dessen absoluter Preis zwar unverändert ist, das sich aber im Verhältnis (bzw. relativ) zu Gut A verbilligt hat, darstellen läßt. Dieser Substitutionseffekt wird grafisch veranschaulicht durch eine Bewegung **auf** der Kurve I_{II} nach P_2. Zum anderen wird auch die von Gut A nachgefragte Menge x_a von Gut A eingeschränkt (Wohlfahrtseffekt: Bewegung **von** der ranghöheren zur rangniederen Kurve I_I). Das Ergebnis ist also eine Kombination von Substitutions- und Wohlfahrtseffekt, die sich grafisch als eine Resultante beider Bewegungen darstellen läßt.

Es ist aber auch eine Kurvenkonstellation denkbar, bei der die vom Haushalt nachgefragte Menge unverändert bleibt, obwohl sich deren Preis beträchtlich erhöht hat. Es muß sich also um ein Gut handeln, auf das zu verzichten der Haushalt auch bei Verteuerung nicht bereit ist. Dabei kann es sich sowohl um Güter des lebensnotwendigen (oder Grund-)Bedarfs handeln, aber auch um bestimmte Genußgüter wie z. B. Zigaretten. In diesem Falle äußert sich der Rückgang des Realeinkommens eher in einem Nachfragerückgang bei anderen Gütern, auch wenn deren Preis konstant geblieben ist.

4.1.3.1.3 Realtransfers bei Konstanz von Geldeinkommen und Preisen

Als eine dritte „Störung" des Haushaltsgleichgewichtes kann die **unentgeltliche Übertragung von Gütern** (entweder in Naturalien oder in Form von Gutscheinen) betrachtet werden. Auch derartige Realtransfers verändern Einkommensposition bzw. Wohlfahrt des Haushalts und zugleich die Verwendung seines sonstigen Einkommens. Betrachtet man die Situation, in der eine bestimmte Menge eines der beiden Güter, z. B. Gut B, dem Haushalt ohne Gegenleistung, sei es (a) zur freien Verfügung gestellt, sei es (b) zwangsweise zugewiesen wird. Hierbei ist vor allem an die Güter zur Befriedigung der sogenannten **„meritorischen Bedürfnisse"** (*R. A. Musgrave,* 1969. S. 10 und 14 ff.) gedacht. Bei dieser Spezies handelt es sich um Güter, die durchaus auf Märkten gehandelt werden können, d. h. bei denen das Verhältnis zwischen internen Effekten (Vorteile für den Erwerber) und externen Effekten (Vorteile für die „Umwelt" des Erwerbers) noch nicht zu klein ist bzw. daß sich als „free-rider" (Trittbrettfahrer) unerwünschte andere noch ohne allzu großen Aufwand von der kostenlosen Nutznießung des betreffenden Gutes ausschließen lassen. Es handelt sich also ihrer Art nach um private Güter, die aber durch eine politische Entscheidung als öffentliche Güter, d. h. unter dem Marktpreis, meist sogar zum „Nulltarif" angeboten werden. Der Sinn des Transfers marktfähiger Güter besteht insbesondere darin, den Kreis der Benutzer oder Abnehmer um diejenigen zu vermehren, die nicht fähig oder/und bereit sind, diese Güter überhaupt oder doch in der vom Staat für erforderlich angesehenen Menge am Markt zu erwerben.

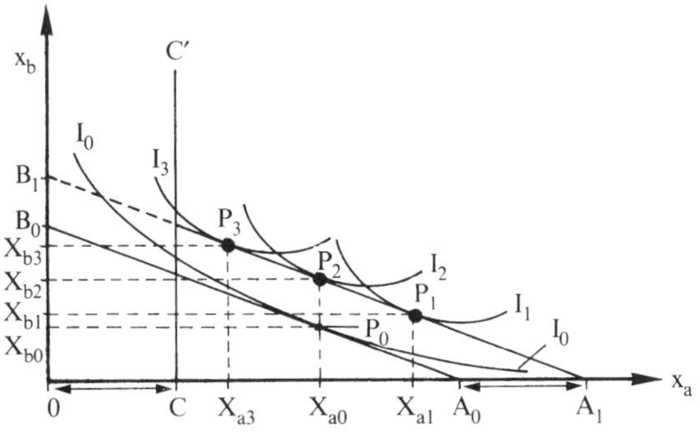

Abb. 4.4: Konsumverhalten des Haushaltes bei Realtransfers (Varianten)

Besonders häufig sind diese meritorischen Güter gerade in den Bereichen des Sozial-, des Bildungs- und des Gesundheitswesens. Als Beispiele für den freiwilligen Bezug (zu a) können die unentgeltliche Nutzung öffentlicher Beratungsstellen, Sport- und Freizeitanlagen, Museen und Bibliotheken angesehen werden. Oktroyierte Realtransfers (zu b) werden z. B. im Rahmen der gesetzlichen Schulpflicht sowie gesetzlicher Impf- und Behandlungszwänge oder obligatorischer Vorbeugeuntersuchungen vollzogen. Geht man also davon aus, daß das Gut A ein solches meritorisches ist, von dem eine bestimmte Menge unentgeltlich an den Haushalt abgegeben wird, dann bedeutet dies in jedem Falle eine Verbesserung des ökonomischen Status des Haushaltes (Abb. 4.4): Wird nämlich das gesamte Geldeinkommen für B verausgabt, so steht obendrein die als Realtransfer erworbene Gütermenge x_a im Umfang von $\overline{0C}$ zu Verfügung; es kann – auch bei steigendem Einkommen – keinen Kombinationspunkt mehr geben, der links von der Grenzlinie CC' liegt. Andererseits erhöht sich dann, wenn das Geldeinkommen restlos für A ausgegeben wird, die Menge von A_0 auf A_1 ($\overline{0C}$ gleich $\overline{A_0A_1}$). Mit anderen Worten: Die Budgetlinie als Grenze aller möglichen Güterkombinationen verschiebt sich im Betrag des Realtransfers von A parallel nach rechts. Unter den möglichen Reaktionen des Haushalts auf einen Realtransfer verdienen drei Varianten ein besonderes Interesse:

Variante A: Gemäß seiner Bedürfnisstruktur verteilt der Haushalt das durch den Realtransfer freigesetzte Einkommen auf zusätzliche, am Markt erworbene Mengen beider Güter (Optimalpunkt P_1 auf der Indifferenzkurve I_1). Die Nachfrage nach A ist elastisch.

Variante B: Der Haushalt verwendet den freigesetzten Einkommensteil ausschließlich zum Zuerwerb von Gut B (Punkt P_1 auf I_2). Die Nachfrage nach A ist vollkommen unelastisch.

Variante C: Der Haushalt schränkt seine Nachfrage nach dem Gut A noch weiter ein als bisher (Punkt P_3 auf I_3). A ist ein inferiores Gut, das mit steigendem Einkommen weniger begehrt bzw. dessen Verzicht durch den Verbrauch des höherbewerteten Gutes x_B kompensiert wird.

4.1.3.2 Sozialpolitische Schlußfolgerungen

Nach Erörterung der Wirkungen, die von Änderungen ökonomischer Daten bei gegebener Bedürfnisstruktur auf das Verhalten eines Haushaltes ausgehen können, soll nun gefragt werden, welche Folgerungen aus den dabei gewonnenen Kenntnissen über die untersuchten Zusammenhänge für die staatliche Sozialpolitik gezogen werden können. Dabei wird gleichsam die nach einer Erklärung suchende Kausalanalyse auf eine neue Ebene gehoben, auf der die Ursache-Wirkung-Beziehung einer Mittel-Zweck- bzw. Maßnahme-Ziel-Betrachtung zugrunde gelegt wird.

4.1.3.2.1 Ziel-Hypothese A: Steigerung des Konsumniveaus (Lebensstandard)

Nimmt man an, daß der Staat als sozialpolitischer Aktor in Verfolgung des Gerechtigkeitszieles die Erhöhung des Lebensstandards für einen bestimmten Bevölkerungskreis als notwendig erachtet, so haben die obigen Erörterungen ganz deutlich gemacht, daß dieses Ziel nicht nur durch direkte (d. h. Geld-)Einkommensmaßnahmen in Form von Erhöhungen der Erwerbs- oder der Transfereinkommen erreicht werden kann. Vielmehr läßt sich derselbe Zweck auch durch indirekte (d. h. Real-) Einkommenseffekte erfüllen, z. B. durch (a) eine Senkung der Güterpreise mit Hilfe von Preissubventionen und der Festsetzung von Höchstpreisen (s. u. in 4.2.2 das Beispiel der Wohnungsmarktpolitik) oder (b) die Vornahme von Realtransfers. In allen diesen Fällen handelt es sich, wie auch im grafischen Modell nachweisbar, um Erscheinungsformen einer Einkommenserhöhung durch ersparte Konsumausgaben. In vielen Fällen wird dieser Realeinkommenseffekt allerdings nicht bewußt herbeigeführt, sondern als das Nebenprodukt von Maßnahmen zur Beeinflussung der Konsumstruktur angesehen. Verteilungspolitisch problematisch wird er allerdings dann, wenn aus öffentlichen Mitteln Güterkategorien subventioniert werden, die vorwiegend von den ohnehin einkommensstärkeren Bevölkerungsschichten nachgefragt werden. Gedacht ist hier vor allem an das Angebot des kulturellen Bereichs, das all denjenigen, die z. B. Theater und Museen auch zu kostendeckenden Eintrittspreisen besuchen würden, einen echten Zuwachs ihres Realeinkommens verschafft.

Andererseits gehören **bewußt preissteigernde Maßnahmen** zwar auch zum Instrumentarium staatlicher Wirtschafts- und Sozialpolitik und können – zur **Drosselung des Verbrauchs** besonders gesundheitsschädlicher oder kostbarer Güter (z. B. Genußgifte wie Tabak und Alkohol bzw. bestimmte Importgüter, Energieträger usw.) eingesetzt – zu einer erheblichen Belastung der Lebenshaltung von Haushalten werden, deren spezifische Nachfrage unelastisch ist. Die **Senkung des Realeinkommens** hingegen ist zumeist eine Folge vom Staat nicht nur unbeabsichtigter, sondern auch unerwünschter Preissteigerungen. Eine Ausnahme stellt in Staatshandelsländern die Anhebung fixierter Preise dar, um überschüssige (durch das Warenangebot zu bisherigen Preisen nicht gedeckte) Nachfrage der privaten Haushalte abzuschöpfen. In marktwirtschaftlichen Systemen gehören partielle und allgemeine inflationäre Preissteigerungen unterschiedlichen Grades zu den Alltagserfahrungen. Die aus ihnen resultierenden Einbußen am Lebensstandard für die einkommensschwachen Bevölkerungsteile zu mildern oder gar zu verhüten helfen, ist eine Aufgabe der Sozialpolitik, die aus dieser Sicht ein eigenes Interesse an einer wirksamen Bekämpfung der Inflation geltend machen kann.

4.1.3.2.2 Ziel-Hypothese B: Beeinflussung der Konsumstruktur

Außer der Absicht, den Lebensstandard einer Haushaltsschicht generell anzuheben oder gegen Verluste zu schützen, kann es auch Ziel staatlicher Sozialpolitik sein, die Versorgung aller oder ausgewählter Verbraucher mit bestimmten Gütern zu sichern. Hierbei wird es sich regelmäßig um **meritorische Güter** handeln, d. h. um private Güter, deren positive externe Effekte so stark sind, daß der Staat ein großes Interesse daran zeigt, daß von dieser Güterart eine bestimmte Mindestmenge durch den Haushalt verbraucht wird. Überträgt man diese Situation in die Begriffe der Indifferenzkurven-Analyse, so hieße das:

Es soll sichergestellt werden, daß ein bestimmter Haushaltstyp (der für eine bestimmte soziale Schicht repräsentative Standardhaushalt) mit der Mindestmenge (Achsenpunkt X_1) eines bestimmten Gutes X (in Mengen x) ausgestattet wird. Hierbei wird man sowohl an bestimmte Güter aus dem Bildungs- und Gesundheitssektor denken müssen, aber auch an andere Güter (insbesondere Nahrungsmittel). Der Staat hat dann grundsätzlich mehrere Möglichkeiten:

4.1.3.2.2.1 Geldtransfers

Durch Gewährung zusätzlicher monetärer Leistungen wird das Geldeinkommen (bei angenommener Preiskonstanz gleich dem Realeinkommen) so lange erhöht, bis der Haushalt einen Lebensstandard erreicht hat, bei dem er freiwillig, d. h. gemäß seiner Bedürfnisstruktur, statt wie bisher nur X_0 die politisch erwünschte Menge von X_1 nachfragt und aus seinem eigenen Einkommen finanziert. Zu diesem Zwecke wäre eine Erhöhung des Realeinkommens nötig, die in Abb. 4.5 einer Erweiterung der Fläche $0X_0P_0V_0$ (ursprüngliches Haushaltseinkommen) auf das Areal $0X_1P_1V_1$ entspräche; sie wird durch eine Parallelverschiebung der Budgetlinie von B_0A_0 nach B_1A_1 erreicht. Ein zunächst nicht beabsichtigter Nebeneffekt liegt darin, daß der Haushalt nicht nur seine Nachfrage nach X, sondern u. U. auch nach dem Bündel der übrigen Güter V (in den Mengen v) erhöht, d. h. daß ein Teil der staatlichen Einkommenssubvention für die Beschaffung anderer Güter abgezweigt wird. Dieser (am Subventionszweck gemessen) „verlorene“ Zuschuß ist um so höher, je geringer der Haushalt die Dringlichkeit des Gutes X (im Vergleich zu V) einstuft. Handelt es sich aber bei V um inferiore Güter, dann würde die Einkommenssubvention sogar zu einem Rückgang der nachgefragten Menge noch unter den Punkt V_0 führen.

4.1.3.2.2.2 Preissubventionierung

Eine weitere Möglichkeit liegt darin, den Preis je Mengeneinheit des Gutes X durch eine Preisstützung (Subventionszahlung an den Produzenten von X) zu senken, um

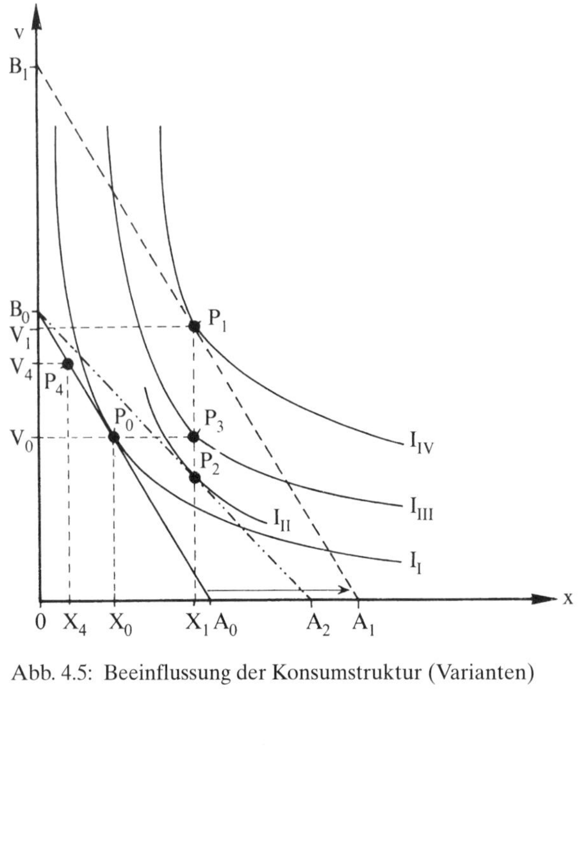

Abb. 4.5: Beeinflussung der Konsumstruktur (Varianten)

dadurch die Nachfrage anzuregen, d.h. durch eine Drehung der Bilanzlinie um B_0 (mit dem neuen Schnittpunkt A_2 statt A_0). Unter den Voraussetzungen, daß erstens der Produzent oder Anbieter die Subvention in Form einer Preissenkung weitergibt und zweitens X kein inferiores Gut ist und somit nicht durch die Preissenkung ein Rückgang der Nachfrage nach X auftritt, hängt das Ausmaß der notwendigen Preissenkung wieder von der Form und Lage der Indifferenzkurven (und somit der Bedürfnisstruktur) ab, inwieweit also die Einkommenswirkung der Preisänderung nicht durch den Substitutionseffekt (relative Verlagerung der Nachfrage von X auf V) beeinträchtigt wird.

Hatte der Haushalt sowohl bei der Einkommens- als auch der Preissubvention die Möglichkeit, die Aufnahme der Sollmenge von Gut X unter möglicherweise erheblichen Kosten für die Staatskasse zu vermeiden oder zu verzögern, so wird dieser Spielraum bei den beiden folgenden Formen sehr eingeengt bzw. schließlich ganz aufgehoben.

4.1.3.2.2.3 Realtransfers

Bei den einseitigen realen Übertragungen handelt es sich um die **unentgeltliche Übereignung oder Bereitstellung zur Nutzung von Sach- oder Dienstleistungen.** Dabei ist es letztlich unerheblich, ob das betreffende Gut unmittelbar, d.h. in natura, von einer sozialen Institution an den Empfänger übergeht oder ob z.B. ein Gutschein den Transfer von einem Dritten vermittelt. Ein Vorteil des Gutscheins liegt für den Empfänger darin, daß er noch die Auswahl zwischen gleichartigen oder -wertigen Leistungen bzw. verschiedenen Anbietern (z.B. bei freier Arztwahl) besitzt und der öffentliche Leistungsträger die Substitutionsmöglichkeiten weitgehend ausgeschlossen hat, die bei monetären Transfers und bei Subventionen als selbstverständlich einkalkuliert werden müssen. Andererseits läßt sich auch hier bei den Sachleistungen nicht verhindern, daß sie vom Empfänger weiterverkauft oder unbenutzt bleiben.

Sofern der Transfer freiwillig ist, sind für den Leistungsträger zumindest insoweit klare Verhältnisse gegeben, als der Haushalt das Transferangebot durch eine ausdrückliche Erklärung (Antrag) oder eindeutiges Handeln annehmen oder ablehnen kann. Nimmt er es an, so steht er sich materiell besser als zuvor. So erhöht sich bei gleicher Menge des Gutes V (nämlich $\overline{0V_0}$) der Bestand an Gut X von X_0 auf X_1 (vgl. Abb. 4.5). Diese Mengenkombination wird durch den Punkt P_3 in der Abbildung charakterisiert, der auf der höheren Indifferenzkurve I_{III} (als Ausdruck des nunmehr höheren Wohlstandsniveaus) liegt: auch hier hat also eine Erhöhung des Realeinkommens stattgefunden. Handelt es sich dagegen um einen (gesetzlich) erzwingbaren Realtransfer, z.B. um eine ärztliche Zwangsbehandlung, den Pflichtschulbesuch usw., dann ist hier das Prinzip der Konsumentensouveränität aufgehoben zugunsten des übergeordneten Zieles, eine ausreichende Versorgung des Haushaltes mit einem bestimmten Gut sicherzustellen.

4.1.3.2.2.4 Nachfrage-Oktroy

Der schärfste Eingriff in die Entscheidungsfreiheit des Haushalts („Konsumentensouveränität") liegt allerdings beim Nachfrage-Oktroy vor. Hier wird vom Verbraucher nicht nur die **Abnahme eines bestimmten Gutes** (hier einmal das Gut V im

Umfang von $\overline{0V_4}$) gefordert, sondern es werden ihm auch noch die **Kosten** dafür direkt **angelastet.** Der Haushalt bleibt also zwar mit seinen Ausgaben noch innerhalb seines bisherigen Budgets, verändert aber auf äußeren Druck (gesetzliche Verpflichtung) die Zusammensetzung seiner Nachfrage und verschlechtert damit seine Nutzensituation: Der neue Punkt P_4 liegt weiterhin auf der bisherigen Budgetlinie, ist aber nicht mehr identisch mit dem (optimalen) Ausgangspunkt P_0, sondern liegt auf einer niederwertigen Indifferenzkurve, die noch unterhalb von I_{I} verläuft (in der Grafik nicht eingezeichnet). Beispiele einer solchen erzwungenen Nachfrage sind die gesetzliche Verpflichtung zur Mitgliedschaft in der Sozialversicherung (für Arbeitnehmer) oder zum Abschluß einer Haftpflichtversicherung (für Kfz-Halter).

4.1.4 Der Einfluß sozialpolitischer Maßnahmen auf das Haushaltsangebot an Faktormärkten (Das Beispiel des Arbeitsangebots)

Zur **Erzielung von Erwerbseinkommen** durch den Einsatz von Produktionsfaktoren hat der Haushalt grundsätzlich zwei Möglichkeiten. Zum einen kann er Teile des Haushaltsvermögens anderen Wirtschaftseinheiten zur **entgeltlichen Nutzung** überlassen; dabei kann es sich ebenso um **Geldkapital** wie um **Sachkapital** (Grund und Boden, Wohn- und Gewerberaum, Produktionsanlagen u. ä.) handeln, für das er auf den jeweiligen (Faktor-)Märkten ein als **„Zins“** bezeichnetes Kapitaleinkommen erzielt. Zum anderen aber kann er die körperliche und geistige Arbeitskraft, das **„Humankapital“** seiner Mitglieder, gegen den **„Lohn“** als Leistungsentgelt auf dem Arbeitsmarkt anbieten.

4.1.4.1 Soziale Aspekte und ökonomische Besonderheiten des Gutes „Arbeit“

Der auf die Verwertung seiner Arbeitskraft als einziger oder doch wichtigster Einkommensquelle angewiesene Mensch steht traditionell im Mittelpunkt des Interesses der Sozialpolitik. Insbesondere die Situation des Industriearbeiters als Grund der „Sozialen Frage“ schlechthin bildet auch historisch zugleich Anlaß und Ausgangspunkt neuzeitlicher Sozialpolitik. Seine ökonomische und soziale Schwäche wurde von den Gesellschaftskritikern des 19. Jahrhunderts, insbesondere aber von *K. Marx,* als die Folge einer doppeldeutigen Freiheit erkannt: Die Auflösung der feudalen Bindungen gab dem Menschen, dessen einziges Produktionsmittel der Faktor Arbeit war, zwar dieselben formalen Rechte wie dem Eigner von Geld- und produktiv verwendbarem Sachvermögen. Faktisch aber ist der Arbeiter dem „Kapitalisten“ stets unterlegen und muß sich – trotz seiner rechtlichen Gleichheit als Vertragspartner – die Bedingungen seines Arbeitskontraktes diktieren lassen. Der vermögenslose Arbeiter muß zur unmittelbaren Sicherung seiner Existenz ein laufendes Einkommen erwerben und ist daher darauf angewiesen, seine Arbeitsleistungen auch unter ungünstigen Umständen zu verwerten. Er kann sie nicht zur Verbesserung seiner Marktposition zurückhalten bzw. zur Verbesserung seiner Marktchancen mit ihrer Zurückhaltung glaubhaft drohen, „er kann nicht warten“.

Neben der **Sozialen Sicherung als Vermögensersatz** kommt daher auch der **Schutz des Arbeiters** im speziellen, im Laufe des 20. Jahrhunderts des „Arbeitnehmers“ (d. h. des abhängig Beschäftigten) im allgemeinen höchste Priorität in der staatlichen Sozialpolitik zu. So soll die **Arbeitsschutzpolitik** des Staates durch die Aufstellung und rechtliche Absicherung von Mindestforderungen den arbeitenden Menschen vor ökonomischer und körperlicher Ausbeutung bewahren und die Unverletzlichkeit seiner Menschenwürde auch am Arbeitsplatz garantieren. Zu den gesetzlich geregelten Arbeitsbedingungen gehören Mindeststandards für Arbeitszeit, Arbeitsentgelt, Arbeitsinhalt, Arbeitsbelastung, äußere Arbeitsumstände sowie die rechtliche Stellung der Arbeitnehmer im Betrieb einschließlich ihrer Mitbestimmungsrechte. Die staatliche Arbeitsschutzpolitik wird ergänzt durch die verbandliche der Gewerkschaften. Deren Aufgabe ist es, im Rahmen der verfassungsmäßig garantierten Koalitionsfreiheit für eine gemeinsame Vertretung ihrer Mitglieder zu sorgen, d. h. die Vereinzelung des Arbeiters aufzuheben und seine Macht als Marktpartner wie auch gegenüber den Ansprüchen von Staat und Gesellschaft durch Zusammenschluß und gemeinsames und solidarisches Handeln zu erhöhen.

Viele Vertreter der praktischen und der theoretischen Sozialpolitik zögern, die menschliche Arbeit als ein ökonomisches Gut zu behandeln bzw. von einem Arbeits„markt“ zu sprechen (vgl. z. B. die Kritik bei *L. Preller,* 1970, S. 45 ff.). Die Besonderheit von Arbeits**leistungen** besteht darin, daß sie stets und **unveräußerlich an die Person und Leiblichkeit des Menschen gebunden** sind. Die Ausbildung, Vermittlung, Verwertung und Vergütung von Arbeit hat deshalb besondere Rücksichten auf die Wahrung menschenwürdiger Arbeitsumstände und -inhalte zu üben. Diese Rahmenbedingungen werden durch Recht und Sittlichkeit geschützt und müssen daher auch in der wissenschaftlichen Betrachtung selbstverständlich respektiert werden. Die Tatsache, daß menschliche Arbeitsleistungen nachgefragt werden und nicht beliebig vermehrbar sind, macht sie allerdings ex definitione zu „knappen“ Gütern und damit zu einem möglichen Gegenstand wirtschaftswissenschaftlicher Untersuchung. Dies gilt auch für die Analyse von Versorgungssituationen, die durch einen partiellen oder generellen Überschuß an menschlichen Arbeitsleistungen bzw. Arbeitskräfte gekennzeichnet sind, d. h. für die Arbeitslosigkeit als Einzelschicksal und als Massenphänomen.

4.1.4.2 Das Einkommen-Freizeit-Modell

4.1.4.2.1 Die Rahmenbedingungen

Eine Untersuchung des Haushalts als Anbieter von Faktorleistungen (hier: Arbeitsleistungen) und seine Reaktionen auf sozialpolitische Maßnahmen kann wie bei der Güternachfrage mit Hilfe der Indifferenzkurvenanalyse durchgeführt werden. Die **Wahlhandlung** bezieht sich diesmal auf die beiden **Güter „Einkommen“** und **„Freizeit“,** d. h. auf die Entscheidung des Haushaltes, in welchem Verhältnis er seine Zeit aufteilt zwischen den beiden Verwendungsmöglichkeiten als Arbeitszeit (der Erzielung von Erwerbseinkommen gewidmet) und als Freizeit.

Die Höhe der Gesamtzeit eines Haushaltes ergibt sich jeweils aus der Zahl seiner Mitglieder, wobei man, von einem Ein-Personen-Haushalt ausgehend, je Person eine tägliche Gesamtzeit von 24 Stunden ansetzen kann. Allerdings kann der Haushalt diesen Zeitraum nur in einem relativ engen Rahmen ausnutzen. Einerseits entfällt ein Teil seiner täglichen „Freizeit“ auf die unerläßliche Befriedigung **physiologischer** Grundbedürfnisse (Schlafen und Nahrungsaufnahme), deren Mindestdauer ohne gesundheitlichen Schaden nur kurzfristig und gelegentlich unterschritten werden darf. Hinzu kommen **soziale** Verpflichtungen zur Versorgung und Erziehung der Kinder, zur Versorgung und Pflege kranker und gebrechlicher Familienmitglieder sowie die mit Haushaltsführung verbundene Erledigung notwendiger Verrichtungen (Hausarbeit), Einkäufe und sonstige Besorgungen. Andererseits ist die Arbeitszeit unter **vertragsrechtlichen** und **betriebsorganisatorischen** Gesichtspunkten nicht beliebig teilbar und nur längerfristig (u. a. wegen Beachtung geltender Kündigungsfristen) variierbar. Ferner gelten im Rahmen des Arbeitsschutzes **gesetzliche** Arbeitsverbote und -einschränkungen:

1. Allgemein: Verbot der Sonn- und Feiertagsarbeit.
2. Für bestimmte Personengruppen: Verbot der Kinderarbeit sowie der Nachtarbeit von Frauen und Jugendlichen.

Die Erwägungen über die optimale Kombination von Arbeit und Freizeit betreffen daher in der Praxis vor allem die Bereitschaft zur Leistung von Überstunden sowie das Angebot von Teilzeitarbeit und die Erwerbsbeteiligung vor allem der Frauen.

Analog zur Konsumgüterwahl ist auch bei dem Problem der Zeitaufteilung in der grafischen Lösung ein Optimalpunkt zu ermitteln, der von Indifferenzkurvenschar und Budgetlinie bestimmt wird (Abb. 4.6). Jede Indifferenzkurve ist der geometrische Ort aller Zeit-Einkommens-Kombinationen, denen der Haushalt den gleichen Nutzen beimißt. Auf der Budgetlinie $\overline{B_0A_0}$ dagegen liegen die Punkte aller Kombinationen, die den verfügbaren Bestand an Zeit („Zeit-Budget“) ausschöpfen. Dort, wo $\overline{B_0A_0}$ eine der Indifferenzkurven berührt (P_0), liegt das Optimum (= höchster Gesamtnutzen des Haushaltes bei maximaler Ausnutzung des Zeitbudgets).

4.1.4.2.2 Veränderungen des Arbeitseinkommens

4.1.4.2.2.1 Wirkungsanalyse

Will man zunächst die Auswirkungen einer Einkommensänderung auf das Arbeitsangebot betrachten, muß zunächst begriffliche Einigkeit über diesen Begriff herrschen. Hier soll z. B. davon ausgegangen werden, daß es sich um eine Erhöhung des disponiblen Realeinkommens handelt. Dies ist möglich

1. durch eine Erhöhung des Geldeinkommens, wenn sowohl die Preise als auch zumindest die relative (d. h. prozentuale) Belastung durch Steuern auf das Einkommen konstant bleiben oder

2. wenn bei konstantem Geldeinkommen die Preise der vom Haushalt nachgefragten Güter sinken oder/und die relative Steuerbelastung sinkt.

Daß der Haushalt frei von „Geldillusion“ ist, d. h. sein Verhalten nicht am Geldwert seines Einkommens orientiert, sondern an dessen Kaufkraft (gemessen in Gütermengen), ist hierbei vorausgesetzt. Unter diesen Umständen kann der Haushalt mit demselben Zeit- bzw. Arbeitsaufwand ein höheres Realeinkommen erwerben, grafisch darzustellen als eine „Verlagerung“ der Bilanzlinie von $\overline{B_0A_0}$ nach $\overline{B_1A_0}$. Sicher ist, daß dabei ein höherer Nutzen (= höherwertige Indifferenzkurve) erzielt wird; unsicher ist dagegen, ob die Folge davon ein höheres oder ein geringeres Arbeitsangebot sein wird. Je nach der Gestalt und Lage der Indifferenzkurven als Ausdruck der Bedürfnisstruktur kann die optimale Kombination bei Punkt P_1 oder P_2 liegen. Im ersten Fall schränkt der Haushalt seine Freizeit ein, um durch ein erhöhtes Arbeitsangebot sein Einkommen weiter zu steigern. Er empfindet eine Reallohnsteigerung als Anreiz zu vermehrter Leistung: Es „lohnt" sich für ihn deshalb, seine bisherige Freizeit teilweise dem weiteren Einkommenserwerb zu opfern. Im zweiten Fall dagegen weitet der Haushalt seine Freizeit aus, da er mit der Höhe seines bisherigen Einkommens zufrieden ist, das sich jetzt mit einem geringeren zeitlichen Arbeitsaufwand erzielen läßt.

Die Erklärung für die Zweideutigkeit des Haushaltsverhaltens bei einer Erhöhung seines Einkommens kann in der Sprache der Marktökonomik so ausgedrückt werden: Jede Erhöhung des Zeit-Lohnsatzes (Arbeitseinkommen je Arbeitsstunde) bedeutet für den Haushalt, daß damit zugleich auch der „Preis" bzw. Marktwert seiner Freizeit (gemessen in dem entgangenen Arbeitseinkommen je Stunde, den **„Opportunitätskosten"** jeder Freizeitstunde also) gestiegen ist, der „Preis" seines Einkommens (gemessen an dem erforderlichen Zeitaufwand je Einkommenseinheit, z. B. in D-Mark) aber gesunken ist. Im Grunde also handelt es sich auch hier wieder um eine Art von Preisänderung (Änderung des Tauschverhältnisses, der Preisrelation zwischen zwei Gütern), auf die der Haushalt reagiert. Die Besonderheit liegt darin, daß die Begriffe „Preis" und „Gut" weit großzügiger definiert werden als gewöhnlich; das zugrundeliegende Muster dagegen ist dasselbe.

Die Reaktion des Haushalts auf eine reale Nettolohnerhöhung kann daher auch wieder aus ihren Komponenten heraus erklärt werden:

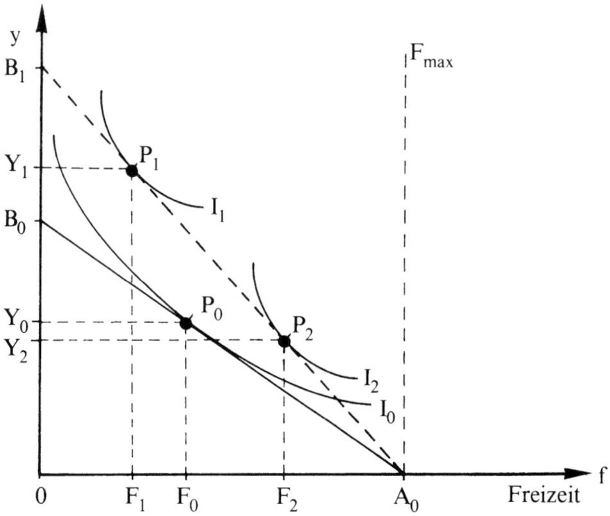

Abb. 4.6: Veränderung des Arbeitseinkommens

1. Er ist geneigt, von dem „teurer" gewordenen Gut (Freizeit) weniger nachzufragen als bisher und statt dessen seine Nachfrage nach dem „verbilligten" Gut (Einkommen)

zu erhöhen. Der **Substitutionseffekt** (Bewegung auf der Indifferenzkurve) führt zu einem **tendenziell steigenden Arbeitsangebot.**

2. Er erhält zum alten Preis (Aufwand an Zeit) ein höheres Einkommen bzw. braucht für die gleiche Einkommensmenge, d. h. zur Aufrechterhaltung seines bisherigen Lebensstandards, nur noch ein geringeres (Zeit-)Entgelt zu entrichten; der **Einkommens-** oder **Wohlfahrtseffekt** (Bewegung auf eine höherwertige Indifferenzkurve) führt zu einem **tendenziell sinkenden Arbeitsangebot.**

Im Gegensatz zu dem typischen Modell für die Haushaltsnachfrage nach Sachgütern **verlaufen Wohlfahrts- und Substitutionseffekt** einer relativen Preisänderung im Freizeit-Einkommen-Modell nicht gleichsinnig, sondern **einander entgegengesetzt:** Ist der Substitutionseffekt größer als der Wohlfahrtseffekt, so erhält man als Resultat beider Wirkungen einer Lohnerhöhung einen Anstieg des Arbeitsangebotes (Anreizwirkung des Lohnes). Wird der Substitutionseffekt dagegen (z. B. bei einem an materiellen Gütern gesättigten Haushalt) vom Wohlfahrtseffekt überkompensiert, geht das Arbeitsangebot infolge einer Anhebung des Lohnes zurück. Der Haushalt glaubt z. B. auf die Vollzeittätigkeit oder den Mitverdienst eines Ehegatten überhaupt, auf Überstundenleistungen, auf Sonntags- oder Nachtarbeit usw. zugunsten vermehrter Freizeit verzichten zu können. Nur im Grenzfall, wenn Wohlfahrts- und Substitutionseffekt sich völlig ausgleichen, bleibt das Arbeitsangebot bei einer Änderung des Lohnsatzes unverändert. Grafisch ist die eben beschriebene Situation darzustellen durch eine „Drehung“ der Budgetlinie auf B_1A_0 (vgl. Abb. 4.6). Je nach Lage der Indifferenzkurven ergibt sich dann bei P_1 eine Erhöhung des Arbeitsangebotes (Rückgang der Freizeit) von F_0 auf F_1 und bei P_2 ein Rückgang des Arbeitsangebots (Erhöhung des Freizeitanteils) von F_0 auf F_2.

4.1.4.2.2.2 Politische Schlußfolgerungen

Solange eine Regierung nicht weiß, ob die Arbeitnehmerhaushalte durch eine Veränderung der Reallöhne zu weiterer Leistung angespornt werden oder aber in ihren Anstrengungen nachlassen, ist eine auf das Arbeitsangebot der Haushalte zielende Politik ein Vabanquespiel. Erhöhungen der Geldlöhne oder Senkungen der Einkommenssteuern brauchen ceteris paribus (insbesondere unter Annahme konstanter Güterpreise) weder zu einer erhöhten Nachfrage auf den Konsumgütermärkten und somit zu einem konjunkturbelebenden Faktor zu werden, noch kann in jedem Falle mit einem erhöhten Angebot am Arbeitsmarkt gerechnet werden; statt dessen kann es sogar zu einer Verknappung der Arbeitskräfte kommen. Andererseits aber brauchen sinkende Geldlöhne und zusätzliche steuerliche Belastungen nicht unbedingt auch zu einem Rückgang des Arbeitsangebotes (und damit der Arbeitslosenzahlen) zu führen. Beispielsweise kann sich die zusätzliche Besteuerung von voll berufstätigen Ehepartnern („Doppelverdiener“) mit der Absicht, einen der beiden zur Einschränkung oder gar Aufgabe seiner Erwerbstätigkeit zu veranlassen, nicht nur als unwirksam, sondern geradezu als „kontra-produktiv“ erweisen. Zumindest ist es nicht auszuschließen, daß beide Arbeitnehmer veranlaßt werden, ihren Arbeitseinsatz noch zu steigern, um zur Erhaltung des gemeinsam erworbenen Lebensstandards (Finanzierung eines Eigenheimes, Unterhaltung aufwendiger Freizeitaktivitäten usw.) den Einkommensverlust durch Mehrarbeit aufzuholen.

4.1.4.2.3 Veränderungen des Transfereinkommens

4.1.4.2.3.1 Wirkungsanalyse

Erhält ein Haushalt Einkommen, die weder durch Arbeitsleistungen (Zeitaufwand) noch durch Kapitalleistungen (Konsumverzicht) erzielt wurden, sondern ihm aufgrund sozialgesetzlicher Ansprüche zufließen, so verändert auch diese Datenänderung seine ökonomische Situation und damit auch die Entscheidungslage hinsichtlich seines Arbeitsangebotes. Die Zahlung einer unabhängig vom Einkommen gewährten Sozialrente z. B. stellt eine materielle Verbesserung für den Haushalt dar, die auch seine Aufteilung des Zeitbudgets nicht unbeeinflußt läßt.

Grafisch erscheint eine Steigerung des Transfereinkommens als eine Parallelverschiebung der Budgetlinie nach oben (in Abb. 4.7 im Abstand von $\overline{A_0A_1} = \overline{B_0B_1}$), die zu einem Berührungspunkt auf einer höherwertigen Indifferenzkurve (Wohlfahrtseffekt) führen muß. Auch hier ist, wie bei der Lohnerhöhung, die Reaktion des Arbeitsangebotes a priori nicht einmal der Richtung nach bestimmbar. Bei einem den Wohlfahrtseffekt übersteigenden Substitutionseffekt ginge das Arbeitsangebot zurück (Erhöhung der Freizeit von F_0 auf F_2). Aber es ist ebenso denkbar, daß die Transferzahlung den Leistungswillen nicht dämpft, sondern sogar zu einer Erhöhung anregt (Senkung der Freizeit von F_0 auf F_1). Als rationales Verhalten wäre eine solche Reaktion dann vorstellbar, wenn z. B. die regelmäßige Zahlung eines Arbeitslosen-Einkommens („Rente“ im weitesten Wortsinn) einem Haushalt, der auf unbestimmte Zeit hin mit ausreichenden und gesicherten Einkünften nicht rechnen kann, das Anstreben eines höheren Lebensstandards durch Mehrarbeit überhaupt erst möglich und sinnvoll erscheinen läßt. Voraussetzung wäre dafür allerdings, daß diese Transferleistung nicht auf etwaige andere Arbeitseinkommen angerechnet wird. Dies aber geschieht gewöhn-

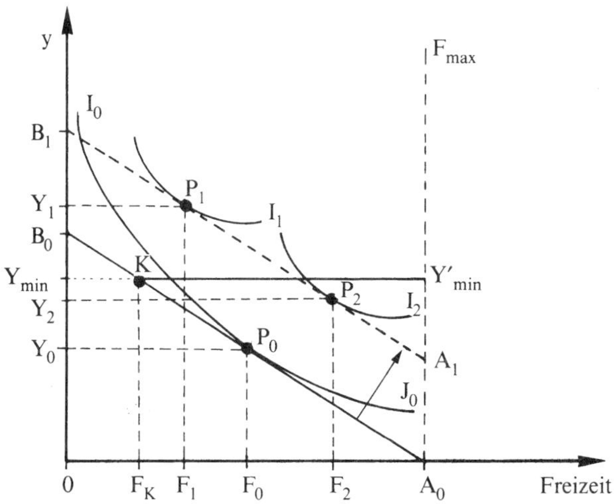

Abb. 4.7: Einführung oder Veränderung des Transfereinkommens

lich mit Sozialhilfeleistungen, die bei voller Anrechnung mit dem Arbeitseinkommen die Rolle eines staatlich garantierten Mindesteinkommens im Umfang von $\overline{0Y_{min}}$ = $\overline{A_0Y'_{min}}$ erfüllt und zu einer geknickten Budgetlinie $\overline{B_0KY'_{min}}$ führt: In diesem Falle wäre es für den Haushalt überhaupt erst sinnvoll, seine Arbeit anzubieten, wenn er ein Einkommen anstrebt, das höher als $\overline{0Y_{min}}$ ist, müßte sich dafür dann allerdings auch mit einer Rest-Freizeit begnügen, die kleiner ist als $\overline{0F_K}$. Diese Überlegung ist gemeint, wenn das Argument gebraucht wird, daß zu hohe Zahlungen von Arbeitslosenunterstützung und Sozialhilfe nicht nur den öffentlichen Haushalt stark belasten, sondern auch die Arbeitswilligkeit der Transferzahlungsempfänger dämpfen und damit das Ausmaß „unechter“ Arbeitslosigkeit und Sozialhilfebedürftigkeit langfristig festschreiben.

Entsprechend gilt aber auch umgekehrt, daß die Belastung des Haushaltes mit einer festen Steuersumme (etwa als Kopfsteuer) das Arbeitsangebot tangieren würde. Sie fände ihren grafischen Ausdruck in einer parallelen Verschiebung der Budgetlinie um eben diesen Betrag nach unten. So würde das Haushaltsoptimum zwar mit Sicherheit auf einem niedrigeren Nutzenniveau liegen. Ohne Kenntnis der tatsächlichen Haushaltspräferenzen (Verlauf der Indifferenzkurven) wäre aber wiederum offen, ob das Arbeitsangebot ebenfalls sinkt, weil die Entmutigung durch den steuerlichen Einkommensabzug überwiegt, oder ob es ansteigt, weil der Versuch einer Überkompensation der Steuerlast unternommen wird.

4.1.4.2.3.2 Politische Schlußfolgerungen

Auf den ersten Blick könnte man vermuten, daß bei Nutzenmaximierung und rationalem Verhalten des Haushaltes eine Lohnerhöhung zu einem erhöhten Arbeitsangebot anregt, eine Lohnsenkung dagegen zu einem Rückgang der Arbeitswilligkeit führt. Ebenfalls plausibel erscheint das gegen die Ausweitung sozialstaatlicher Vorsorge und Versorgung eingebrachte Argument, daß staatliche Beihilfen zum Lebensunterhalt erwerbsfähiger Personen tendenziell das selbstverantwortliche Handeln wie den Leistungswillen schwächen und daher so niedrig wie möglich bzw. moralisch vertretbar bemessen sein und eine kurzfristige Ausnahme bilden sollten. Damit werde, so heißt es, nicht nur einer Ausbeutung der Steuerzahler durch arbeitsscheue Naturen vorgebeugt, sondern auch die Leistungs- und Anpassungsfähigkeit der Volkswirtschaft auf einem hohen Stand gehalten. Daß diese Erkenntnisse des „gesunden Menschenverstandes“ logisch nicht zwingend sind, konnte mit den Mitteln der Indifferenzkurvenanalyse gezeigt werden.

4.1.5 Zusammenfassung

Die zu Eingang dieses Abschnitts zur Diskussion gestellten Überlegungen über die Zusammenhänge zwischen Variationen von Löhnen, Steuern und Transferleistungen und dem Arbeitsangebot bedürfen – das zeigte die Modellanalyse – einer differenzierten Betrachtung. Zumindest ein wichtiger Hinweis für die sozialpolitische Einwirkung auf das Arbeitsangebot ist als Ergebnis festzuhalten: Auch bei rationalem Verhalten der Haushalte sind unterschiedliche Reaktionen zumindest **denkbar.** Allein um zu garantieren, daß nicht das Gegenteil der angestrebten Wirkung herbeigeführt wird, ist es unerläßlich, zuvor möglichst zuverlässige Anhaltspunkte über das **wahrscheinliche** Verhalten der Arbeitsanbieter zu erhalten. Dies aber kann nur über an der **Wirklichkeit** beobachtete und gemessene Daten geschehen. Mit anderen Worten: Die Sozialpolitik bedarf der Unterstützung durch die Methoden und Instrumente der sozialökonomischen Verhaltensforschung, der empirischen Sozialforschung (einschließlich der Statistik) und der Ökonometrie (angewandte mathematisch-statistische Wirtschaftstheorie).

4.2 Sozialpolitik und Marktmechanismus

4.2.1 Allgemeines

Angesichts der im vorigen Kapitel erörterten Einflüsse von Preisen und Einkommen auf die privaten Haushalte und damit auf die materiellen Lebensumstände von Familien und Einzelpersonen sieht der neuzeitliche Staat seine sittlich-programmatische und zumeist auch verfassungsrechtlich bestimmte Verpflichtung (Subsidiaritätsprinzip, Sozialstaatsprinzip, Idee der Sozialen Marktwirtschaft) darin, insbesondere die Versorgung der einkommensschwachen Bevölkerungsgruppen zu sichern. Dabei geht es ihm darum, ihnen einen Mindeststandard menschenwürdigen Lebens zu garantieren, der ausreichend hoch ist, um ihnen nicht nur eine Randexistenz zu gewähren, sondern sie voll in die jeweilige Gesellschaft zu integrieren. In Zeiten allgemeinen volkswirtschaftlichen Wachstums schließt diese Sicherung mehr als nur einen regelmäßigen Ausgleich der durch inflationäre Preissteigerungen erlittenen Kaufkraftverluste ein, sondern sieht darüber hinaus auch eine **Anpassung der Mindesteinkommen** an die **durchschnittliche Entwicklung der Erwerbseinkommen** vor, so daß man hier inzwischen von einer **„Dynamisierung"** insbesondere der **Sozialrenten,** aber auch **anderer Transfereinkommen** spricht.

Diese **Umverteilungs- und Stützungsmaßnahmen** werden einerseits mit einer gewissen Systematik durch die **Politik der Sozialen Sicherung** vorgenommen. Andererseits erfolgen sie jedoch bereits auch im Vorfeld sozialpolitischer Redistribution, nämlich durch **Einflußnahme auf** die **Preis- und Einkommensbildung an den Güter- und Faktormärkten.** Entsprechende Maßnahmen können grundsätzlich auf den Märkten aller Güter erfolgen, die bei der Einkommensverwendung in den Begehrskreis der für schutzbedürftig angesehenen Haushalte fallen oder über die erwerbsmäßige Einkommenserzielung die sozio-ökonomische Situation dieser Haushalte mitbestimmen. Gemeint ist hier wieder die wirtschaftliche Doppelfunktion des Haushaltes als Konsument (Nachfrager nach Sachgütern und Diensten) und als Produzent (Anbieter von Faktorleistungen). In beiden Fällen handelt es sich um Marktabhängigkeiten, bei denen ökonomisch schwache oder anderweitig sozial benachteiligte Haushalte einer besonderen Gefährdung durch Übervorteilung und Ausbeutung von seiten mächtigerer Marktkontrahenten ausgesetzt sind. Neben dem allgemeinen Schutz, den die Rechtsordnung den verschiedenen ökonomischen Funktionen des Verbrauchers und des Eigentümers, des Arbeitnehmers und des Sparers usw. (formale Verbraucherschutzpolitik) gewährt, stehen materielle Eingriffe (Interventionen) des Staates in das Marktgeschehen zugunsten bestimmter Bevölkerungsgruppen innerhalb der gesellschaftlichen Gesamtheit.

Betrachtet man die Praxis der materiellen Verbraucherschutzpolitik, so ist festzustellen, daß sie auch in marktwirtschaftlichen Systemen eine Reihe wichtiger Güter umfaßt. Gezielte Eingriffe in den Allokationsmechanismus des Marktes mit Hilfe von preis- und finanzpolitischen Mitteln sind vor allem bei den auf Gesundheit, Bildung, Wohnung und Verkehr bezogenen Güterkategorien zu beobachten. Neben der unmittelbaren Versorgung durch den Staat bzw. durch öffentliche Erzeuger und Anbieter von besonderer Bedeutung für den materiellen Verbraucherschutz – und ordnungspolitisch sehr umstritten – sind die partiellen Eingriffe des Staates in die freie Preisbildung am Markt. Ihr Ziel ist es, die von den Anbietern zur Anpassung ihres Angebotes an die Nachfrage gesetzten Preise am Überschreiten einer bestimmten Grenze („Preis-Limit") zu hindern.

Den Anlaß bietet gewöhnlich eine Verknappungssituation, bei der die mit Kaufkraft ausgestattete („effektive") Nachfrage am Markt nur teilweise durch das Güterangebot befriedigt werden kann, so daß es zu Preissteigerungen kommt. Zur Begründung wird in diesem Falle zumeist darauf verwiesen, daß ein höherer Preis

a) nicht durch die Kostenentwicklung bei den Anbietern gerechtfertigt sei und deshalb die spekulative Ausnutzung einer allgemeinen Mangelsituation darstelle **(sozialethisches Argument);**

b) für einen Teil oder das Gros der Haushalte eine unzumutbare ökonomische Belastung der Lebenshaltung bedeute **(sozialpolitisches Argument);**

c) unerwünschte gesamtwirtschaftliche Auswirkungen auf Preisniveau und Beschäftigung habe **(stabilitätspolitisches Argument).**

Als **Grundformen der preispolitischen Marktinterventionen** des Staates sollen im folgenden die Instrumente der Höchstpreis- und der Mindestpreisfixierung behandelt werden:

1. Die Festsetzung von **Höchstpreisen** erfolgt zum Schutze des Haushaltes bei seiner Nachfrage nach Konsumgütern des Grundbedarfs. Als Beispiel soll das Phänomen der Mietpreisbindung auf dem Wohnungsmarkt betrachtet werden. Vergleichbare Überlegungen lassen sich aber auch für viele andere Verbrauchsgüterkategorien anstellen, wobei hier insbesondere auch auf historische Beispiele im Bereich der Versorgung mit Grundnahrungsmitteln in Krisenzeiten, z.B. die Rationierungsmaßnahmen (Lebensmittelkarten, Bezugsscheine usw.) in mehreren betroffenen Ländern während und nach dem zweiten Weltkrieg verwiesen sei.

2. Im Gegensatz zu der Höchstpreisfixierung dient die Festsetzung von **Mindestpreisen** dem Schutz von Anbietern, die ihr Haushaltseinkommen im wesentlichen durch die Verwertung von Marktleistungen erzielen. Dies gilt ganz allgemein für das Angebot des Produktionsfaktors Arbeit und das in die Preisbildung (d.h. die Lohnbildung) am Arbeitsmarkt eingreifende Instrument der Mindestlohnfixierung, die hier näher erörtert werden sollen. Von erheblicher aktueller Bedeutung ist aber auch die Mindestpreisgesetzgebung auf dem Agrarmarkt der Europäischen Gemeinschaft und anderen Volkswirtschaften. Sie leitet sich ebenfalls, zumindest teilweise, aus einer sozialpolitischen Zielsetzung her, die die Sicherung des Erwerbseinkommens für bäu-

erliche Familienbetriebe und seine Anpassung an die in der Industrie erreichbaren Einkommen zum Gegenstand hat. Wegen der engen Verknüpfung von Arbeitsleistung und Erwerbswirtschaft wird die Einkommenssicherung mittels garantierter Mindestpreise für die Erzeugnisse als wesentlicher Beitrag zur Existenzsicherung einer bestimmten Bevölkerungsschicht angesehen.

4.2.2 Soziale Wohnungspolitik (Höchstpreisfixierung am Wohnungsmarkt)

4.2.2.1 Wohnung und Wohnungspolitik

Das **Ziel** staatlicher Höchstpreisregelungen auf dem sozialpolitischen Teilbereich der Wohnungspolitik ist die Sicherung einer nach Qualität, Quantität und Preis **„angemessenen“ Versorgung der Bevölkerung mit Wohnraum.** Dies kann sowohl durch Einwirkung auf eine den Zielen der Sozialpolitik folgende Verteilung, Nutzung und Erhaltung des vorhandenen Wohnraumes (Wohnungs**bestands**politik) oder eine entsprechende Förderung und Steuerung des Neubaus von Wohnungen (Wohnungs**bau**politik) geschehen.

Gegenstand der staatlichen Versorgungsbemühungen ist die Wohnung, die in ihrer **biologischen** Schutzfunktion zusammen mit Ernährung und Kleidung zu den Grundbedürfnissen (basic needs) des Menschen zu rechnen ist. Hinzu kommt die **gesellschaftliche** Bedeutung der Wohnverhältnisse für den Bestand der Familie und als Voraussetzung für Erziehung, Bildung und Gesundheit der menschlichen Person. Genauer läßt sich das Gut „Wohnung“ definieren als „physischer Rahmen zur Befriedigung des menschlichen Grundbedürfnisses nach räumlicher Geborgenheit. Sie besteht aus einer Anzahl funktional differenzierter Räume, die zu einer Einheit zusammengefaßt sind und gemeinsam der Aufgabe dienen, physische, psychische und soziale Bedürfnisse ihrer Bewohner zu befriedigen“ (*J. H. B. Heuer* u. a., 1979, S. 24).

Im Bereich der sozialen Infrastruktur steht die Wohnungspolitik in enger Verbindung zu Städteplanung und Raumordnung, zu Umweltschutz, Gesundheits- und Verkehrspolitik. Stabilitätspolitisch gehört der Wohnungsbau zusammen mit der Automobilindustrie zu den besonders konjunkturanfälligen Sektoren; andererseits können gerade auch vom Wohnungsbau wichtige Impulse zur Anregung der gesamtwirtschaftlichen Aktivität, d. h. vor allem auch der Beschäftigung von Arbeit und Kapital, ausgehen. Erwähnenswert ist die Verbindung der Wohnungspolitik zur Arbeitsmarktpolitik, da die Bereitstellung von Wohnraum eine wichtige Einflußgröße für die regionale Mobilität der Arbeitskräfte bildet.

4.2.2.2 Das Modell des Wohnungsmarktes

Die Konsequenzen eines staatlichen Eingriffes in den Mechanismus der freien Preisbildung können mit Hilfe eines einfachen Preis-Mengen-Diagramms veranschaulicht werden. Als Modell soll der Wohnungsmarkt dienen, auf dem (national, regional oder lokal) Mietwohnungsraum, genauer gesagt: Nutzungsrechte an Wohnraum, gegen die Zahlung eines bestimmten Preises (Mietzins) gehandelt werden. Es sei angenommen, daß die Bedingungen eines idealen Marktes erfüllt sind, einschließlich der Forderung, daß das Marktgut in von den Marktpartnern als völlig gleichartig angesehenen Einheiten auftritt (Homogenitätspostulat). Die Nachfrage der Haushalte nach Wohnraum (N_w) sei abhängig von der Höhe des Güterpreises (Mietzins z), des Haushaltseinkommens (y) sowie dem Preis (p) konkurrierender Güter, z. B. in Form der Erwerbungs- und Unterhaltungskosten von Wohneigentum in der Gestalt von Eigenheimen und Eigentumswohnungen, mithin:

$$N_w = f(z, y, p).$$

Das kurzfristige Angebot an Wohnraum (A_{wk}) dagegen sei abhängig ebenfalls von der Höhe des Mietzinses sowie von den Bau- und Unterhaltungskosten (c), d. h.:

$$A_w = g(z, c).$$

Die Abb. 4.8 zeigt einen durch den Schnittpunkt der beiden Kurven N_w und A_{wk} bestimmten Gleichgewichtszustand des Marktes mit einem freigebildeten Marktpreis in Höhe von z_0. Zwar sind bei diesem Mietzins Angebot und Nachfrage ausgeglichen, es bleibt aber der Bedarf all derjenigen Nachfrager ungedeckt, die nicht fähig oder nicht bereit sind, unter diesen Umständen sich ausreichenden Wohnraum zu verschaffen. Unter dem Schleier des Marktgleichgewichtes können sich also durchaus ein gravierender Mangel an Wohnraum und völlig unzulängliche Wohnverhältnisse (Überbelegung, lange Wege zwischen Wohnung und Arbeitsstätte, schlechte Bausubstanz usw.) verbergen. Da der Markt stets nur einen rein **technischen** Ausgleich zwischen Angebot und **kaufkräftiger** Nachfrage herbeizuführen vermag, bleibt es politischer Wertung vorbehalten, eine unzureichende Versorgung zu konstatieren, was nicht auf das Versagen des Marktes, wohl aber auf durch seine Begrenzung gegebenes Unvermögen zurückzuführen ist. Kriterien für soziale Gerechtigkeit oder soziale Bedürftigkeit sind ihm naturgemäß fremd.

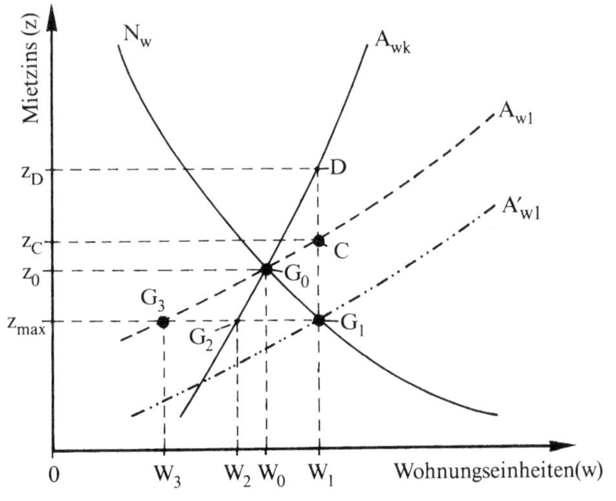

Abb. 4.8: Höchstpreisfixierung am Wohnungsmarkt

4.2.2.3 Die Mietpreisbindung als Instrument sozialer Wohnungspolitik

Angesichts der oben skizzierten Lage könnte der Staat zu einem Eingriff in den Wohnungsmarkt veranlaßt sein, wobei er sich gegebenenfalls sogar eines sozialpolitischen Doppelargumentes bedienen könnte:

1. Den spekulativen Preissteigerungen am Wohnungsmarkt müsse energisch Einhalt geboten werden, da die Mietzinsbelastung für weite Bevölkerungskreise zu einer immer unerträglicher werdenden Belastung ihres Einkommens geworden sei.

2. Aufgrund des hohen Mietzinses sei die Versorgung der einkommensschwachen Schichten mit Wohnraum völlig unzureichend. Zur Entschärfung dieser Situation müßte die Mietbelastung „auf ein sozial vertretbares Maß beschränkt" werden.

Mit diesen Begründungen beschließe die Regierung mit parlamentarischer Unterstützung die **gesetzliche Einführung einer Höchstgrenze** für den Mietwohnungszins, der merklich **unterhalb des Marktpreises** liegt, z. B. bei $z_{\max}$ (vgl. Abb. 4.8). Die Folge einer solchen Preislimitierung ist ein Anstieg der Nachfrage von W_0 auf W_1, begleitet von einem Rückgang des Wohnungsangebotes auf W_2. Damit entsteht ein durch die Strecke $\overline{W_2W_1}$ ausgedrückter **manifester Nachfrageüberhang** (Mietwillige, die erst durch die Preissenkung ermutigt worden sind und deren Nachfrage nun zum herrschenden Preis unbefriedigt bleibt) und ein zusätzlicher **Rückgang des Wohnungsangebotes,** weil für einen Teil der Wohnraumeigentümer eine Vermietung nicht mehr rentabel ist. Das Ausmaß dieser ungesättigten Nachfrage hängt offensichtlich nicht nur vom Ausmaß der Preissenkung ab, sondern auch von der Gestalt (d. h. der Mietzins-„Elastizität") der beiden Marktkurven. So reagiert das Wohnungsangebot kurzfristig recht unelastisch (steiler Kurvenverlauf) wegen der größeren Schwierigkeiten, sich an die veränderte Marktsituation anzupassen. Es kann beispielsweise die Umwidmung von Wohn- in gewerblich zu nutzendem Raum oft erst nach Ablauf längerfristiger Verträge und behördlicher Zustimmung erfolgen, und auch die Drosselung von Neubauprogrammen sowie die bewußte Vernichtung durch Unterlassung von Instandsetzungsarbeiten nehmen einige Zeit in Anspruch. Es muß daher vermutet werden, daß ein Teil der Angebotsreaktionen erst nach und nach wirksam wird: Dementsprechend ist die langfristige Angebotskurve A_{w1} elastischer als die kurzfristige, so daß schließlich sogar mit einem Rückgang des Angebotes auf W_3 gerechnet werden muß.

4.2.2.4 Politische Konsequenzen und Maßnahmen

4.2.2.4.1 Wohnraumrationierung

Mit ihrem Eingriff in die Preisbildung hat die Regierung die Wohnraumsituation also offensichtlich eher noch verschärft und muß, wenn sie ihren ersten Schritt nicht wieder rückgängig machen und die von ihr geweckten Erwartungen enttäuschen will, zu weiteren Maßnahmen schreiten, um ihrer ursprünglichen Zielsetzung wieder näherzukommen. Hierbei hat sie mehrere Möglichkeiten. Zunächst ist an die „Verwaltung des Notstandes" durch **Wohnraumrationierung** zu denken. Es geht darum, das Wohnraumangebot in einem Umfang von W_2 (kurzfristig) bzw. W_3 (langfristig) auf eine Nachfrage in Höhe von W_1 „gerecht" zu verteilen; wenn diese Aufgabe nicht dem Schwarzmarkt und dem Beziehungshandel überlassen bleiben soll, wird die Regierung versuchen müssen, diese Steuerung mit Hilfe von Wohnungsämtern über Wartelisten und Wohnberechtigungsscheine zu erreichen und hierbei bestimmte soziale Dringlichkeitsstufen (Struktur und Größe der Familie, Einkommenshöhe usw.) zu entwickeln. Die Notwendigkeit einer strengen Kontrolle der Wohnraumnutzung erhöht somit den ohnehin schon recht erheblichen Verwaltungsaufwand.

4.2.2.4.2 Angebotsorientierte Wohnungspolitik

Dem Instrument der Wohnraumrationierung steht die Möglichkeit gegenüber, das private Wohnraumangebot zu einer Steigerung anzuregen. Die Vermieter sind (der Verlauf von A_{wk} und A_{wl} zeigt es) zu einer Erhöhung ihres Angebotes nur bereit, wenn sie einen höheren Mietzins erzielen. Anstelle einer erneuten Freigabe des Mietzinses könnte sich daher der Staat zur **Zahlung eines Zuschusses** (Subvention) an die Vermieter entschließen, der die Differenz zwischen dem geforderten Preis und dem maximal von den Mietern zu entrichtenden (fixierten) Höchstpreis schließt und unmittelbar den Vermietern zufließen würde. In der Bundesrepublik bedient man sich der **Wohngeld**-Variante, bei der bedürftigen Mietern ein Teil ihrer Mietaufwendungen erstattet wird, was im Effekt auf dasselbe herauskommt, da auch hier der Mieter nur einen Teil des Marktzinses trägt, während er dem Vermieter in voller Höhe zufließt. Die finanzielle Belastung, die dem öffentlichen Haushalt daraus entsteht, hängt davon ab, ob er die gesamte Nachfrage befriedigen will, die beim Höchstzins herrscht, und ob er konsequenterweise sämtlichen Nachfragern die Einhaltung der Höchstgrenze zubilligt. In diesem Fall entspräche die Belastung des öffentlichen Haushaltes durch Wohnraumsubventionen langfristig der Fläche $z_{\max}G_1Cz_C$, kurzfristig sogar $z_{\max}G_1Dz_D$.

Der Staat kann aber auch versuchen, die Bereitstellung von Wohnraum durch **Entlastungen auf der Kostenseite** anzuregen. Gedacht ist hier an die Bereitstellung von preisgünstigem Baugrund, erleichterte Genehmigungsverfahren, zinsgünstige Kredite, steuerliche Erleichterungen, Subventionen usw. Derartige Anreize würden tendenziell zu einem erhöhten Angebot führen, was grafisch z. B. in einer Verschiebung der langfristigen Angebotskurve nach rechts zum Ausdruck käme (vgl. Abb. 4.8). Der neue Schnittpunkt müßte unterhalb von G_0 liegen und würde ein Sinken des Gleichgewichtspreises anzeigen. Bei günstigstem Verlauf des angenommenen Falles wäre dies der Punkt G_1, womit die Wohnungspolitik der Regierung ihr ursprüngliches Ziel, wenn auch unter wahrscheinlich recht erheblichen Kosten, erreicht hätte. In der Praxis ist der Erfolg derartiger indirekter Instrumente jedoch nur schwer einschätzbar, so daß sich der Staat oft auch entschließt zur Form des Selbsteintritts, d. h. zum **staatlichen Wohnungsbau,** bei dem der Staat entweder direkt oder über öffentliche Unternehmen als Bauherr und Wohnungseigentümer auftritt. Wie schon bei den Förderungsmaßnahmen muß auch hier wiederum ein beträchtlicher Teil der Baukosten aus öffentlichen Mitteln finanziert werden (das Ausmaß ist beide Male in dem hier gewählten Modelltyp nicht nachweisbar). Bei der Entscheidung für die eine oder die andere Form spielen aber nicht nur ökonomische Überlegungen eine Rolle, sondern auch ordnungspolitische Grundsatzentscheidungen über die Rollenverteilung zwischen staatlicher und privater Initiative.

4.2.2.4.3 Nachfrageorientierte Wohnungspolitik

Aber auch auf der Nachfrageseite ist der Staat nicht ohne Einflußmöglichkeiten: Jeder Nachfragerückgang (Verschiebung der N_w-Kurve nach links) müßte bei dem angenommenen Kurvenverlauf zu einem Abbau des Wohnraumdefizits und sinkenden Preisen (in Abb. 4.8 z. B. bis hin zu z_{max} als dem echten Gleichgewichtspreis bei einem neuen Schnittpunkt in G_2!) führen. Eine theoretisch denkbare Drosselung der Nachfrage durch eine generelle Belastung der Haushaltseinkommen (etwa durch steuerliche Maßnahmen) scheidet angesichts der sozialpolitischen Motivierung der Mietzinslimitierung von vornherein aus. Hingegen wäre dieser Effekt aber auch zu erzielen durch finanzielle und administrative **Förderung des Wohneigentums** (mit entsprechenden Mitteln wie bei der oben erwähnten Förderung des privaten Mietwohnungsbaues). Sinkende Preise für dieses konkurrierende Gut könnten durch eine entsprechende Sogwirkung die Nachfrage nach Mietwohnungen merklich reduzieren. Wie stark diese Preisanreize von einem Markt hinüber auf einen anderen („über Kreuz" gewissermaßen) wirken, hängt in diesem Falle von der „Kreuz"-Preiselastizität der Nachfrage nach Mietwohnraum in bezug auf die Preisänderungen bei Eigentumswohnraum ab.

4.2.3 Soziale Arbeitspolitik

4.2.3.1 Arbeit und Arbeitspolitik

Vermutlich noch weiterreichende gesellschaftliche und sozialpolitische Bedeutung als in der Wohnungswirtschaft haben staatliche Eingriffe in der Arbeitspolitik, die auf die Fixierung eines Mindestpreises für das Produktivgut Arbeit hinauslaufen. Hierdurch soll sichergestellt werden, daß der Lohnsatz (im folgenden stets als Zeitlohnsatz, d. h. als Arbeitseinkommen je Zeitstunde) eine bestimmte Höhe **nicht unterschreitet.** Hierdurch soll auch für die unteren Lohn- bzw. Beschäftigtengruppen ein Arbeitseinkommen gesichert werden, mit dem ein angemessener Lebensunterhalt bestritten werden kann; im Grunde handelt es sich hier um eine vorbeugende Maßnahme der Armenpolitik.

In seiner **direkten Form** erfolgt der Eingriff am Arbeitsmarkt im Rahmen einer **staatlichen Mindestlohngesetzgebung.** Daneben existieren **zahlreiche Varianten indirekter Interventionen** des Staates in Verbindung mit **tarifvertraglichen Vereinbarungen** zwischen Arbeitnehmern und Unternehmern, wobei der Staat der zwischenverbandlichen Regelung nachträglich zur Durchsetzung verhilft (in der Bundesrepublik durch eine Allgemeinverbindlichkeitserklärung des Bundesministers für Arbeit und Sozialordnung) oder bereits auf ihr Zustandekommen einwirkt durch die Veröffentlichung von Leitlinien für die Lohnfindung und durch Schlichtungsmaßnahmen im Falle eines Konfliktes zwischen den Tarifpartnern.

Darüber hinaus wird die **Untergrenze** von Lohnsätzen am Arbeitsmarkt indirekt **mitbestimmt** von der **Höhe öffentlicher Sozialtransfers** in Zeiten der Arbeitslosigkeit oder Arbeitsunfähigkeit. Insbesondere die Leistungen der staatlichen Fürsorge (Sozialhilfe) und der Arbeitslosenversicherung (Arbeitslosengeld und Arbeitslosenhilfe) fixieren mit ihrem Niveau zugleich eine „unsichtbare" Untergrenze für Arbeitseinkommen: Inwieweit die Höhe dieser Sozialtransfers (als leistungsunabhängiges Alternativeinkommen von Arbeitnehmerhaushalten) tatsächlich die Erwerbsneigung der Leistungsberechtigten beeinflußt bzw. um wieviel das erzielbare Arbeitseinkommen über dem zustehenden Sozialeinkommen liegen muß, um einen Leistungsanreiz zu bieten, ist umstritten. Empirische Untersuchungen über die Erwerbsneigung, die hier Aufschlüsse erbringen müßten, haben sich bisher als methodisch äußerst schwierig erwiesen, da mit den üblichen Mitteln der Verhaltensbeobachtung und der Befragung die hier den Ausschlag gebenden psychischen Einstellungen nur unzulänglich erfaßt werden können.

4.2.3.2 Das Modell des Arbeitsmarktes

In der grafischen Darstellung (Abb. 4.9) sei der Arbeitsmarkt zunächst durch die beiden Kurven N_a (Nachfrage der Unternehmen nach Arbeitsleistungen) und A_a (Angebot an Arbeitsleistungen durch die Haushalte) gebildet, wobei jeweils nur die funktionale Abhängigkeit der angebotenen und nachgefragten Arbeitsmengen vom Geldlohnsatz (je Arbeitsstunde) betrachtet werden soll. Das Marktgleichgewicht mit G_0 als dem Schnittpunkt beider Kurven herrscht demnach bei einem Stundenlohnsatz im Betrag von L_0. Die Beschäftigungsmenge im Zustand des Marktgleichgewichts wird durch A_0 bezeichnet, d. h. zum Marktlohn sind Arbeitsangebot und -nachfrage ausgeglichen, es existiert bei diesem frei gebildeten Marktlohnsatz keine unfreiwillige Arbeitslosigkeit.

4.2.3.3 Mindestlohnfixierung und Arbeitslosigkeit

Liegt nun der vom Staat oder mit dessen Zutun eingeführte Mindestlohnsatz über dem Gleichgewichtswert, nämlich z. B. bei L_{min}, so entsteht notwendigerweise ein kurzfristig nicht reduzierbares **Überangebot an Arbeit,** das der „Nachfragelücke" ($\overline{B_2B_1}$) bzw. einer **unfreiwilligen Arbeitslosigkeit** (vgl. Strecke $\overline{A_2A_1}$) entspricht: Der höhere Lohnsatz hat sowohl zu einem **Rückgang der Nachfrage durch die Unternehmen** geführt, die auf den Anstieg der Lohnkosten mit einer **Drosselung der Produktionsmenge** oder

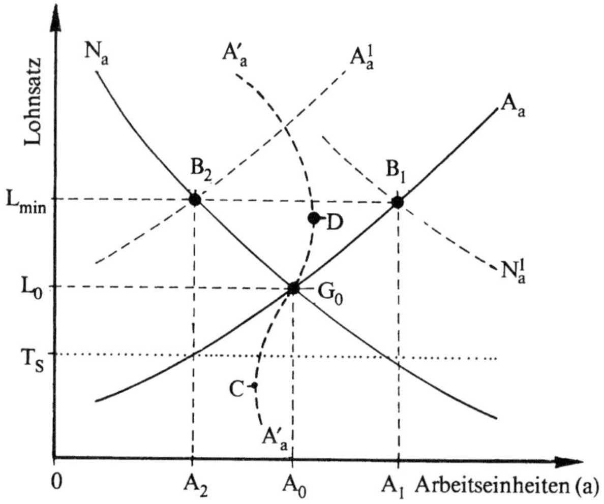

Abb. 4.9: Mindestpreisfixierung am Arbeitsmarkt

einer Umstellung der Fertigung auf arbeitsparende Produktionsverfahren reagieren. Im letzteren Fall handelt es sich um **„Rationalisierung“** im Sinne einer tendenziellen Ersetzung des teurer gewordenen Faktors Arbeit durch Kapital, d. h. durch verstärkte Mechanisierung und Automatisierung. Als Ergebnis der betrieblichen Kostenüberlegungen ist nicht nur eine Verringerung der Neueinstellungen in weiterhin expandierenden Wirtschaftszweigen zu erwarten, sondern vor allem auch Entlassungen.

Andererseits erscheint, angelockt durch den höheren Mindestlohn, ein zusätzliches Angebot auf dem Arbeitsmarkt, das zum Marktlohnsatz noch nicht nach Beschäftigung gesucht hätte **(Phänomen der freiwilligen Arbeitslosigkeit).** Aufgrund des verursachenden Faktors kann in der geschilderten Situation von einem typischen Fall der „Mindestlohnarbeitslosigkeit“ gesprochen werden.

4.2.3.4 Politische Konsequenzen und Maßnahmen

Kann sich die Regierung angesichts der von ihr zumindest verantwortlich mitbewirkten Problemsituation am Arbeitsmarkt nicht zu einer Rücknahme ihres Eingriffes zugunsten einer freien Lohnbildung entschließen, wird sie sich dennoch veranlaßt sehen, weitere Maßnahmen zum Abbau der Arbeitslosigkeit zu ergreifen. Dabei braucht das Festhalten an der Richtigkeit der Marktintervention keinesfalls aus politischem Starrsinn und Prestigegründen zu erfolgen, sondern wird sich in den weitaus meisten Fällen von der sozialpolitischen Zielsetzung eines garantierten Mindesteinkommens her rational begründen lassen. Vielmehr stellt sich nun die Frage, für welche der als flankierend oder korrigierend gedachten Maßnahmen sich die Regierung unter dem Gesichtspunkt der Realisierbar- und Zweckmäßigkeit entscheidet.

4.2.3.4.1 Rationierung der Arbeitsmöglichkeiten

Ähnlich wie in der Wohnungspolitik können sich Wirtschafts- und Sozialpolitik auch bei der Verknappung des Marktgutes der Rationierung als Allokationsmittel bedienen, indem entweder die offenen Stellen oder aber sämtliche verfügbaren Arbeitsplätze nach bestimmten Kriterien auf die Nachfrage verteilt werden. Hierzu rechnen z. B. die Verfügung von **Zulassungsbeschränkungen** für bestimmte Berufsgruppen und Ausbildungswege (ein nicht ausbildungskapazitäts-, sondern arbeitsmarktpolitisch orientierter „numerus clausus“) und die Bevorzugung inländischer Arbeitssuchender mit Hilfe fremdenpolizeilicher Instrumente (Arbeitserlaubnis und Aufenthaltsgenehmigung für ausländische Arbeitskräfte). Aber es können hierzu grundsätzlich alle Schritte gezählt werden, die in die vor allem von den Gewerkschaften geforderte „Umverteilung der verfügbaren Arbeit(splätze)“ münden. Dazu gehört vor allem eine **Reduzierung der Arbeitszeit;** diese kann bestehen in

1. einer Verkürzung der Lebensarbeitszeit u. a. durch Senkung der Altersgrenze in der Sozialen Rentenversicherung und für Pensionen sowie die Verlängerung der Pflichtschulzeit,

2. einer Senkung der jährlichen Arbeitszeit, z. B. durch Erhöhung des Erholungs- und Bildungsurlaubes,

3. einer Verminderung der wöchentlichen Arbeitszeit, Einschränkung von Überstunden und die vermehrte Schaffung von Teilzeit-Arbeitsplätzen.

4.2.3.4.2 Angebotsorientierte Arbeitspolitik

Allerdings wird hier deutlich, daß die Rationierung in der Praxis nur schwer zu trennen ist von den Maßnahmen der Angebotsbeeinflussung. Deren Ziel ist die freiwillige Rücknahme des Beschäftigungswunsches, die es gegebenenfalls mit geeigneten Mitteln einzuleiten oder zu verstärken gilt. In Abb. 4.9 wäre der Erfolg durch die nach links gerückte Angebotskurve A_a^1 und den neuen Schnittpunkt B_2 gegeben. Die Neigung zum Rückzug eines Teiles des Angebotes vom Arbeitsmarkt kann beispielsweise erhöht werden durch

1. eine gezielte Propagierung der Rückkehr der Frauen zur Tätigkeit als Hausfrau und Mutter in der Familie, um dadurch eine Senkung der Frauenerwerbstätigkeit zu erreichen;

2. die Zahlung von Transfereinkommen, die als Prämien für den Verzicht auf einen Arbeitsplatz wirken, etwa in Form eines „Erziehungsgeldes" für nicht berufstätige Mütter mit Kleinkindern, das damit einem doppelten sozialpolitischen Ziel (Arbeits- und Familienpolitik) diente;

3. die steuerliche Belastung des Arbeitsangebotes, z. B. bei einer vollen Erwerbstätigkeit beider Ehepartner (zur Problematik der Steuerwirkungen auf das Arbeitsangebot vgl. oben 4.1.4.2.2).

4.2.3.4.3 Nachfrageorientierte Arbeitspolitik

Die staatliche Wirtschafts- und Sozialpolitik wird sich andererseits angesichts des im öffentlichen Bewußtsein sehr stark verankerten **kollektiven Zieles der Vollbeschäftigung** und des im Zusammenhang damit postulierten **individuellen Rechtes auf Arbeit** aber auch bemühen, für die Schaffung zusätzlicher Arbeitsplätze zu sorgen. Dies kann geschehen

1. **global,** d. h. durch die nationale Konjunktur- und Beschäftigungspolitik (Induzierung einer gesamtwirtschaftlich wirksamen Steigerung der Güternachfrage und damit in der Folge auch der Produktion und Beschäftigung);

2. **selektiv;** d. h. durch eine regional oder sektoral differenzierte Arbeitsmarktpolitik im Rahmen volkswirtschaftlicher Strukturpolitik. Dabei ist auch an Arbeitsbeschaffungsmaßnahmen zu denken, bei denen die öffentliche Hand als Arbeitgeber auftritt und somit bei der Nachfrage nach Arbeitskräften ergänzend und stellvertretend für die privaten Unternehmen handelt.

4.2.3.5 Weitere Varianten der Betrachtung des Arbeitsmarktmodells

Bei der grafischen Darstellung sozialpolitischer Problemlagen am Arbeitsmarkt sind zwei Gesichtspunkte gesondert zu betrachten, die in gewisser Weise zu Differenzierung und Erweiterung der Modellanalyse beitragen:

1. Der Punkt T_S (in Abb. 4.9) bezeichnet die Höhe der als potentieller Ersatz für fehlendes Arbeitseinkommen bereitgehaltenen **Sozialtransfers,** umgerechnet auf die Person eines Leistungsberechtigten und die durchschnittliche Arbeitszeit in der Gesamtwirtschaft oder einem ihrer Sektoren. Es ist nun durchaus realistisch anzunehmen, daß ein solcher fiktiver „Soziallohn-Satz" wie in der Abb. 4.9 zwar noch **unter** dem Gleichgewichtslohnsatz L_0 liegt, von den Berechtigten aber gleichgesetzt wird mit einer Lohnsatzschwelle, die ihrerseits erheblich **darüber**liegt, möglicherweise sogar noch oberhalb L_{min}. Jede Senkung der Transfereinkommen würde dann ebenso wie eine Senkung des Mindestlohnsatzes wirken, d. h., sie würde sowohl eine Neigung zur Arbeitsaufnahme als auch die Bereitstellung von Arbeitsplätzen in der Privatwirtschaft erhöhen.

2. Bei der Indifferenzkurven-Analyse des Haushaltes war auf die Möglichkeit eines atypischen Verlaufes der Arbeitsangebotskurve jenseits der beiden Wendepunkte C (unten) und D (oben) hingewiesen worden. In diesem Falle einer **rückwärtsgekrümmten Angebotskurve** A'_a wäre nicht nur der Beschäftigungseffekt einer Mindestlohnfixierung wesentlich geringer als im Normalfall; bei einer sehr unelastischen Nachfrage der Unternehmen nach Arbeitsleistungen bzw. Arbeitskräften könnte sich sogar eine Konstellation ergeben, bei der Lohnsteigerungen zu einem Rückgang der Arbeitslosigkeit führen. Dies gilt dann, wenn die Nachfrage der Unternehmen nach Arbeitskräften aufgrund steigender Lohnkosten langsamer sinkt als das Angebot der Arbeitnehmer, die ab einer bestimmten Höhe ihrer Einkommen weitere Steigerungen geringer bewerten als einen möglichen Zugewinn an Freizeit. Auch hier wieder ist klar ersichtlich, daß weder Ausmaß noch Richtung eines staatlichen Markteingriffes allein die Auswirkungen bestimmen, sondern nur gemeinsam mit dem Verhalten der Wirtschaftssubjekte und anderen objektiven Bedingungen.

4.2.4 Zusammenfassung

Vergleicht man die sozialpolitisch motivierten Eingriffe des Staates in die Preisbildung an bestimmten Märkten, wie hier am Beispiel der beiden Problembereiche Wohnung und Arbeit, so kann man rückblickend die am Modell angestellten Überlegungen und die dabei gewonnenen Einsichten in folgendem Schema darstellen:

	Wohnungsmarktpolitik	Arbeitsmarktpolitik
(Ausgangs-) Situation	**Nachfrageüberhang,** der kurzfristig durch erhöhte Produktion nicht abgebaut werden kann (mangelnde Preis- bzw. Mietzinselastizität des Wohnungsangebotes)	**Angebotsüberhang,** der kurzfristig durch Drosselung der „Produktion" (Bevölkerungsentwicklung) nicht abgebaut werden kann (mangelnde Preisbzw. Lohnelastizität des Arbeitsangebotes)
Ziel	Niedrighalten der **Haushaltsausgaben** für die Beschaffung von Wohnräumen	Gewährleistung eines bestimmten **Einkommensniveaus** der Anbieter
Maßnahmen	Einführung von **Höchstpreisen** („Einfrieren" des Mietzinssatzes oder Festsetzung von Höchstgrenzen)	Einführung von **Mindestpreisen** (Mindestlohngesetzgebung, Tariflohnvereinbarungen, Zahlung von Sozialeinkommen)
Wirkungen	**kurzfristig:** niedrige Mieten, steigende Nachfrage, sinkendes Angebot **langfristig:** weiterer Rückgang des Angebotes durch Einschränkung von Neubauten und Erhaltungsinvestitionen	**kurzfristig:** hohe Einkommen der Anbieter, sinkende Nachfrage, steigendes Angebot **langfristig:** weiterer Rückgang der Nachfrage durch Rationalisierung der Produktion (Ersatz von Arbeitskräften durch Sachkapital)

Kontrollfragen zu Kapitel 4

1. Wie lassen sich Preis- und Einkommensänderungen im Haushaltsmodell erfassen und grafisch darstellen?

2. Was versteht man unter dem Wohlfahrts- und was unter dem Substitutionseffekt von Preisänderungen?

3. Welche Möglichkeiten hat der Staat zur Einflußnahme auf die Konsumstruktur im Falle meritorischer Bedürfnisse?

4. Worum handelt es sich bei der anomalen Reaktion des individuellen Arbeitsangebotes?

5. Welche Ziele haben sozialpolitische Eingriffe in den Prozeß der marktwirtschaftlichen Preisbildung?

6. Welche Folgen sind von einer Mietpreisbindung für Wohnraum zu erwarten?

7. Hat die Existenz von Sozialleistungen einen Einfluß auf die Höhe des Arbeitslohnes?

Literatur zu Kapitel 4

Albers, W.: Wohnungspolitik II: Wohnungsversorgung, in: Handwörterbuch der Wirtschaftswissenschaft (HdWW), Bd. 9, Stuttgart u. a. 1982, S. 516–533.

Bender, D.: Angebot des Haushalts I: Arbeitsangebot, in: Handwörterbuch der Wirtschaftswissenschaft (HdWW), Bd. 1, Stuttgart u. a. 1977, S. 223–232.

Culyer, A. J.: The Political Economy of Social Policy, Oxford 1980.

Gründger, F.: Die Arbeitsangebotskurve – ein historisch-theoretischer Diskurs, in: Gleichgewicht, Entwicklung und soziale Bedingungen der Wirtschaft (hrsg. v. G. Ollenburg u. W. Wedig), Berlin 1979, S. 375–397.

Ders.: Familienfunktionen und Sozialpolitik, in: A. Iwersen/E. Tuchfeldt (Hrsg.): Sozialpolitik vor neuen Aufgaben. Festschrift für Horst Sanmann, Bern u. a., 1993, S. 311–325.

Heuer, J. H. B. u. a.: Lehrbuch der Wohnungswirtschaft, Frankfurt/Main 1979.

Lampert, H.: Lehrbuch der Sozialpolitik, 3.Aufl. Berlin u. a. 1994, S. 177–202 (Arbeitsmarktpolitik), S. 306–319 (Wohnungspolitik).

LeGrand, J./Propper, C./Robinson, R.: The Economics of Social Problems, 3. ed. Basingstoke and London 1992.

Maslow, A. H.: Motivation und Persönlichkeit, Olten und Freiburg i.Br. 1977 (Motivation and Personality, New York 1954).

Musgrave, R. A.: Finanztheorie, 2. Aufl., Tübingen 1969 (The Theory of Public Finance, New York 1959).

Petersen, H. G.: Sozialökonomik, Stuttgart u. a. 1989.

Preller, L.: Praxis und Probleme der Sozialpolitik, Tübingen-Zürich 1970, S. 38–78 (Beschäftigungspolitik), S. 566 bis 602 (Wohnungswesen).

Seel, B.: Ökonomik des privaten Haushalts, Stuttgart 1991.

Weise, P. u. a.: Neue Mikroökonomie, 2. Aufl., Heidelberg 1991.

5 Die ökonomische Theorie der Sozialpolitik III (Makroökonomische Betrachtung des Sozialen Sicherungssystems)

5.1 Das System der Sozialen Sicherung

5.1.1 Begriffsdefinitionen

Soziale Sicherung kann ganz allgemein als Sicherung des individuellen Lebens oder der Lebenslage von Gesellschaftsmitgliedern durch die Gesellschaft betrachtet werden. In dieser allgemeinen Fassung können etwa die Erhaltung des internationalen und sozialen (innerstaatlichen) Friedens, die Vermeidung allgemeiner Vermögens- und Beschäftigungsrisiken und damit Preisniveaustabilität, Vollbeschäftigung, Modelle der Mitbestimmung, aber auch private Versicherungen oder Sozialversicherungen zur Sozialen Sicherung beitragen (vgl. *H. Giersch,* 1960, S. 82 f.).

In der Sozialpolitik wird dieser Begriff jedoch eingeschränkt; und zwar werden unter **Sozialer Sicherung** „Komplexe sozialpolitischer Maßnahmen verstanden, die unmittelbar nicht sowohl der Hebung der Lebenslage als vielmehr dem Schutz der Lebenslage vor bestimmten Risiken ihrer **Verschlechterung** dienen" (*G. Weisser,* 1956, S. 396). Hier handelt es sich also um solche Maßnahmen, die **unmittelbar,** d. h. direkt auf die Sicherung der wirtschaftlichen und sozialen Existenz von Bevölkerungsgruppen wirken. Somit sind indirekt wirkende Maßnahmen, wie solche der Konjunktur- und Beschäftigungspolitik, Bildungs- und Mitbestimmungspolitik oder auch der Preis- und Wettbewerbspolitik nicht als Instrumente der Sozialen Sicherungspolitik zu betrachten.

Der Begriff „Soziale Sicherung" bezieht sich hier auf die Summe der Maßnahmen, die geeignet erscheinen, das **Ziel** der **„Sozialen Sicherheit"** zu erreichen.

Auf der 34. Sitzung des Internationalen Arbeitsamtes (Genf, 1951) wurde zusätzlich festgehalten, daß die Institutionen, die im Rahmen der Sozialen Sicherung tätig werden, durch Gesetzgebung geschaffen sein sollen, damit bestimmte, individuelle Rechtsansprüche garantiert bzw. diesen öffentlichen, halböffentlichen oder autonomen Organisationen fest umgrenzte Verpflichtungen auferlegt werden können. Die Verwaltung dieser Einrichtungen muß zudem durch eine öffentliche, halböffentliche oder autonome Körperschaft geschehen. Zielsetzung soll dabei die Gewährung von heilender oder verhütender ärztlicher Behandlung, die Garantie des Lebensunterhalts bei unfreiwilligem Verlust des ganzen oder eines Teils des Arbeitseinkommens bzw. die Gewährleistung eines zusätzlichen Einkommens für Personen mit Familienangehörigen sein. Wenn die genannten Voraussetzungen gegeben sind, so sollen nach dieser Definition Leistungen der Sozialen Sicherung vorliegen.

Es wird deutlich, daß nach dieser Definition Sozialpolitik vornehmlich reaktiv wirksam wird. Der Gedanke der Prävention wird nur auf ärztliches Handeln bezogen. Die rechtzeitige Verhinderung sozialer Mißstände sollte heute jedoch eine Aufgabe der Sozialpolitik sein.

Waren zu Beginn der sozialpolitischen Aktivitäten des Staates im vorigen Jahrhundert vor allem die Arbeiter Zielgruppe der Sozialen Sicherungspolitik (vgl. Kap. 2), so sollen heute möglichst alle Bevölkerungsgruppen gegen allgemeine Lebensrisiken, wie z. B. Krankheit, Invalidität, Unfall, wirtschaftliche Inaktivität im Alter, Arbeitslosigkeit usw., geschützt werden.

Die besondere Schutzbedürftigkeit der Arbeiter im 19. Jahrhundert kann vor allem auf deren Vermögenslosigkeit und dadurch bewirkten existentiellen Abhängigkeit von der Nachfrage nach ihrer Arbeitskraft zurückgeführt werden. Aber auch Vermögensbesitzer mußten in Zeiten von Inflation und hoher Arbeitslosigkeit wie etwa in der ersten Weltwirtschaftskrise (um 1930) erfahren, daß auch Individualeigentum allein keinen hinreichenden Schutz und ausreichende Sicherung bei Notfällen bieten kann. Hinzu kommt, daß heutzutage nur wenige ein derart großes Vermögen ansammeln können, das über eine Rendite- und Dispositionsfunktion hinaus auch die Sicherungsfunktion zufriedenstellend erfüllt. Dementsprechend wurde von immer breiteren Kreisen die Forderung nach kollektiver sozialer Absicherung, also nach dem Solidarschutz gegen allgemeine Risiken, die nahezu jeden treffen können, gestellt (vgl. *J. Zerche,* 1979, S. 437). Soziale Sicherungsmaßnahmen bzw. die Gewährung von Sozialeinkommen können heute „als eine Art Eigentumsersatz bezeichnet werden" (*E. Liefmann-Keil,* 1961, S. 28).

5.1.2 Grundkonzeptionen der Sozialen Sicherung

5.1.2.1 Allgemeine Gestaltungsprinzipien

In der Realität ist die Ausgestaltung des Sozialen Sicherungssystems in verschiedenen Ländern recht unterschiedlich. Sie unterscheidet sich vor allem nach der Art der Organisation (staatlich, öffentlich-rechtlich oder privat organisierte Institutionen), nach Art der Finanzierung (durch Steuern oder Beiträge) und nach Art und Umfang der rechtlich zugesicherten Leistungen. Die theoretische Entwicklung der Grundkonzeptionen und eine Entscheidung für die Umsetzung einer dieser Konzeptionen in die Realität basieren auf **Werturteilen,** vor allem bezüglich des Maßes **individueller Eigenverantwortung** und Initiative bzw. des erwünschten Staatseinflusses und damit des Maßes der **kollektiven Verantwortung** (vgl. dazu auch: *G. Esping-Andersen,* 1990). Dies kann anhand der vorherrschenden Prinzipien zur Gestaltung Sozialer Sicherungssysteme deutlich gemacht werden (vgl. Abb. 5.1).

Das **Versicherungsprinzip** beinhaltet, daß Personenkreise, die von gleichartigen Gefahren bedroht sind, sich zu einer Versichertengemeinschaft (Solidargemeinschaft) zusammenschließen mit der Zielsetzung des Risikoausgleichs. Jeder Versicherte bezahlt Beiträge, die sich nach der Höhe des kalkulierten Risikos errechnen. Einen Anspruch an die Versicherung auf Entschädigungsleistungen hat nur derjenige, der Gegenleistungen, also Beiträge, erbracht hat (Do-ut-des-Prinzip – deutsch: Ich gebe, damit du [mir] gibst – oder auch Äquivalenzprinzip – aequivalere = gleichwertig sein). Der Risikoausgleich wird dadurch herbeigeführt, daß im Schadensfall der Versicherte die gesamte Versicherungsleistung ohne Rücksicht auf die Höhe der von ihm selbst bis dahin geleisteten Beiträge erhält.

Die **Sozialversicherung** ist in Abgrenzung zur Privatversicherung charakterisiert durch das Element des Zwanges (Versicherungspflicht), einer möglichen Abgrenzung der pflichtversicherten Personenkreise, einer Durchbrechung des reinen Äquivalenzprinzips durch Maßnahmen der **sozialen Umverteilung** (Berücksichtigung der sozialen Lage bei der Beitragsgestaltung), der möglichen Erhebung von Arbeitgeberbeiträgen und möglicherweise staatlichen Zuschüssen bei der Mittelaufbringung. Individuelle Eigenverantwortung wird hier zugunsten der kollektiven Verantwortung zurückgedrängt.

Das **Prinzip der Versorgung** bezieht sich – im Gegensatz zum Versicherungsprinzip – auf solche staatliche Leistungen, die ohne (materielle) Gegenleistungen bestimmten Gesellschaftsmitgliedern gewährt werden. Im Sinne einer Sonderversorgung (vgl. *H. Winterstein,* 1980, S. 13 f.), wie es im Rahmen des Sozialen Sicherungssystems der Bundesrepublik Deutschland geregelt ist, ergeben sich Ansprüche auf Versorgung aufgrund besonderer Leistungen bzw. erlittener Nachteile oder Opfer für die Gesellschaft (Schadensausgleich). So findet in der Bundesrepublik das Versorgungsprinzip Anwendung bei der Kriegsopferversorgung, dem Lastenausgleich oder auch der Beamtenversorgung.

Das Versorgungsprinzip kann aber auch tragendes Prinzip des gesamten Sozialen Sicherungssystems sein. Es handelt sich dann um eine Staatsbürgerversorgung, wobei alle Anspruch auf Leistungen haben (vgl. 5.1.2.5). Hier hat die kollektive Verantwortung absoluten Vorrang vor der individuellen Eigenverantwortung. Grundlegend für Versorgungsleistungen ist dabei, daß die Mittel aus den allgemeinen Haushaltsmitteln aufgebracht werden, daß Rechtsansprüche auf Versorgung bestehen, die jedoch nicht aufgrund von Beitragszahlungen erworben werden können, daß Leistungen in Gestalt von Festbeträgen und ohne vorheriger Bedürfnisprüfung gewährt werden (vgl. *G. Brück*, 1976, S. 55).

Das **Fürsorgeprinzip** basiert auf den Grundsätzen der Individualisierung der Hilfeleistung und der Subsidiarität. Auch nach dem Fürsorgeprinzip werden die Leistungen ohne Gegenleistungen gewährt. Der Unterschied zum Versorgungsprinzip liegt vor allem darin, daß Art und Umfang der Maßnahmen abhängig sind vom konkreten Einzelfall (Individualisierung) und erst erbracht werden, wenn der einzelne seine Notlage nicht selbst überwinden kann und auch die Hilfe etwa von Familienangehörigen dazu nicht als ausreichend betrachtet wird. Diese Leistungen orientieren sich an der Bedürftigkeit, die im Einzelfall nachgewiesen werden muß.

Merkmal / Typ	regulärer Leistungsanspruch	Finanzierung	Verteilungsprinzip
Versicherung	fixierte Beträge	Mitgliedsbeiträge	Äquivalenz- oder Leistungsprinzip
Versorgung	fixierte Beträge	öffentliche Haushaltsmittel	Sozialprinzip
Fürsorge	nach Bedürftigkeit	öffentliche Haushaltsmittel	Sozialprinzip

Abb. 5.1: Grundformen der Sozialen Sicherung

Versucht man, konkrete Maßnahmen den vorgestellten Prinzipien zuzuordnen, so wird deutlich, daß eine eindeutige Zuordnung nicht ohne weiteres möglich ist, da diese Prinzipien nie in ihrer „Reinform“ verwirklicht sind. In der Wirklichkeit bestehen mehr und mehr Mischformen. Diese Prinzipien können jedoch weiterhin als Orientierungshilfe dienen.

Im folgenden sollen nun in Anlehnung an die Ausführungen der Sozialenquête-Kommission vier Grundkonzeptionen Sozialer Sicherungssysteme dargestellt werden. Die Sozialenquête-Kommission war ein Sachverständigengremium mit Hans Achinger, Wilfried Schreiber u. a., die Mitte der 60er Jahre das Sozialbudget konzipierten und dabei auch grundlegende Ausführungen zur gesamtwirtschaftlichen Einbindung des Sozialen Sicherungssystems machten (*Sozialenquête-Kommission, o. J.*).

Die Sozialenquête-Kommission hat vier Hauptentscheidungen herausgearbeitet, nach denen sich Grundkonzeptionen der Sozialen Sicherung ordnen lassen. Jeweils eine Hauptentscheidung bildet die Basis für eine Konzeption, die drei anderen Wahlmöglichkeiten sind der getroffenen Hauptentscheidung untergeordnet. Die Wahlentscheidungen sind im Schaubild in der obersten Zeile vermerkt; die erste Spalte bezeichnet die jeweilige Konzeption (vgl. Abb. 5.2).

5.1.2.2 Die liberale Konzeption der Sozialen Sicherung

Die erste Konzeption der Sozialen Sicherung (siehe Abb. 5.2) beruht auf der Grundsatz- bzw. Hauptentscheidung, die **Beteiligung öffentlicher Einrichtungen** an der Sozialen Sicherung **auf ein Mindestmaß zu beschränken.** Sie wird daher hier als „liberale" Konzeption bezeichnet. Soziale Sicherung bedeutet hier vor allem Sicherung des konventionellen Existenzminimums, also eines Minimums an Bedürfnisbefriedigungsmitteln, das nach Anschauung der Gesellschaft für eine menschenwürdige Existenz erforderlich ist.

Der stattliche Einfluß bei der Sicherung des konventionellen Existenzminimums wird in dieser Konzeption dadurch minimiert, daß ein Versicherungszwang bis eben zu der Höhe dieses Existenzminimums gewählt wird. Grundsätzlich müssen also Versicherungsbeiträge zu dieser Mindestsicherung entrichtet werden. Um aber auch den Individuen eine Mindestsicherung zu gewähren, die unter das konventionelle Existenzminimum absinken und nicht in der Lage waren, Vorsorge für diesen Fall zu treffen, werden Sozialleistungen, die aus dem allgemeinen Steueraufkommen getragen werden, gezahlt. Bei der allen vier Konzeptionen zugrundeliegenden Entscheidung, nicht auf eine Sicherung des konventionellen Existenzminimums zu verzichten, wird in dieser Konzeption der staatliche Einfluß minimiert.

Der grundsätzliche Versicherungszwang zur Sicherung des konventionellen Existenzminimums bewirkt, daß einerseits staatlicher Einfluß durch gesetzliche Regelung möglichst gering gehalten wird und andererseits die Finanzierung von Sozialleistungen durch Steuern und damit soziale Umverteilung minimiert ist.

Über diese Mindestsicherung hinausgehende Sicherheitsbedürfnisse können nur durch eigene Initiativen der Vorsorge (private Versicherung, wertbeständige bzw. rentable Anlagen von Ersparnissen, d. h. bewußter Einsatz von Einkommensteilen zur Vermögensbildung) befriedigt werden.

Der Erfolg der individuellen Eigenvorsorge wird in dieser Konzeption nicht maximiert, denn die „zur Eigenvorsorge Fähigen müssen zunächst einen Teil ihrer Eigenvorsorge darauf richten, mit denjenigen gleichzuziehen, deren konventionelles Existenzminimum notfalls aus Steuermitteln finanziert wird. Erst darüber hinaus

Abb. 5.2: **Vier Grundkonzeptionen Sozialer Sicherungssysteme**

Hauptentscheidungen / Sozialordnungsmodelle	Maß der staatlichen Aktivität an der Sozialen Sicherung	Maß des Erfolges individueller Eigenvorsorge	Verhältnis des Sozialeinkommens zum früheren Einkommen	Eigenbeteiligung an der Finanzierung der Leistung
Liberale Konzeption	Minimierung: Versicherungszwang ist beschränkt auf die Sicherung des konventionellen Existenzminimums	Eigenvorsorge über die Höhe des konventionellen Existenzminimums möglich: keine Maximierung des Erfolges der Eigenvorsorge, da Garantierung des Existenzminimums notfalls durch Umverteilung	Sozialeinkommen wird ohne Bezug zum früheren Einkommen gezahlt (bis zur Höhe des konventionellen Existenzminimums)	– Versicherungszwangsbeiträge bis zur Höhe des konventionellen Existenzminimums – Beiträge zur Eigenvorsorge (Äquivalenz) – Umverteilungsmaßnahmen nur in Ausnahmefällen
Modifizierte liberale Konzeption	staatliche Versorgung in Höhe des konventionellen Existenzminimums für alle; Mittelaufbringung aus dem allgemeinen Steueraufkommen	Maximierung des Erfolges der Eigenvorsorge: Eigenvorsorge über die Höhe des konventionellen Existenzminimums möglich	Sozialeinkommen wird ohne Bezug zum früheren Einkommen gezahlt (bis zur Höhe des konventionellen Existenzminimums)	– Steuerbeiträge zur Sicherung des konventionellen Existenzminimums – Beiträge zur Eigenvorsorge (Äquivalenz)
Konzeption der Sozialpolitik in der Bundesrepublik Deutschland	Zulässigkeit marktkonformer staatlicher Interventionen	Beitragsbemesssungsgrenzen; zusätzliche Eigenvorsorge möglich	Proportionalität	einkommensproportional
Konzeption eines staatlichen Versorgungssystems	je nach der staatlichen Leistungsfähigkeit	Eigenvorsorge nicht möglich	Gleichverteilung als auch Staffelung des Sozialeinkommens möglich	minimiert

genießen sie einen Erfolg ihrer Eigenvorsorge, der also nicht maximiert wird" *(Sozial-enquête-Kommission,* o. J., S. 121, Ziff. 328).

Bis zur Höhe des konventionellen Existenzminimums müßte das Sozialeinkommen in der Bemessung unabhängig vom früheren Arbeitseinkommen sein. Darüber hinaus ist die Art der freiwillig gewählten Eigenvorsorge bestimmend für die Relation zwischen der Höhe der Versorgung in Notfällen und den früher erzielten Arbeitseinkommen.

Durch den Versicherungszwang zur Sicherung des konventionellen Existenzminimums und der Möglichkeit der privaten Eigenvorsorge werden Leistungen dieses Sozialen Sicherungssystems grundsätzlich durch die Eigenbeteiligung, d. h. Zwangsversicherungsbeiträge und möglicherweise freiwillige Versicherungsbeiträge, finanziert. In beiden Versicherungssystemen ist das Prinzip der Äquivalenz bestimmend, denn Art, Umfang und Höhe der Leistungen, auf die Anspruch besteht, richten sich nach der Anzahl und Höhe der Prämien, die vorher eingezahlt wurden. Staatliche Umverteilungsmaßnahmen, die aus allgemeinen Steuermitteln finanziert werden, berücksichtigen nur solche Individuen, deren Lebenslage unter das Existenzminimum sinkt und die für diesen Fall nicht ausreichend Vorsorge getroffen haben.

Es wird deutlich, daß die liberale Konzeption eines Sozialen Sicherungssystems auf den Prinzipien der Versicherung und Fürsorge basiert, wobei das dominante Prinzip das der Versicherung ist. Fürsorgemaßnahmen greifen hier lediglich ein, wo Versicherungsleistungen individuelle Notzustände nicht überwinden können, etwa in solchen Fällen, in denen kein ausreichendes Markteinkommen erzielt wurde, so daß die Sicherung des Existenzminimums nicht gewährleistet ist.

5.1.2.3 Die modifizierte liberale Konzeption eines Sozialen Sicherungssystems

Die in Abb. 5.2 als modifizierte liberale Konzeption bezeichnete zweite Möglichkeit eines Systems der Sozialen Sicherung basiert auf der Hauptentscheidung der **Maximierung des Erfolges der Eigenvorsorge** der Individuen.

Da auch in dieser Konzeption das konventionelle Existenzminimum für jeden erreichbar sein soll, wird, um eine Maximierung des Erfolges individueller Eigenvorsorge zu ermöglichen, die Sicherung dieses Existenzminimums für alle Staatsbürger durch das allgemeine Steueraufkommen finanziert. Eine Art Grundsicherung der Versorgung steht somit jedem zur Verfügung. Über diese Grundsicherung hinaus kann freiwillig individuelle Eigenvorsorge getroffen werden. Diese kommt aber auch ausschließlich nur den jeweiligen Vorsorgenden zugute.

Dies ist in der oben beschriebenen liberalen Konzeption (vgl. 5.1.2.2) nicht immer der Fall. Dort soll zwar ein Zwangsversicherungssystem grundsätzlich die Sicherung des konventionellen Existenzminimums gewährleisten. Es werden aber auch Sozialleistungen, die aus allgemeinen Steuermitteln finanziert werden, in solchen Fällen geleistet, in denen das konventionelle Existenzminimum unterschritten wird und vorher keine Ansprüche auf Leistungen aus der Zwangsversicherung erworben werden konnten (z. B. wegen eines zu geringen Arbeitseinkommens). Die zur Vorsorge Fähigen können daher den Erfolg ihrer Vorsorge nicht maximieren, da die Möglichkeit der aus Steuermitteln finanzierten Versorgung in besonderen Fällen besteht.

Bis zur Höhe der Sicherung des konventionellen Existenzminimums gilt in dieser Konzeption – im Unterschied zur ersten – vor allem das Versorgungsprinzip. Dies bedeutet, daß jeder einen Anspruch auf Versorgung geltend machen kann, ohne daß vorher Gegenleistungen etwa in Form von Beiträgen geleistet wurden. In Abgrenzung zum Fürsorgeprinzip (vgl. 5.1.2.1) sind Versorgungsmaßnahmen am Interesse und den durchschnittlichen Lebensumständen der gesamten Bevölkerung oder bestimmten Bevölkerungsgruppen ausgerichtet, während sich Maßnahmen der Fürsorge immer auf individuelle Lebenslagen beziehen.

Die Mittel zur Lebenssicherung werden vom Staat bereitgestellt. Ausschlaggebend für Art und Umfang dieser Bereitstellung ist nicht die Ursache, die die Hilfsbedürftigkeit der Existenzgefährdung (Risiko) herbeigeführt hat, sondern der Zweck der Existenzsicherung. Man spricht daher auch von einer „finalen“ (statt „kausalen“) Motivation der Leistungsgewährung. Über diese Mindestsicherung hinaus kommt das Versicherungsprinzip in der reinsten Form (Privatversicherung) zum Zuge.

5.1.2.4 Die Konzeption der Sozialen Sicherung in der Bundesrepublik Deutschland

Die dritte Konzeption, der auch die Soziale Sicherungspolitik in der Bundesrepublik Deutschland im wesentlichen entspricht, beruht auf der Entscheidung für **ein proportionales Verhältnis zwischen Sozialeinkommen und früher erzieltem Arbeitseinkommen.** Diese Politik erhält dadurch eine stärkere **gesellschaftspolitische Gestaltungsaufgabe** im Vergleich zu den beiden oben beschriebenen Konzeptionen, da nicht nur das konventionelle Existenzminimum durch diese Politik zu sichern ist. Vielmehr soll der durch Leistungsentgelt für berufliche Aktivität (produktiver Beitrag zur gesellschaftlichen Wohlfahrt bzw. Beitrag zum Sozialprodukt) erlangte Status von Bevölkerungsgruppen durch staatliche bzw. parafiskalische Maßnahmen aufrechterhalten werden.

Die *Sozialenquête-Kommission* begründete eine solche Sicherungspolitik damit, daß die materiellen Ansprüche der Umwelt an den einzelnen Menschen – etwa in Form langfristig eingegangener Verbindlichkeiten (z. B. Baukredite) – und auch die Lebensansprüche des Menschen selber vor allem durch das einmal erzielte Arbeitseinkommen bestimmt, d. h. (1) bei ungleicher Verteilung der Arbeitseinkommen recht unterschiedlich sein und (2) in jedem Fall kurzfristig kaum erheblich gesenkt werden können ohne gravierende ökonomische, soziale und psychische Folgen für das betroffene Individuum herbeizuführen. Zumindest könnte ein plötzliches Absinken von relativ hohen Einkommenspositionen auf das konventionelle Existenzminimum bewirken, daß etwa Zahlungsverpflichtungen nicht mehr eingehalten werden können und zudem insgesamt Störungen des sozialen Friedens erwartet werden (Lebensstandardsicherung, vgl. *Sozialenquête-Kommission,* o. J., S. 122, Ziff. 331). In welchem Verhältnis der Umfang der Sicherungsleistungen zum früher erzielten Einkommen steht, ob dabei eine absolute Höchstgrenze gelten soll, bleibt eine politische Entscheidung.

Die kategorische Forderung der liberalen Politiker nach ökonomischer und wirtschaftspolitischer Enthaltsamkeit des Staates tritt hier – bei prinzipieller Anerkennung des Marktgeschehens – zurück hinter der Einsicht, daß der Marktmechanismus eines staatlichen Schutzes gegen marktinterne Tendenzen der Vermachtung (durch Konzentration der Anbieter oder auch der Nachfrager) bzw. der Ausschaltung des Wettbewerbs (durch Preis- und Mengenabsprachen wie durch Ausschluß unliebsamer Konkurrenten) ebenso bedarf wie die Ergebnisse des Marktes staatliche Korrekturen (durch Umverteilungsmaßnahmen) erfordern, wo sie als Ausdruck der dem Leistungs- bzw. Äquivalenzprinzip folgenden Tauschakte in Widerspruch geraten zu den herrschenden politischen Zielvorstellungen von sozialer Gerechtigkeit. Die staatlichen Interventionen sollen hierbei dem Kriterium der Systemkonformität genügen, d.h. Eingriffe in den Marktmechanismus dürfen nicht nur zu seiner Förderung, sondern auch zu seiner Ergänzung vorgenommen werden; vorausgesetzt wird allerdings, daß seine Funktionsfähigkeit im wesentlichen nicht beeinträchtigt wird, d.h. (systeminadäquate oder) systemzerstörende Maßnahmen (z.B. Devisenzwangswirtschaft) sind nicht zulässig.

Vorrangig geschieht die Finanzierung der Leistungen des Sozialen Sicherungssystems durch einkommensproportionale Pflichtversicherungsbeiträge, wobei Begrenzungen der Vorsorgepflichten möglich sind, so etwa in Form einer **Beitragsbemessungsgrenze** (vgl. Ab. 5.4). Ihr Sinn besteht darin, sowohl für die Belastung des Einkommens mit Versicherungsbeiträgen als auch für den damit gekoppelten Umfang der zu erwartenden Versicherungsleistungen eine Höchstgrenze zu ziehen. Sie soll damit verhindern, daß über den sozialpolitischen Zweck hinaus Einkommensbestandteile als Zwangsbeiträge eingezogen werden, die ohne Gefährdung der Gemeinschaftsinteressen von Beziehern höherer Einkommen in eigener Verantwortung entweder für eine zusätzliche Versorgung (zukunftsorientiert) oder für Konsumzwecke, d.h. Steigerung des Lebensstandards (gegenwartsorientiert) verwendet werden können. Zugleich sollte aber auch den einkommensstärkeren Versicherten die Möglichkeit genommen werden, zu Lasten sozial schwächerer Mitglieder eine quasi risikolose Absicherung ihres überdurchschnittlichen Lebensstandards zu betreiben. Sie werden vielmehr auf den Weg der kommerziell betriebenen zusätzlichen Risikoabsicherung verwiesen. Es sei hierbei nicht verschwiegen, daß eine derartige Lösung einem sehr starken Interesse der privaten Versicherungsunternehmen entsprach, die sich insbesondere durch ergänzende Leistungen der Lebens-, Kranken- und Unfallversicherung zu einem bedeutenden Wirtschaftszweig entwickelten, der aber neben seiner volkswirtschaftlichen auch eine für die freiheitliche Grundordnung der Bundesrepublik Deutschland charakteristische soziale Funktion erfüllt.

Die Systemnotwendigkeit einer Beitragsbemessungsgrenze wird von der *Sozialenquête-Kommission* dann gesehen, „wenn einerseits eine echte Umverteilung nur subsidiär erfolgen, die Pflichtvorsorge also sobald wie zumutbar einsetzen soll, und wenn andererseits die einkommensproportionale Pflichtversicherung bei einer bestimmten Höhe zugunsten freiwilliger darüber hinausgehender Sicherung abbrechen soll" (*Sozialenquête-Kommission*, o.J., S. 124, Ziff. 342). Eine weitere Möglichkeit der Begrenzung der Vorsorgepflicht ist eine **Versicherungspflichtgrenze.** Sie grenzt den Kreis derjenigen, die pflichtversichert sein sollen, ab von dem Kreis derer, denen eine freiwillige Selbstversorgung zugemutet wird (wenn beispielsweise ein besonders hohes Einkommen oder eine bestimmte Berufszugehörigkeit vorliegt).

Bei der Versicherungspflichtgrenze gelten also im großen und ganzen dieselben Überlegungen wie bei der Beitragsbemessungsgrenze. Sie ist in ihrer Wirkung lediglich rigoroser, indem sie nicht die Betrags- bzw. Leistungshöhe einzelner Versicherter nach oben begrenzt, sondern bestimmte Personen bzw. Personengruppen von der Versicherungspflicht befreit bzw. von einer gesetzlich institutionalisierten Versicherungsmöglichkeit völlig ausschließt.

Über diese Pflichtversicherung hinaus sind private Maßnahmen der Sicherung zulässig und erwünscht. Durch die gewählte Proportionalität zwischen Sozialeinkommen und früher erzieltem Arbeitseinkommen und die einkommensproportionale Beitragsfestlegung sind Umverteilungsprozesse in diesem System nicht ausgeschlossen. Fürsorge- und Versorgungsleistungen greifen subsidiär ein, wenn Notfälle existieren, die durch das dominante Sozialversicherungssystem nicht gedeckt werden. So etwa in den Fällen, in denen kein Arbeitseinkommen erzielt wurde und somit auch keine oder keine ausreichende Sozialversicherungsleistung vorliegen kann (Anspruch auf Sozialhilfe, d. h. auf Leistung gemäß dem Bundessozialhilfegesetz – BSHG) oder einzelnen Nachteile entstehen, die prinzipiell alle Bevölkerungsgruppen hätten treffen können (z. B. Kriegsfolgelasten), die jedoch nicht versicherungsmäßig abgedeckt sind (Anspruch auf Versorgungsleistungen).

Unter Theoretikern und Politikern umstritten ist in diesem Zusammenhang die Frage, ob das Risiko der Arbeitslosigkeit wie bisher durch das Versicherungsprinzip abgedeckt wird. Angesichts des Umfanges und der Struktur der Arbeitslosigkeit lassen sich die Sozialleistungen an Arbeitslose durch Beiträge der Arbeitnehmer und Arbeitgeber allein nur schwer finanzieren und werden in wachsendem Maße durch staatliche Zuschüsse mitfinanziert. Tatsächlich weist daher auch die Arbeitslosenversicherung der Bundesrepublik Deutschland (gesetzliche Grundlage: das Arbeitsförderungsgesetz – AFG) starke Züge der Versorgung und auch der Fürsorge hinsichtlich der erheblichen Finanzierungsbeiträge aus Haushaltsmitteln wie auch der Leistungsgewährung auf.

5.1.2.4.1 Einige Besonderheiten des Sozialen Sicherungssystems der Bundesrepublik Deutschland: Organisation, Finanzierung, Leistungen

Das System der Sozialen Sicherung besteht aus den Bereichen der Sozialversicherung und Fürsorge- und Versorgungsmaßnahmen. Die Sozialversicherung ist **öffentlich-rechtlich** organisiert, d. h. es handelt sich um Institutionen, die vom Staat zur Sicherung der Bevölkerung vor bestimmten Risiken geschaffen wurden, zu diesem Zweck über eigene Vermögensbestände verfügen und die selbständig für den Ausgleich zwischen Einnahmen und Ausgaben verantwortlich sind **(Prinzip der Selbstverwaltung).**

Die Sozialversicherung deckt die Risiken Alter und Invalidität, Unfall und Krankheit (einschließlich der Mutterschaft als Gesundheitsrisiko) sowie Arbeitslosigkeit und Pflegebedürftigkeit ab (vgl. Abb. 5.3). Das Sozialversicherungssystem ist somit nach dem **Kausalprinzip** (causa [lat.] = die Ursache) aufgebaut; d. h., mögliche Schadensursachen bestimmen die Organisation der Leistungsträger, die ihre Leistungsgewährung an jeweils spezifischen gesetzlichen Grundlagen und einer unterschiedlichen Rechtsprechung orientieren. Dies führt in vielen Fällen dazu, daß – bei gleicher Lebenslage – Personen je nach eingetretenem Schaden (Notfall) unterschiedlich hohe Ansprüche an die Sozialversicherungsträger geltend machen können.

Der Sozialversicherungspflicht unterliegen vor allem alle unselbständig Erwerbstätigen, wobei teilweise Pflichtversicherungsgrenzen existieren. Eine generelle Ausnahme bilden dabei die Beamten. Beamter ist „jeder Angehörige des öffentlichen Dienstes, der zu seinem Dienstherrn in einem öffentlich-rechtlichen Dienst- und Treueverhältnis steht." Dabei wird der Beamte „von einer zuständigen Stelle in allgemeiner Weise oder durch ausdrücklichen oder stillschweigenden Hoheitsakt zu öffentlich-rechtlichen Dienstverrichtungen berufen . . ., die aus der Staatsgewalt abgeleitet sind oder staatlichen Zwecken dienen" (*Der Große Brockhaus,* 1. Band, 1977, S. 635). Die Rechtsverhältnisse der Beamten werden durch das Beamtenrecht geregelt.

Beamte unterliegen nicht der Sozialversicherungspflicht. Dies entspricht ihrem besonderen Berufsstatus; der Staat alimentiert Beamte bis zur Höhe eines „angemessenen Lebensunterhalts". Die beamtenrechtlichen Vorschriften regeln auch die Beamtenversorgung bei Eintritt von Notfällen, wobei diese aus Steuermitteln des Bundes, der Länder und Gemeinden finanziert werden.

Das System der Sozialversicherung ist über das Kausalprinzip hinaus auch teilweise durch die Berufszugehörigkeit der Versicherten gekennzeichnet.

Die beiden größten Institutionen innerhalb der Rentenversicherung sind die gesonderten Alters-, Invaliditäts- und Hinterbliebenenversicherungen für Arbeiter (regionale Landesversicherungsanstalten – LVA) und für Angestellte (zentrale gemeinsame Bundesversicherungsanstalt für Angestellte – BfA).

Die Unterscheidung zwischen Arbeitern und Angestellten geschieht üblicherweise nach der Art der ausgeübten Tätigkeiten. So werden die manuell Tätigen als Arbeiter, die überwiegend geistig Tätigen als Angestellte bezeichnet und dementsprechend den Rentenversicherungen zugeordnet.

Neben den beiden obengenannten Rentenversicherungen existieren ferner eine knappschaftliche Versicherung speziell für den Bergbau, eine Rentenversicherung für Handwerker, Alterssicherung für Landwirte und einige freie Berufe. Auch in der sozialen Krankenversicherung, die durch eine Vielzahl von Krankenkassen getragen wird (Orts-, Betriebs-, Innungs-, See-, landwirtschaftliche und Ersatzkrankenkassen, Bundesknappschaft) wird anhand der Mitgliederstrukturen der einzelnen Kassen deutlich, daß auch die Berufszugehörigkeit die Mitgliedschaft zu den einzelnen Krankenkassen bestimmt. Dementsprechend unterschiedlich gestalten sich auch die Risikowahrscheinlichkeiten und -strukturen für bestimmte Krankheiten und die Anzahl der mitversicherten Familienangehörigen. Andererseits soll die Vielzahl der Krankenkassen die Vorzüge der Versichertennähe, der Selbstverwaltung durch entsprechende Sozialwahlen (z. B. AOK: paritätische Selbstverwaltung durch Versicherte und Arbeitgeber; Ersatzkassen: Selbstverwaltung nur durch Versicherte) garantieren.

Die Finanzierung der Sozialversicherung (vgl. Abb. 5.4) geschieht überwiegend aus Beitragszahlungen der Arbeitnehmer und -geber zu jeweils 50 %; nur die Unfallversicherung wird allein aus Arbeitgeberbeiträgen finanziert. Bei der neuen Pflegeversicherung ist der Grundsatz der hälftigen Finanzierung der Sozialversicherung durch Arbeitnehmer und -geber insoweit durchbrochen, als die Aufwendungen der Arbeitgeber durch Fortfall eines Feiertages kompensiert werden. Die Beitragszahlungen werden bei der Renten- und Arbeitslosenversicherung durch staatliche Zuschüsse ergänzt. Die öffentliche Mittelaufbringung aus den allgemeinen Steuereinnahmen, für die – im Gegensatz zu den Sozialversicherungsbeiträgen – das Non-Affektations-Prinzip gilt, kann damit gerechtfertigt werden, daß die Träger der Sozialversicherung teilweise all-

Art der Versicherung	Versicherungsfall	Leistung	Leistungsart
Kranken versicherung	Mutterschaft	Mutterschaftshilfe	Sachleistung
		Mutterschaftsgeld	Barleistung
		Krankenbehandlung	Sachleistung
		Krankenpflege	Sachleistung
		Arznei-, Heilmittel	Sachleistung
	Arbeitsunfähigkeit	Gesundheitsförderung	Sachleistung
		Krankengeld (Lohnersatz nach der 6. Woche)	Barleistung
Unfall Versicherung	Arbeitsunfall oder Berufskrankheit	Behandlung	Sachleistung
		Heilpflege	Sachleistung
		Berufsförderng	Sachleistung
		Übergangsgeld	Barleistung
	als Folge: Minderung der Erwerbstätigkeit	Verletztenrente	Barleistung
	als Folge: Tod	Hinterbliebenenrente	Barleistung
		Überführungskosten	Sachleistung
		Sterbegeld	Sachleistung
		Überbrückungshilfe	Barleistung
Renten versicherung	Berufs- und Erwerbsunfähigkeit	Heilbehandlung	Sachleistung
		Berufsförderung	Sachleistung
		Übergangsgeld	Barleistung
		Rente	Barleistung
	Erreichen der Altersgrenze	Altersrente	Barleistung
	Tod	Witwenrente	Barleistung
		Waisenrente	Barleistung
Arbeitslosen-Versicherung	Geburt	Kindergeld (steuerfinanziert)	Barleistung
	Schulende	Ausbildungsförderung	Barleistung
	Teilarbeitslosigkeit	Kurzarbeitergeld (zum Teillohn)	Barleistung
	Arbeitslosigkeit	Berufsförderung	Sachleistung
		Unterhaltsgeld	Barleistung
		Arbeitslosengeld (Lohnersatz)	Barleistung
		Arbeitslosenhilfe	Barleistung
Pflege-Versicherung	Pflegebe-dürftigkeit	Pflegehilfe	Sachleistung
		Pflegegeld	Barleistung
		Pflegehilfs-mittel und technische hilfen	Sachleistung

Abb. 5.3: Wichtige Leistungen der Sozialversicherung
In Anlehnung an: *R. Bartlsperger, H. Boldt, D. C. Umbach* 1979, S. 395

gemeine Staatsaufgaben wahrnehmen und zusätzliche Belastungen aufgrund der Kriegsfolgen zu tragen haben. Auch ist zu bedenken, daß der Staat letztendlich die Gewährung von Sozialleistungen auch in finanziellen Notlagen verbürgt (vgl. *H. Lampert*, 1980, S. 224).

Das ursprünglich angewandte Kapitaldeckungsverfahren, wonach die Einnahmen in Vermögenswerten angelegt werden und deren Erträge die Versichertenansprüche dekken sollen, wurde durch das Umlageverfahren ersetzt. Nunmehr werden daher die Beiträge (und Bundeszuschüsse) in einer Periode jeweils so bemessen, daß die Einnahmen die in dieser Periode anfallenden Leistungen decken. Die Wahl eines Finanzierungsverfahrens ist ein ökonomisches Problem. Bei der Entwicklung eines optimalen Finanzierungsverfahrens, durch das der Gesamtnutzen eines zeitlichen Einkommensstroms maximiert wird, werden etwa Bevölkerungsentwicklung, vorhandener Kapitalbestand in einer Volkswirtschaft, die angestrebte Art der Rentenanpassung (z. B. an das Bruttoarbeitseinkommen), Zinshöhe, Wachstumsgrad der Volkswirtschaft usw. analysiert. Solche Daten determinieren die ökonomische Effizienz der Finanzierungsverfahren (vgl. *L. Männer,* 1974; siehe auch Kap. 5.2.1.1). Die Eignung eines solchen Verfahrens erweist sich auch in seinen Fähigkeiten, zukünftige Mittel auf Anforderung planerisch vorwegzunehmen, damit Beitragshöhe und Leistungsvolumen schon frühzeitig aufeinander abgestellt werden können, so daß auch kurzfristige Finanzierungslücken oder unrentable Überschüsse möglichst vermieden, zumindest aber auf ein Minimum beschränkt bleiben.

Neben den Leistungen des Sozialversicherungssystems tragen Versorgungs- und Fürsorgemaßnahmen als Sondersysteme zur Sozialen Sicherung der Bevölkerung in Notfällen oder bei besonderen Lebenslagen bei. Zu nennen wären hier die Kriegsopferversorgung, der Lastenausgleich, die Beamtenversorgung, die Sozialhilfe, das Kindergeld, die Rehabilitationsleistungen, das Wohngeld usw. Teilweise erfolgt vor Leistungsgewährung eine Überprüfung der Bedürftigkeit (Fürsorgemaßnahmen), oder aber die Mittelzuwendung erfolgt aufgrund geleisteter Opfer bzw. erlittener Schäden für die Gemeinschaft (Versorgungsmaßnahmen). Gemeinsam ist diesen Sicherungsmaßnahmen, daß zum Erwerb von Ansprüchen auf Leistungen keine Beitragszahlung vorangeht und die Mittel aus dem allgemeinen Steueraufkommen erbracht werden.

5.1.2.4.2 Umfang und Struktur des Sozialhaushaltes der Bundesrepublik Deutschland

Die folgenden Schaubilder sollen einen Eindruck vom Umfang und der Struktur des Sozialhaushaltes bzw. des Sozialbudgets in der Bundesrepublik Deutschland vermitteln. Das Sozialbudget wird jährlich von der Bundesregierung vorgelegt und enthält eine qualitative und quantitative Übersicht der sozialen Leistungen, die bei Eintritt von Notfällen oder besonderen Risiken erbracht werden bzw. besonderen Bedürfnissen Rechnung tragen sollen, und über deren Finanzierungsmodalitäten. Darüber hinaus wird der Bezug der volkswirtschaftlichen Gesamtrechnung hergestellt. Diese Darstellung dient als Informationsgrundlage für den in regelmäßigen Abständen erscheinenden Sozialbericht, der über sozialpolitische Leistungen in einer Legislatur-

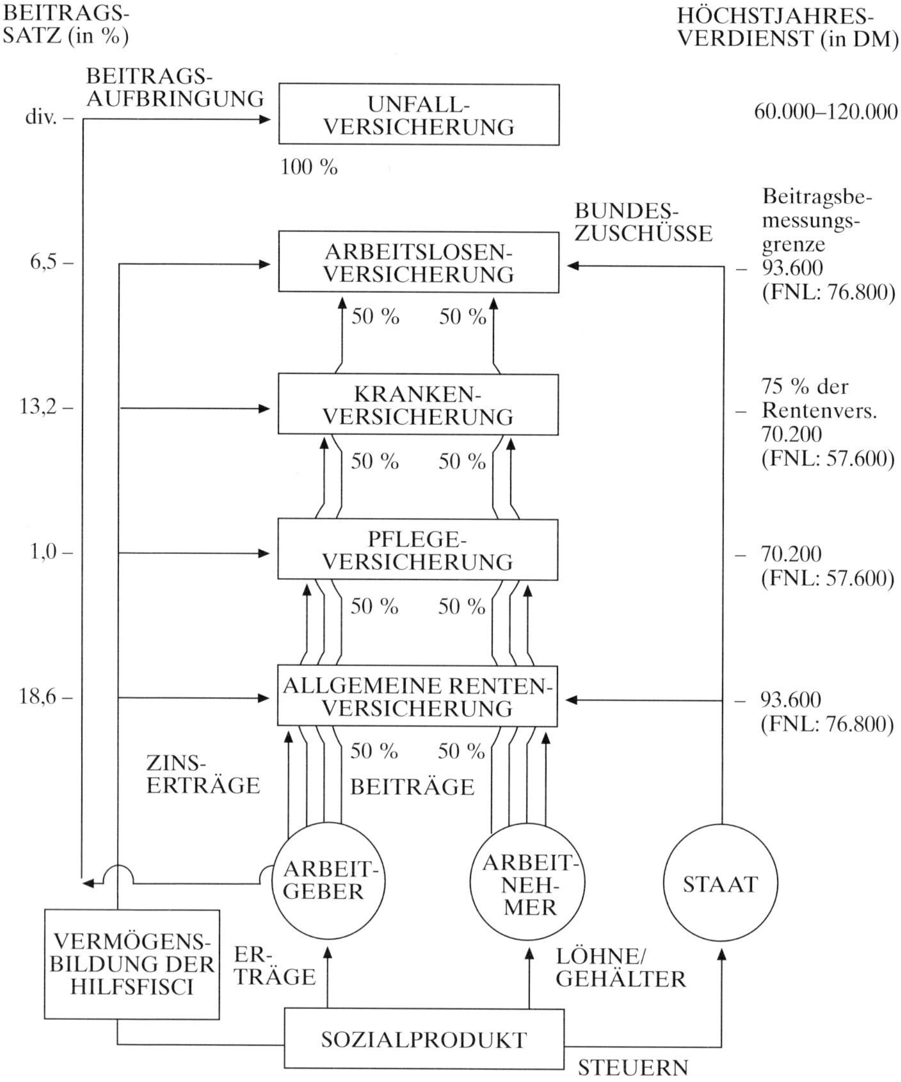

Abb. 5.4: Das Finanzierungssystem der Sozialversicherung (Stand 1995)
In Anlehnung an: *R. Bartlsperger, H. Boldt; D. C. Umbach,* 1979, S. 407; FNL = die fünf neuen Länder

periode informiert und eine Art Bilanz der Gesellschafts- und Sozialpolitik der letzten fünf Jahre ist und Ausblick auf die zukünftige Richtung der Sozialpolitik gibt.

Die bei der Erstellung des Sozialbudgets berücksichtigten Leistungen sind nicht identisch mit den weiter oben beschriebenen Leistungen des Sozialen Sicherungssystems.

Abb. 5.5: Sozialbudget 1993 nach Leistungsarten

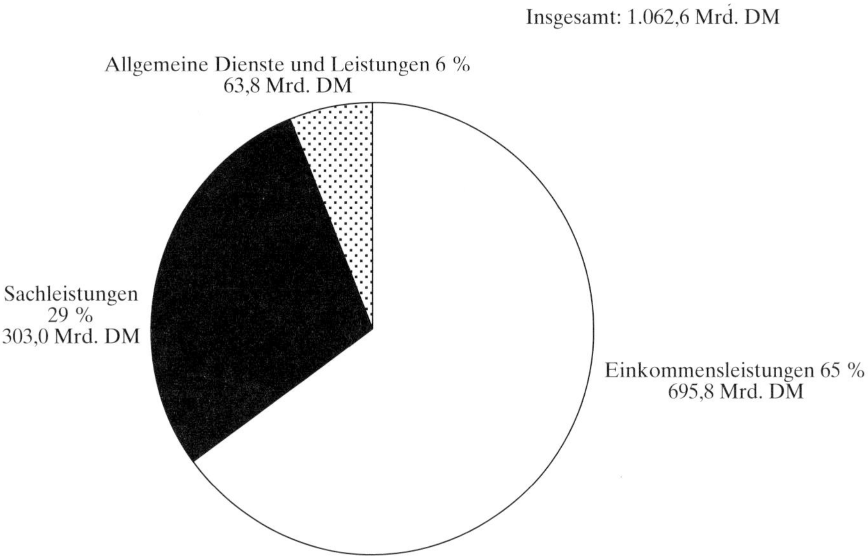

Zusammengestellt aus: *Bundesministerium für Arbeit und Sozialordnung* (Hrsg.): Sozialbericht 1993, Bonn 1994, S. 178, 180.

Abb. 5.6: Sozialbudget 1993 nach Funktionen

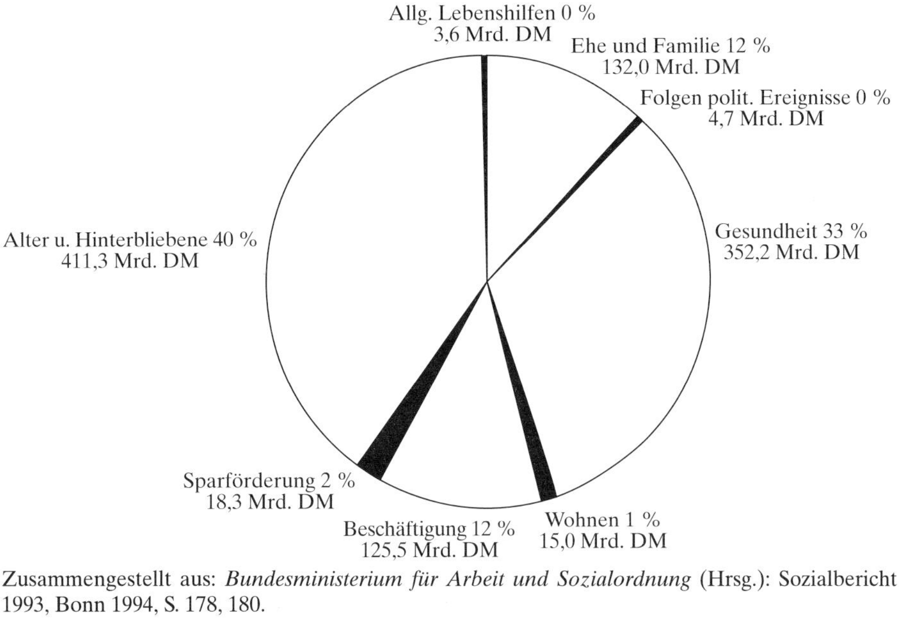

Zusammengestellt aus: *Bundesministerium für Arbeit und Sozialordnung* (Hrsg.): Sozialbericht 1993, Bonn 1994, S. 178, 180.

Abb. 5.7: Sozialbudget 1993 nach Institutionen

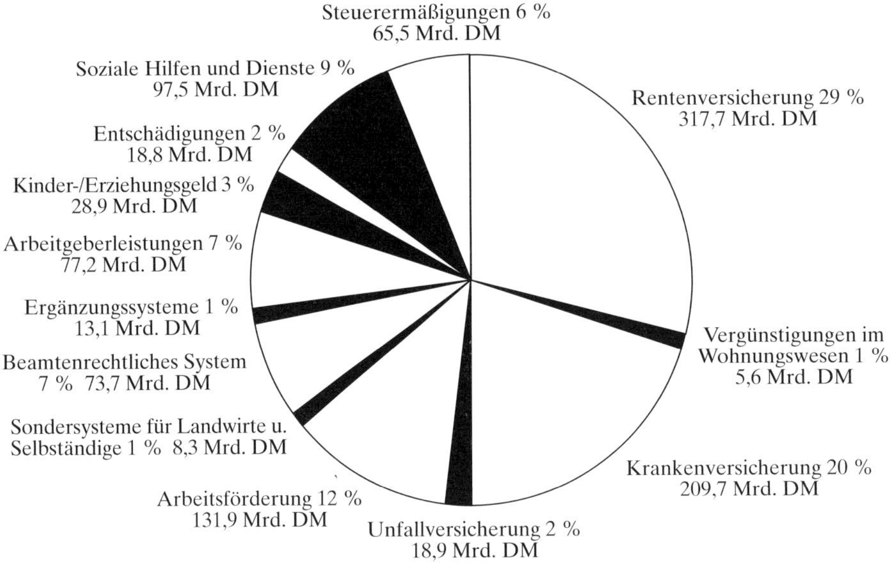

Zusammengestellt aus: *Bundesministerium für Arbeit und Sozialordnung* (Hrsg.): Sozialbericht 1993, S. 194.

Mit in das Sozialbudget gehen weitere Umverteilungsmaßnahmen ein, so zum Beispiel bestimmte Arbeitgeberleistungen (Lohnfortzahlung im Krankheitsfall, betriebliche Altersversorgung und sonstige betriebliche Sozialleistungen), die staatliche Sparförderung und schließlich die indirekten Leistungen wie Steuerermäßigungen.

Abb. 5.5 zeigt, daß überwiegend in Form von Einkommensleistungen (65,5 % des Sozialbudgets) zum sozialen Ausgleich beigetragen wird und somit Sachleistungen nur eine untergeordnete Rolle spielen. Die funktionale Gliederung der Leistungen des Sozialbudgets (Abb. 5.6) ermöglicht eine Übersicht der Leistungen entsprechend ihren Zwecken. Es wird deutlich, daß das Schwergewicht der Leistungen in dem Bereich „Alter und Hinterbliebenen" liegt (38,7 %), 33,1 % des Sozialbudgets werden für die Erhaltung und Wiederherstellung der Gesundheit ausgegeben. Der Bereich „Ehe und Familie" stellt mit 12,4 % den drittgrößten Anteil an den Leistungen des Sozialbudgets; es folgen Leistungen zur Beschäftigungssicherung (11,8 %), zur Vermögensbildung (Sparförderung 1,7 %), zum Wohnbereich (1,4 %) und zur Bewältigung der Folgen von politischen Ereignissen (0,4 %). Auf „allgemeine Lebenshilfe" schließlich entfallen 0,3 % des Sozialbudgets.

Abb. 5.7 gibt dagegen die institutionelle Gliederung der Leistungen wieder, d. h., die Leistungen sind entsprechend der institutionellen Träger aufgeführt und nicht mehr nach den verfolgten Zwecken bzw. nach Schadensursachen.

Die absolute Höhe des Sozialbudgets betrug 1993: 1.062,6 Mrd. DM (Sozialbericht 1993, S. 178). Setzt man diese Größe in Beziehung zum Bruttosozialprodukt des Jahres 1993, so zeigt sich, daß eine Sozialleistungsquote von rund 30 % erreicht ist. Diese Größe kann lediglich etwas über das Gewicht des sozialen Sektors in bezug auf die

Gesamtwirtschaft aussagen, sie besagt nichts über die Qualität und die Grenzen der Belastbarkeit.

Die Höhe der Sozialleistungsquote ist einerseits abhängig vom Umfang der Sozialleistungen, andererseits von der Höhe des Sozialproduktes. Diese Größen wiederum werden determiniert von der Entwicklung der Bevölkerung und des Bevölkerungsaufbaues (aktiv Beschäftigte im Vergleich zu den Inaktiven), von Konjunktur und Wachstum einer Volkswirtschaft und speziell die Sozialleistungsquote von politischen Entscheidungen. So ist c. p. zu erwarten, daß im Konjunkturaufschwung die Sozialleistungsquote sinken wird, da das Bruttosozialprodukt steigt, bestimmte Sozialleistungen (z. B. Arbeitslosengeld) nicht mehr so stark in Anspruch genommen werden, die Höhe der Sozialleistungen (z. B. Rentenanpassung an die Gehaltsentwicklung) nicht sofort, sondern mit einem gewissen Timelag an die neue wirtschaftliche Situation angepaßt werden usw. Dagegen ist im Konjunkturabschwung ein Anstieg der Sozialleistungsquote zu erwarten. (Auf diese makroökonomischen Zusammenhänge wird besonders in Kap. 5.3 eingegangen.)

5.1.2.5 Die Konzeption eines staatlichen Versorgungssystems

Die Konzeption eines staatlichen Versorgungssystems hat als Grundlage die Hauptentscheidung der **Minimierung der Eigenbeteiligung an der Finanzierung der Leistungen** (vgl. Abb. 5.2). In der extremsten Form ist individuelle Eigenvorsorge ausgeschlossen, d. h., Soziale Sicherung wird nur noch durch staatliche Umverteilungsmaßnahmen gewährleistet. Es handelt sich um den Versorgungsstaat par excellence. Allerdings sind mannigfaltige Abänderungen der hier dargestellten reinen Konzeption in der Realität beobachtbar (so in England, Schweden, der UdSSR).

Die Höhe des Steueraufkommens bzw. die staatliche Leistungsfähigkeit ist bestimmend für das Maß der staatlichen Aktivität an der Sozialen Sicherung. In bezug auf das Verhältnis von Sozialeinkommen und früherem Einkommen kann eine Staffelung erfolgen, aber auch eine Gleichverteilung der (Sozial-)Einkommen angestrebt werden.

Mit der Entscheidung für die Minimierung der Eigenbeteiligung an der Leistungsfinanzierung wird zugleich die gesellschaftsgestaltende Aufgabe der Sozialpolitik verabsolutiert. „Eine der vierten Konzeption entsprechende Sozialpolitik knüpft nicht mehr an bestimmte soziale Sachverhalte (Alter, Krankheit, Arbeitslosigkeit) an. Sie geht von der umfassenden, von Markteinkommen gelösten, autonomen Verteilungsvorstellung aus. Die endgültige Einkommensverteilung in und zwischen allen Gruppen der Bevölkerung wird Gegenstand politischer Gestaltung“ (*Sozialenquête-Kommission*, o. J., S. 138, Ziff. 397).

5.2 Soziale Sicherung im Wirtschaftskreislauf

In diesem Abschnitt wird die Idee des Kreislaufs, die bereits in Kapitel 3 dargestellt wurde, wieder aufgegriffen, um das Beziehungsgefüge zwischen dem Sozialen Sicherungssystem und anderen volkswirtschaftlichen Aggregaten deutlich zu machen. Entsprechend dieser Zielsetzung soll hier ein makroökonomisches Kreislaufmodell entwickelt werden. Durch Aggregation einzelwirtschaftlicher Subjekte (Einzelhaushalte,

WIRTSCHAFTSKREISLAUF der BUNDESREPUBLIK DEUTSCHLAND einschließlich Sozialhaushalt

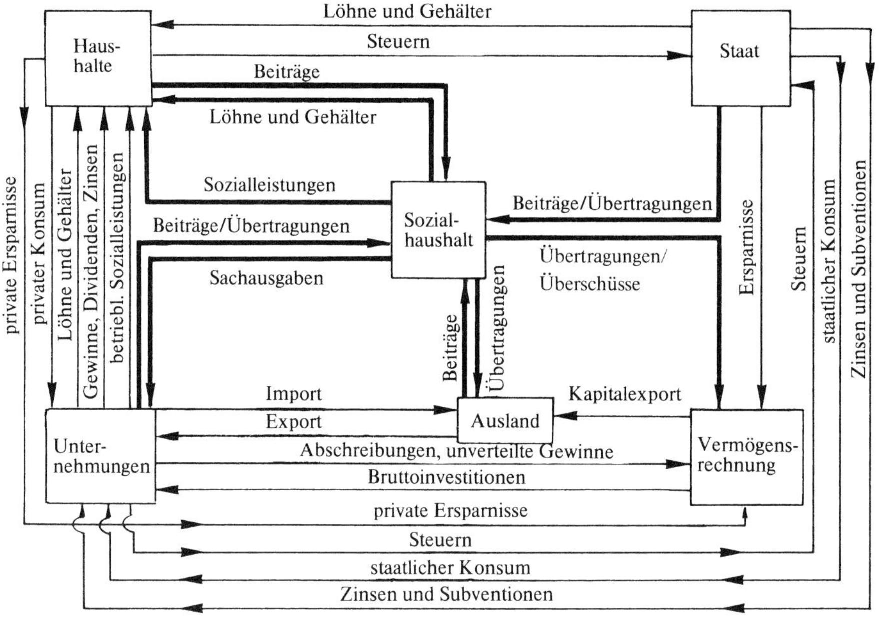

Abb. 5.8: Wirtschaftskreislauf der Bundesrepublik Deutschland einschließlich Sozialhaushalt

einzelne Unternehmungen) zu Sektoren sollen auf makroökonomischer Ebene Interdependenzen und volkswirtschaftliche Prozesse dargestellt werden. Auch aus Gründen der Anschaulichkeit wird nunmehr von der Einheit des Sozialhaushalts ausgegangen; das bedeutet, daß alle Institutionen, die zwecks Sozialer Sicherung der Bevölkerung tätig werden, zu einer Einheit bzw. einem Gesamtsystem zusammengefaßt werden und somit Beziehungen zwischen Teileinrichtungen dieses Sicherungssystems untereinander bzw. zu anderen volkswirtschaftlichen Institutionen aus der Betrachtung ausgeklammert werden.

Das folgende Schaubild zeigt den Wirtschaftskreislauf, wobei hier monetäre (d.h. Geld-)Ströme die Aggregate Sozialhaushalt, private Haushalte, Unternehmungen, Staat, Vermögensrechnung und Ausland miteinander verbinden.

Zunächst interessieren vor allem die Ströme, die vom Sozialhaushalt ausgehen oder zu ihm hinführen. Die Rolle der Sozialen Sicherung im volkswirtschaftlichen Kreislauf wird definiert durch die **Wechselbeziehung** zwischen der **Leistungsseite,** auf der sie dem privaten Haushaltssektor Mittel zuführt, und der **Aufbringungsseite,** auf der sie den Sektoren „Haushalt", „Unternehmungen" und „Staat" Mittel entzieht. Einerseits leitet sie also den Haushalten Geldmittel (in Form von Renten und anderen Barleistungen), Sachleistungen (Heil- und Hilfsmittel) und Dienstleistungen (Beratung, Behandlung, Erziehung und Pflege) zu, die somit das Realeinkommen der Begünstigten entsprechend erhöhen. Andererseits zieht sie die Erbringung dieser Leistungen (einschließlich ihrer Planung, Organisation, Verwaltung und Kontrolle) erforderlichen Mittel ein: Sozialbeiträge von den Haushalten und den Unternehmungen (Arbeitgeberanteil) sowie Zuschüsse aus öffentlichen Haushaltsmitteln.

Zu beachten ist, daß die vorliegende grafische Darstellung des Wirtschaftskreislaufs auf die Skizzierung der monetären Ströme zwischen den Sektoren beschränkt ist. Da die realen (d. h. Sachgüter-)Ströme, die bei Tauschbeziehungen den Geldströmen entgegengesetzt verlaufen, hier lediglich der Übersichtlichkeit halber fortgelassen wurden, wäre es falsch, die Transaktion „Sachausgaben" vom Sozialhaushalt zum Unternehmersektor als Sozialleistung zu interpretieren. Dieser Strom symbolisiert vielmehr den Geldstrom, der zum Einkauf von Gütern und Dienstleistungen notwendig ist, welche den Versicherten (den privaten Haushalten) als soziale Sachleistungen zur Verfügung gestellt werden sollen. Da Güter und Dienste hier aber unentgeltlich abgegeben werden, d. h. dem Realeinkommensstrom keine direkte monetäre Gegenleistung entspricht, kann diese Übertragung von realen Gütern und Diensten in einer auf monetäre Beziehungen beschränkten Darstellung auch nicht zum Ausdruck kommen. Entsprechend ist auch der Geldstrom „Löhne und Gehälter", der vom Sozialhaushalt zum Sektor der privaten Haushalte führt, nicht als Sozialleistung zu verstehen; dieser Strom stellt nur eine monetäre Gegenleistung dar, und zwar für die Arbeitszeit und -kraft, die dem Sozialhaushalt vom privaten Haushaltssektor (z. B. durch das Sozial-, Pflege- und Verwaltungspersonal) zur Verfügung gestellt werden, was in dieser Geldstromanalyse aber nicht erfaßt werden kann.

Die in Abb. 5.8 dargestellten monetären Beziehungen zwischen dem Sozialhaushalt und den anderen Elementen der Volkswirtschaft verdeutlichen, daß der Sozialhaushalt durch seine Tätigkeit, die hier durch Entzugs- und Zuführeffekte symbolisiert ist, Einfluß auf den Wirtschaftskreislauf nimmt, und zwar direkt auf Produktion, Konsum, Sparen und Investition.

5.2.1 Wirkungen des Sozialhaushaltes auf den privaten Konsum und die Ersparnis

Die **Erhebung von Beiträgen** zur Finanzierung sozialer Sicherungsleistungen wirkt ähnlich wie die direkte Besteuerung; sie **mindert das privat verfügbare Einkommen** und engt somit den freien Dispositionsspielraum der Privaten in bezug auf ihre Spar- und Konsumtätigkeit ein. Die Beitragserhebung wird in der Literatur als eine Form des Zwangssparens betrachtet, das der materiellen Zukunftssicherung dient. Es wird angenommen, daß das Ausmaß des Zwangssparens über der Höhe des freiwilligen Sparens liegt, da der Sozialversicherungspflicht vor allem untere Einkommensgruppen unterliegen (Versicherungspflichtgrenze!), deren Sparneigung bzw. Sparfähigkeit relativ gering ist.

Dieser gesamtwirtschaftlich interessante Netto-Spareffekt der Sozialversicherung ist jedoch unbeachtlich, sofern die Höhe der zwangsweise gesparten Beträge mit der der freiwilligen Ersparnis ungefähr übereinstimmt. Zur Ermittlung der tatsächlichen Auswirkungen einer Beitragsanhebung auf einzelne Haushalte oder Haushaltsgruppen, die der Sozialversicherungspflicht unterliegen, muß deren Reaktion bei der Einkommensverwendung (wie sie sich in der Spar- bzw. Konsumneigung ausdrückt) empirisch festgestellt werden.

Sofern der Staat durch allgemeine Steuermittel die Tätigkeit der Sozialversicherungen unterstützt bzw. in eigener Regie soziale Sicherungsleistungen erstellt (Fürsorge- und Versorgungsmaßnahmen), wäre für eine Analyse der Spar- und Konsumwirkungen der steuerlichen Finanzierung die Verteilung der Steuerlast auf die verschiedenen Einkommensempfänger zu ermitteln. Da hier das Non-Affektations-Prinzip gilt (wonach die gesamten Staatseinnahmen zur Deckung aller Staatsausgaben herangezogen werden und somit die Zweckbindung einzelner Einnahmen für ganz bestimmte Aufgaben unzulässig ist), müßten in einer theoretischen Analyse zusätzlich Thesen über die Verteilung der Steuerlast zur Finanzierung sozialer Sicherungsleistungen auf Bevölkerungsgruppen aufgestellt werden. Möglich wäre die Annahme, daß alle Steuerzahler prozentual zu ihren entrichteten Steuern zur Finanzierung sozialer Sicherungsleistungen herangezogen werden.

Bei der Analyse der Konsum- und Sparwirkungen der Finanzierung ist ferner zu berücksichtigen, daß Beitrags- bzw. Steuerzahler nicht identisch sein müssen mit den tatsächlichen Trägern der Finanzierungslast. Es finden Überwälzungsprozesse statt, was die Identifikation der tatsächlichen Finanzierungsträger erheblich erschwert.

Besonders deutlich können Überwälzungsmöglichkeiten im Unternehmensbereich aufgezeigt werden. Abgaben der Unternehmer können (als Kosten)

- vorgewälzt, d. h. bei entsprechender Nachfrage im erhöhten Verkaufspreis der produzierten Güter an die Abnehmer weitergegeben werden;
- zurückgewälzt, d. h. durch entsprechenden Druck auf die Zulieferfirmen in Form einer Minderung des Einkaufspreises für Vorprodukte (ggf. auch durch Lohnsenkungen zu Lasten der Arbeitnehmer) weitergegeben werden;
- weitergewälzt, d. h. von den durch Überwälzung betroffenen Zulieferern oder Abnehmern wieder an noch schwächere Marktpartner weitergegeben werden.

Da grundsätzlich alle Steuern – gleichgültig ob progressive Einkommensteuer oder proportional erhobene indirekte Steuern – überwälzbar sind, muß gleiches auch für die proportional zum Einkommen erhobenen Beiträge zur Sozialversicherung gelten, hierbei insbesondere für die Möglichkeiten der Arbeitgeber, den von ihnen zu zahlenden Anteil bereits bei der Lohnzahlung durch Diskontierung auf die Arbeitnehmer vorzuwälzen oder aber auf die Abnehmer vor- bzw. letztlich in Richtung auf die Verbraucher (als Endabnehmer letztes Glied der Kette) weiterzuwälzen.

Die **ausbezahlten Geldleistungen** des Sozialen Sicherungssystems **erhöhen das individuell verfügbare Einkommen** der jeweiligen Empfänger. Die Auswirkung auf Konsum und Sparen hängt wieder von den Konsum- bzw. Sparneigungen der Empfänger ab. In der Literatur gilt eine relativ hohe konsumtive Verwendung der monetären Transfers als die wahrscheinlichere, da soziale Sicherungsleistungen vor allem sozialen Notständen, die durch einen Mangel an materiellen Gütern gekennzeichnet sind, bzw. besonderen Bedürfnissen Rechnung tragen sollen. Dies gilt vor allem für die Empfänger von monetären Transferleistungen, die den unteren Einkommensgruppen angehören. Die

Bezieher mittlerer und höherer Einkommen werden dagegen einen Teil der monetären Transfers entsprechend ihrer höheren marginalen Sparneigung zur Ersparnisbildung heranziehen.

Werden soziale Sicherungsleistungen in Form von **Realtransfers** (Güter und Dienstleistungen) erstellt, so werden auch hier Wohlstandspositionen der jeweiligen Empfänger tangiert. In diesem Fall wird jedoch direkt auf die Konsumstruktur der Empfänger Einfluß genommen. Es steht nicht mehr in der Disposition des einzelnen, über die qualitative und quantitative Zusammensetzung des Konsumgüterbündels (des häuslichen „Warenkaufs") zu entscheiden.

Exkurs: Finanzierungsverfahren und gesamtwirtschaftliche Ersparnis

Einen erheblichen Einfluß auf gesamtwirtschaftliche Kapitalbildung hat das jeweils gewählte Finanzierungsverfahren der Sozialversicherung. Vor allem drei Finanzierungsverfahren werden hauptsächlich hinsichtlich der Rentenversicherung in der Literatur diskutiert: das Umlage-, das Kapitaldeckungs- und das Anwartschaftsdeckungsverfahren.

„(1) Beim **Umlageverfahren** werden die Beiträge pro Jahr so angesetzt, daß die Rentenleistungen unmittelbar durch die Beiträge finanziert werden. Es wird also kein Deckungskapital angesammelt.

(2) Beim **Kapitaldeckungsverfahren** werden die Beiträge pro Jahr so angesetzt, daß dem Altersjahrgang, bei dem der Versicherungsfall eintritt (Erstrentner), aus dem Beitragsaufkommen ein Deckungskapital gutgeschrieben wird, das nach versicherungsmathematischen Grundsätzen gerade ausreicht, um die gesamten voraussichtlichen Renten dieser Generation zu finanzieren. Da für jede Rentengeneration dieses Geldkapital aus den Gesamtbeiträgen des Jahres, in dem für die Generation der Versicherungsfall eintritt, gebildet wird, wird bei der gesetzlichen Rentenversicherung ein Kapitalbestand angesammelt.

(3) Beim **Anwartschaftsdeckungsverfahren** werden die Beiträge pro Jahr so bemessen, daß auf dem Konto jedes einzelnen Versicherten ein individuelles Deckungskapital angesammelt wird, das nach versicherungsmathematischen Grundsätzen ausreicht, die Rentenansprüche des Versicherten im Versicherungsfall zu befriedigen. Der Kapitalbestand, der bei diesem Verfahren bei der gesetzlichen Rentenversicherung angesammelt wird, ist sehr viel höher als der beim Kapitaldeckungsverfahren. Hier gibt es nicht nur individuelle Kapitalkonten der Rentner, sondern auch individuelle Kapitalkonten der Beitragszahler" (*L. Männer*, 1974, S. 246).

Es wird deutlich, daß je nach Finanzierungsverfahren (vgl. auch 5.1.2.4.1) die Kapitalansammlung in der Sozialversicherung zunimmt. Durch die Anwendung des Kapitaldeckungs- oder Anwartschaftsdeckungsverfahrens wäre ein gewaltiger Vermögensstock angelegt, so daß die Sozialversicherung eine bankenähnliche Funktion innehätte. Dies kann nach *Wittmann* nur dann gerechtfertigt werden, wenn private Initiative ausbleibt oder unzureichend ist (vgl. *W. Wittmann*, 1976, Bd. III, S. 197), also private Ersparnisbildung nicht ausreicht, um private Kreditnachfrage zu befriedigen und somit potentielle Investitionsmaßnahmen unterbleiben. Dies ist bei den industriell entwickelten Ländern nicht der Fall.

Dagegen wird in den industriell nicht entwickelten Ländern angenommen, daß hier aufgrund des allgemein niedrigen Lebensstandards keine große Kapitalbildung stattfinden kann, so daß zum Zwecke der Kapitalbildung durch Zwangssparen nur vermittels des Kapitaldeckungs- und vor allem des Anwartschaftsdeckungsverfahrens die zur Finanzierung der Entwicklungspläne erforderlichen Mittel aufgebracht werden können. Zu beachten ist immer, daß diese Verfahren nur so lange funktionsfähig sind, wie die wirtschaftlichen und sozialen Verhältnisse stabil sind. So können z. B. die Geldwertminderungen durch hohe Inflationsraten den realen Wert (die Kaufkraft) des angesparten Kapitals erheblich beeinträchtigen und somit auch die Anpassung der Geldtransfers an die wirtschaftliche Entwicklung verhindern.

Zudem ist zu beachten, daß Leistungen des Sozialen Sicherungssystems wirtschaftlich gesehen immer aus dem Sozialprodukt des jeweiligen Jahres entnommen werden. Auch wäre bei Anwendung des Kapitaldeckungs- bzw. Anwartschaftsdeckungsverfahrens in der Bundesrepublik Deutschland der Kapitalbestand des Sozialversicherungssystems dermaßen hoch, daß dieser hauptsächlich wirtschaftspolitische Bedeutung hätte und somit Träger der Sozialversicherung grundsätzlich als Träger der Wirtschaftspolitik angesehen werden müßten. Ob eine derartige Vermischung der Aufgaben von Wirtschafts- und Sozialpolitik zulässig ist, kann nicht nur nach dem Maßstab der Zweckmäßigkeit beurteilt, sondern muß auch als eine ordnungspolitische Frage angesehen werden. In der Bundesrepublik Deutschland wurde das ursprünglich angewandte Kapitaldeckungsverfahren, das auch dem Privatversicherungsgedanken entspricht, vom Umlageverfahren abgelöst. Neben seiner geringeren Störanfälligkeit gegenüber inflationären Prozessen ist dies auch ein Ausdruck einer Sozialversicherung, die ihrem Konzept nach nicht individualistisch ausgerichtet ist, sondern bewußt dem Solidarprinzip folgt.

5.2.2 Wirkungen des Sozialhaushaltes auf die Produktion in einzelwirtschaftlicher Betrachtung

Direkt wirkt der Sozialhaushalt auf Umfang und Art der Produktion i. w. S. ein, indem beim Unternehmenssektor für den Realtransfer bestimmte Güter und Dienstleistungen in Auftrag gegeben werden, welche nach sozialen Kriterien ausgewählten privaten Haushaltungen unentgeltlich (oder zu einer nicht die Kosten deckenden Gebühr) zur Verfügung gestellt werden sollen.

Ganz deutlich wird dies im Bereich der Versorgung mit medizinischen Gütern und Dienstleistungen. Hier garantiert die Krankenversicherung den Versicherten weitgehendst das Güterbündel, das aus ärztlicher Sicht zur Wiederherstellung bzw. Erhaltung der Gesundheit für jeden Versicherungsfall notwendig ist. Die Erbringung dieser Güter und Dienstleistungen ist größtenteils aus dem allgemeinen Marktgeschehen herausgenommen; Steuerung von Angebot und Nachfrage unterliegen hier nicht mehr den gleichen Bedingungen wie auf freien Märkten, was Umfang, Struktur, Qualität und auch die Preise dieser Güter beeinflussen kann (vgl. *Ph. Herder-Dorneich,* 1980).

Aber auch **indirekte Wirkungen** vom Sozialen Sicherungssystem auf die Produktion sind feststellbar. Die Bereitstellung von Transfers, wie etwa Eingliederungsbeihilfen, die Finanzierung von Umschulungsmaßnahmen usw., kann die Mobilität der Arbeitskräfte erhöhen, und über eine effektive Sicherung der Gesundheit könnten Quantität und Qualität der zur Verfügung stehenden Arbeitskräfte erhöht werden.

Sozialtransfers sollen nicht zu „disincentives" werden, die hemmend auf die Bereitschaft des Empfängers wirken, seine Arbeitskraft zu Erwerbszwecken am Markt zur Verfügung zu stellen. Deshalb werden Transferzahlungen zum Ausgleich fehlenden Arbeitseinkommens (Arbeitslosengeld oder Arbeitslosenhilfe) zwar am früheren Einkommen orientiert, dürfen aber einen bestimmten Prozentsatz nicht überschreiten (in der geringeren Höhe dieses Einkommenssatzes wird allerdings auch berücksichtigt, daß der Nicht-Erwerbstätige in der Regel auch einen geringeren Lebensbedarf hat als eine aktive Erwerbsperson).

Andererseits werden durch die Erhebung der Beiträge zur Sozialversicherung die individuell verfügbaren Einkommen gemindert. So ist es – vor allem bei einer Erhöhung der Beitragssätze – denkbar, daß durch eine Ausweitung der Arbeitszeit durch die Arbeitnehmer (z. B. Leistung von Überstunden) versucht wird, die Minderung der verfügbaren Einkommen auszugleichen, um beispielsweise einen bestimmten Lebensstandard weiterhin aufrechtzuerhalten.

Auch die Erhebung von Beiträgen zur Sozialversicherung aus dem Unternehmenssektor (Arbeitgeberanteile) kann Wirkungen auf die Produktion haben. Diese Arbeitgeberbeiträge können ebenso wie die Lohnkosten und die freiwilligen betrieblichen Sozialleistungen als Bestandteil der Kosten für den Einsatz des Produktionsfaktors Arbeit angesehen werden. Nicht die Lohnkosten allein, sondern die umfassenderen „Arbeitskosten" sind es, die

- bei gleichen Fertigungsweisen und gleichen Kapitalkosten über die Wettbewerbsfähigkeit einer nationalen Industrie auf dem Weltmarkt entscheiden;
- für die Unternehmen als Grundlage von Vergleichen zwischen arbeits- und kapitalintensiven Fertigungsweisen dienen, die Rationalisierungsmaßnahmen vorausgehen.

Aber nicht nur eine Veränderung der Arbeitgeberbeiträge wirkt wie eine Arbeitskostenvariation; dieselbe Überlegung gilt auch für den Arbeitnehmeranteil an den Sozialbeiträgen. Eine Anhebung bewirkt hier eine unmittelbare Senkung des disponiblen Einkommens und führt dementsprechend zu erhöhten Lohnforderungen der Gewerkschaften, d. h. bei ihrer Durchsetzung ebenfalls wieder zu einem Anstieg der Lohn- bzw. Arbeitskosten für das Unternehmen. So schreibt *Lampert* denn auch der Unterscheidung zwischen Arbeitnehmer- und Arbeitgeberbeiträgen nur noch eine formale Bedeutung zu: „Die Arbeitgeberbeiträge werden als Kostenbestandteile in den Produktpreisen auf die Käufer überwälzt. Zahler und Belastete sind also nicht identisch" (*H. Lampert*, 1994, S. 290).

Es ist jedoch denkbar, daß diese Lohnmehrkosten, die nicht einer tarifvertraglichen Regelung unterliegen und von den Selbstverwaltungsorganen der Versicherungen unter entscheidender Beteiligung des Staates festgelegt werden, dazu führen, daß ein starker Anreiz zu arbeitssparenden Rationalisierungsmaßnahmen in Unternehmungen bestehen kann. Eine kapitalintensivere Produktion ist jedoch nicht für alle Branchen und Unternehmungen in gleicher Weise möglich, so daß langfristig die Struktur der Produktion sich ändern könnte. Auch ist zu bedenken, daß diese Möglichkeit der Überwälzung der Arbeitgeberanteile auf die Güterpreise nicht für alle Unternehmen gleich verteilt ist, „denn diese Möglichkeit ist in der Zeit und nach Sektoren verschieden. Einige Sektoren stehen im Konjunkturabschwung und überleben nur noch einstweilig aus sozialen Gründen, während andere in rascher Expansion begriffen sind. Einige Sektoren wiederum sind einer internationalen Konkurrenz aus Gründen des Gefälles zwischen normalen und unnormalen Preisen ausgesetzt (z. B. dumping)" (*A. J. S. Buggenhout*, 1967/68, S. 465).

Auf gesamtwirtschaftlicher Ebene kann die Art der Finanzierung des Sozialhaushaltes auf das Ausmaß der Ein- und Ausfuhren wirken, welches durch Arbeitskosten und Produktivität stark determiniert ist. „Einige Zweige der Volkswirtschaft können hierbei spezifischen Einflüssen unterliegen, wenn ein anderes Land ein anderes Finanzierungssystem für die soziale Sicherheit besitzt oder wenn die Vorschriften anderer Länder für den Export bestimmter Güter die Rückerstattung unter Befreiung von Soziallasten vorsehen" (*A. J. S. Buggenhout*, 1967/68, S. 464).

5.3 Makroökonomische Analyse der Wirkungen des Sozialen Sicherungssystems

Der **Entzug von Einkommen** aus dem privaten Sektor durch Steuern und Sozialabgaben wirkt für sich genommen auf die Stärke der Kreislaufströme grundsätzlich **drosselnd** (kontraktiv), da hiermit dem ökonomischen System zunächst einmal Mittel entzogen werden. Umgekehrt wirkt die aus stillgelegten Mitteln (Fonds) finanzierte **Abgabe von Leistungen** an private Haushalte (und Unternehmungen) **kreislaufmäßig verstärkend** (expansiv). Die spezifischen makroökonomischen Wirkungen des Sozialen Sicherungssystems werden im folgenden anhand einer einfachen Multiplikatoranalyse ermittelt bzw. dargestellt.

5.3.1 Multiplikatoranalyse

Die Multiplikatoranalyse dient der Bestimmung der Auswirkungen, die durch Einnahmeerhehung und Leistungserstellung des Sozialen Sicherungssystems auf das Einkommmensniveau und damit auch auf das Beschäftigungsniveau einer Volkswirtschaft hervorgerufen werden.

Zur Vereinfachung der Analyse werden folgende Annahmen gemacht:

- es handelt sich um eine geschlossene Volkswirtschaft; es findet also kein Außenhandel statt;
- die Unternehmen behalten keine **Gewinne** zurück, sondern schütten sie restlos an die Haushalte der Kapitaleigentümer aus;

- die Höhe der geplanten Nettoinvestitionen, der monetären und realen Transferleistungen, die Steuererhebung hängen nicht vom jeweiligen Sozialprodukt ab, sondern sind autonom gegeben;
- der private Konsum und damit auch die Ersparnis sind einkommensabhängig;
- es handelt sich um eine rein nominelle Betrachtung, d. h., Kaufkraftänderungen bleiben unberücksichtigt.

5.3.1.1 Die Bestimmung des Gleichgewichtseinkommens

Als Einführung in die makroökonomische Analyse soll hier zunächst ganz allgemein das Gleichgewichtseinkommen einer Volkswirtschaft geometrisch und algebraisch abgeleitet werden. (Sofern Grundkenntnisse der makroökonomischen Analyse vorhanden sind, kann dieser Abschnitt überschlagen werden.)

Läßt man die außenwirtschaftlichen Beziehungen außer Betracht, dann muß das Sozialprodukt (Y) in einer solchen „geschlossenen" Volkswirtschaft hinsichtlich seiner Verwendung die Summe der privaten Verbrauchsausgaben (C), der privaten Investitionen (I) und der staatlichen Ausgaben für Sachgüter und Dienstleistungen (G) sein:

(1) $Y = C + I + G.$

Da der private Konsum als Funktion des verfügbaren Einkommens [$C = C(Y_V)$] definiert ist und hier eine lineare Abhängigkeit angenommen wird, gilt:

(2) $C = C_0 + cY_V$,

wobei C_0 den Sockelbetrag des Konsums bezeichnet, der unabhängig ist von der Höhe des Einkommens („Existenzminimum", autonomer Konsum; in Abb. 5.9 vereinfachend als Betrag der Verbraucherausgaben bei einem verfügbaren Einkommen von Y_V gleich Null). Der einkommensabhängige (induzierte) Konsumteil wird durch die jeweilige marginale Konsumquote bestimmt, d. h. formal durch den Koeffizienten c für den Differentialquotienten dC/dY_v.

Das verfügbare Einkommen aller privaten Haushalte wird definiert als:

(3) $Y_V = Y - T - B_{SV} + T_r$,

also als Einkommensgröße, die sich ergibt, wenn man vom Bruttohaushaltseinkommen die Steuern und Beiträge abzieht und ihm die Geldtransfers hinzufügt. Es kann entweder zu konsumtiven Zwecken verwendet oder gespart werden:

Die fundamentale Gleichgewichtsbedingung ($I \stackrel{!}{=} S$) besagt, daß die Summe der **geplanten** Privatinvestitionen (Vermögenszuwächse in den Unternehmungen) gleich sein soll der Summe des **geplanten** Sparens (von den Privathaushalten nicht für den Konsum verausgabten Einkommensbeträge). Nur dann befindet sich der Wirtschaftskreislauf von vornherein (ex ante) in einem Gleichgewicht.

Durch Gleichsetzung von (1) und (3) erhält man

(4) $C + I + G = Y_v - T_r + T + B_{SV}$;

unter Beachtung von (4) folgen dann

(4a) $I + G = (Y_V - C) - T_r + T + B_{SV} = S - T_r + T + B_{SV}$,

(4b) $I + G + T_r \stackrel{!}{=} S + T + B_{SV}$.

Gleichung (4b) stellt alle Einkommenszuflüsse in den Wirtschaftskreislauf den Einkommensabflüssen gegenüber. In Erweiterung der I=S-Bedingung heißt dies, daß ein volkswirtschaftliches Gleichgewicht nur dann gegeben ist, wenn auch die **geplanten** Ausgaben und die **geplanten** Einnahmen des Staates (einschließlich der Sozialversicherungen) gleich sind, d. h. wenn sich auch die öffentlichen Haushalte (als Gesamtheit betrachtet) in einem Ex-ante-Gleichgewicht befinden. Durch Gleichsetzung von I und S ergibt sich nämlich aus Gleichung (4b):

(5) $G + T_r \stackrel{!}{=} T + B_{SV}$.

Der eben beschriebene Sachverhalt kann auch anhand einer grafischen Darstellung verdeutlicht werden, wobei der größeren Anschaulichkeit halber auch hier wieder vom einfachsten Modell, d. h. einer Volkswirtschaft ohne staatliche Aktivitäten, auszugehen ist.

Das Gleichgewichtseinkommen kann bestimmt werden durch den Schnittpunkt der aggregierten Nachfragekurve ($C + I$) mit der 45°-Linie ($C + S$), welche die Gleichheit zwischen den verfügbaren Einkommen und der Summe aus Konsum und Sparen (Einkommensverwendung) ausdrückt. Das Gleichgewichtseinkommen ist ebenso determiniert durch den Schnittpunkt der Sparfunktion mit der Funktion der geplanten Investition, da hier die Gleichgewichtsbedingung $S \stackrel{!}{=} I$ erfüllt ist.

Liegt das tatsächliche Einkommen rechts (links) vom Gleichgewichtseinkommen Y_1, so kommt es zu ungeplanten Investitionen in Form einer Zunahme der Lagerbestände (bzw. zu ungeplanten Investitionseinschränkungen, d. h. einen unerwarteten Rückgang der Produktlagerbestände bei den Unternehmen).

Die bisherige Analyse, die nach der Trägerschaft unterschiedlich Ausgaben- und Einnahmen-Aktivitäten differenziert, kann vereinfacht werden. Denn allein die Art der Einnahmeerhebung (Fixbetrag bzw. Proportionalität oder Progressivität in bezug auf das Einkommen) und die Art der Leistung (monetäre bzw. reale Transfers) sind bestimmend für die spezifischen Wirkungen auf den Wirtschaftskreislauf. In der weiteren Analyse wird daher nur noch nach den Arten der Einnahmeerhebung bzw. Leistungsabgaben differenziert.

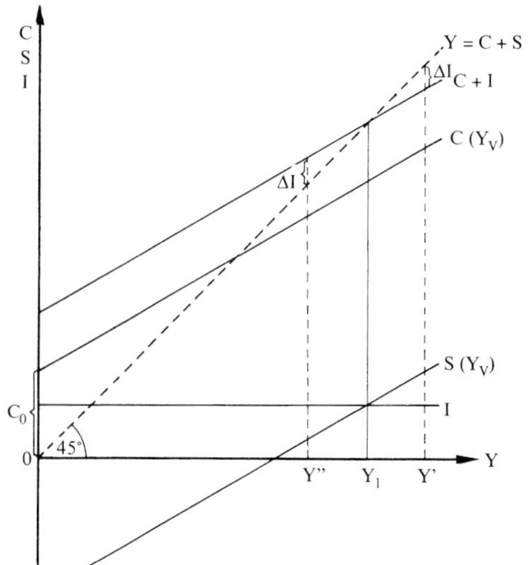

Abb. 5.9: Gleichgewichtseinkommen in einer Volkswirtschaft ohne Staat

5.3.1.2 Die Multiplikatorwirkungen von Realtransfers

Annahme: Es findet eine Realtransfererhöhung um ΔG statt; die Art der Finanzierung wird zunächst nicht berücksichtigt. Mit dem Begriff „Realtransfers“ werden hier alle Ausgaben des Staates bzw. der Parafisci für direkte Güterkäufe bezeichnet.

Abb. 5.10 zeigt die volkswirtschaftliche Gesamtausgabenkurve $C_1 + I_1 + G_1$ mit dem Gleichgewichtseinkommen Y_1, das aus dem Schnittpunkt dieser Gesamtausgabenkurve mit der 45°-Linie ableitbar ist. Die Realtransfers (G_1) werden nun um den Betrag ΔG erhöht, wodurch die Gesamtausgabenkurve um eben diesen Betrag parallel nach oben verschoben wird; nunmehr gilt die Kurve $C_1 + I_1 + G_1 + \Delta G$, und das von dem neuen Schnittpunkt bestimmte Gleichgewichtseinkommen lautet Y_2. Die Differenz $\Delta Y = Y_2 - Y_1$ ist aber offensichtlich größer als die Höhe der zusätzlichen Realtransfers. Die Erhöhung der Ausgaben um ΔG hat somit eine multiplikative Wirkung auf das Einkommensniveau, und zwar um $\Delta Y = m_{RT} \cdot \Delta G$.

Die Höhe des Staatsausgabenmultiplikators (Realtransfermultiplikator m_{RT}) läßt sich algebraisch folgendermaßen ableiten:

(1) $Y_1 = Y_0 + \Delta G$
$Y_2 = Y_0 + \Delta G + c \cdot \Delta G$
$Y_3 = Y_0 + \Delta G + c \cdot \Delta G + c^2 \cdot \Delta G$
...
...
...

(2) $Y_n = Y_0 + \Delta G + c \cdot \Delta G + c^2 \cdot \Delta G + \ldots + c^{n-1} \cdot \Delta G$

durch Multiplikation mit c ergibt sich:

(3) $Y_n \cdot c = Y_0 \cdot c + c \cdot \Delta G + \ldots + c^{n-1} \cdot \Delta G + c^n \cdot \Delta G$

durch Subtraktion von (2) von (3):

(4) $Y_n - Y_n \cdot c = Y_0 - Y_0 \cdot c + \Delta G - c^n \cdot \Delta G$

und durch Umformung:

(5) $Y \cdot (1 - c) = Y_0 (1 - c) + \Delta G - c^n \Delta G : (1 - c)$

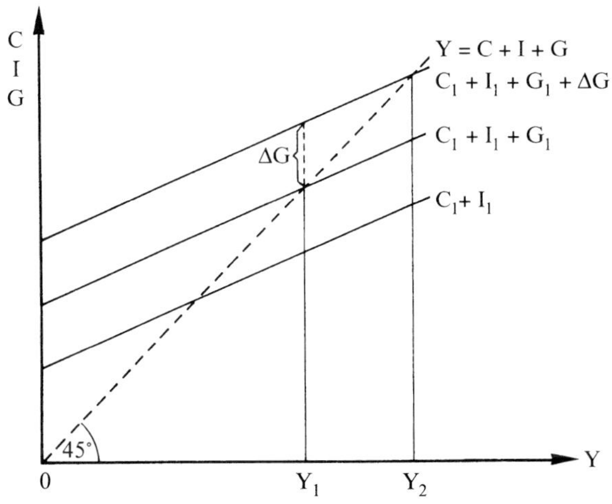

Abb. 5.10: Gleichgewichtseinkommen in einer Volkswirtschaft mit Staat bei Realtransfererhöhung

ergibt sich

$$(6)\ Y_n = Y_0 + \frac{\Delta G - c^n \cdot \Delta G}{1 - c} = Y_0 + \frac{1 - c^n}{1 - c}\ \Delta G.$$

Mit wachsender Periodenzahl n sinkt der Wert von c^n und geht bei $n = \infty$ gegen Null, so daß man den Multiplikator für Realtransfers m_{RT} als $\frac{1}{1-c}$ bezeichnen kann.

In der obigen Ableitung des Multiplikators für Realtransferausgaben wurde davon ausgegangen, daß die Erhöhung der Ausgaben für Realtransfers konstant über mehrere Perioden beibehalten wird. Erfolgt jedoch nur eine einmalige Erhöhung dieser Ausgaben, so steigt zwar zunächst das Volkseinkommen. Nach (unendlich) vielen Perioden würde jedoch das Ausgangsniveau des Volkseinkommens (Y_0) wieder erreicht werden, denn die Zurücknahme einer Erhöhung der Ausgaben käme einer erneuten Parallelverschiebung der Gesamtausgabenkurve ($C + I + G + \Delta G$) zurück zur Ausgangslage ($C + I + G$) gleich.

(Zu beachten ist, daß die Schaubilder immer nur das Ergebnis von Anpassungsprozessen darstellen, die über unendlich viele Perioden ablaufen.)

Die oben beschriebene Multiplikatorwirkung auf die Höhe des Volkseinkommens ergibt sich bei jeder Erhöhung der aggregierten Nachfrage; es ist dabei unbedeutend, ob die Nachfrageerhöhung durch erhöhte Konsumausgaben der Privaten (z. B. aufgrund eines erhöhten verfügbaren Einkommens wegen erfolgter Steuerermäßigungen) oder erhöhter Investitionsausgaben der Unternehmer oder einer Staatsausgabenerhöhung hervorgerufen wird. Von diesen Ursachen unabhängig läßt jede Erhöhung der aggregierten Nachfrage das Gleichgewichtseinkommen um den Nachfragezuwachs multipliziert mit dem Multiplikator steigen.

5.3.1.3 Die Multiplikatorwirkung einer monetären Transferänderung bzw. Einnahmenänderung

Eine Änderung in der Höhe der monetären Transferzahlungen wie etwa Sozialhilfe, Arbeitslosengeld usw. hat nicht so große multiplikative Wirkungen auf die Höhe des Volkseinkommens zur Folge wie eine entsprechende Veränderung der Ausgaben auf Realtranfers. Der Grund dafür liegt darin, daß monetäre Transferleistungen nicht unmittelbar in den volkswirtschaftlichen Kreislauf eingehen, d. h. nicht in der vollen Höhe ihres Zahlbetrages auch nachfragewirksam werden. Die Transfers werden gleichsam durch die Zwischenschaltung der Empfängerhaushalte „gefiltert", d. h., ein Teil dieser Transfers wird – entsprechend der Sparneigung der Bezieher von Transfereinkommen – nicht für Konsumzwecke ausgegeben, sondern den privaten Ersparnissen zugeführt. Im Ausmaß dieser „Absickerverluste" wird die multiplikative Wirkung der Transferzahlungen, also auch der Sozialtransfers, abgeschwächt.

Dies wird auch im algebraischen Ausdruck für den Transferausgabenmultiplikator (m_{RT}) deutlich.

Es wird in einfacher Weise ermittelt:

$$\text{(7)}\quad \Delta Y = c \cdot \Delta Y + c \cdot \Delta T_r$$

$$\Delta Y - c \cdot \Delta Y = c \cdot \Delta T_r$$

$$\Delta Y (1 - c) = c \cdot \Delta T_r$$

$$\Delta Y = \frac{c \cdot \Delta T_r}{1 - c}$$

$$m_{RT} = \frac{c}{1 - c}$$

Veränderungen in der Einnahmenerhebung (Steuern bzw. Beiträge zur Versicherung) haben Einkommenswirkungen, die analog zu denen der monetären Transferleistungen stehen. Da der Unterschied zwischen Transfers und Abgaben praktisch in einer bloßen Umkehrung der Richtung (d. h. nunmehr vom privaten Sektor oder von privaten Haushalten zum Staat bzw. zur Sozialversicherung) besteht, kann man bei letzteren auch von „negativen" Transfers sprechen. Da durch sie nicht (wie bei „positiven" Transferzahlungen) dem Kreislauf Geld zugeführt, sondern entnommen wird, trägt der einfache Einnahmen- bzw. Steuermultiplikator lediglich ein negatives Vorzeichen, d. h.

$$m_T = -\frac{c}{1 - c}$$

[Der Leser möge versuchen, diesen Ausdruck einmal selbst algebraisch, ausgehend von Gleichung (7), abzuleiten.] Auch im Falle einer Einnahmenerhöhung werden Einkommensbestandteile abgeführt, die ansonsten gespart worden wären. Somit wird in der grafischen Darstellung auch die Kurve der aggregierten Nachfrage (im Schaubild vereinfachend C_1) nicht um die Erhöhung der Einnahmen (hier pauschale Kopfsteuer, d. h. einem unabhängig vom Einkommen zu entrichtenden Fixbetrag je Steuerzahler) verschoben, sondern um die Veränderung des Einnahmenbetrages (ΔT), multipliziert

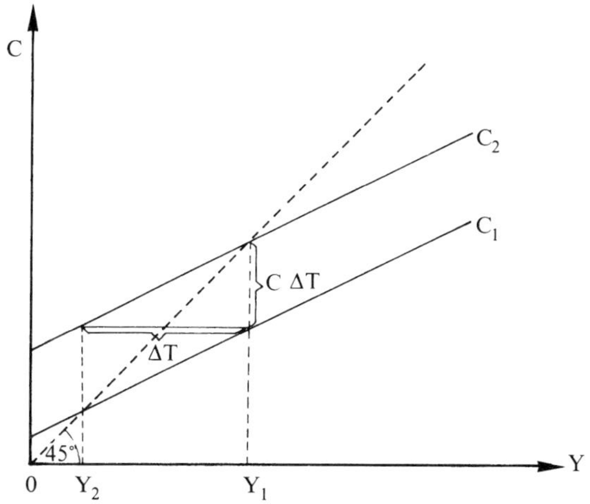

Abb. 5.11: Gleichgewichtseinkommen in einer Volkswirtschaft bei Erhöhung monetärer Transfers

mit der marginalen Konsumneigung c (Steigung der Konsumkurve C_1, bzw. Tangens des Winkels a). Entsprechend geht auch das Gleichgewichtseinkommen nicht um den vollen Betrag des Abgabenentzuges zurück, sondern der Rückgang hängt ab von der marginalen Konsumneigung (bzw. Sparneigung).

Exkurs: Wirkungen einer kombinierten Änderung der Einnahmen und Ausgaben

Es stellt sich die Frage, wie eine Kombination von Einnahmen- und Ausgabenänderung auf das Gesamteinkommensniveau wirkt. Die an der Lehre von *J. M. Keynes* orientierte Beschäftigungstheorie legt zunächst den Eindruck nahe, daß eine konjunktur- bzw. stabilitätspolitisch orientierte Steuerung der volkswirtschaftlichen Gesamtnachfrage mit fiskalischen Mitteln nur erfolgen könne, wenn man bereit sei, geplante Haushaltsdefizite in der Rezession und Haushaltsüberschüsse im Boom hinzunehmen. (Unsere bisherige Analyse ging immer von der Prämisse eines rein steuerfinanzierten Budgets aus, d. h. es erfolgte keine Kreditaufnahme des Staates.)

Im Anschluß an die von *T. Haavelmo* entwickelte Beweisführung (**„Haavelmo-Theorem“**) läßt sich nachweisen, daß – unter den hier gewählten restriktiven Voraussetzungen – auch ein voll durch Steuern bzw. allgemeine Abgaben finanzierter Staathaushalt (d. h. ohne Staatsverschuldung oder staatliche Überschuß-[Ersparnis-]bildung) konjunkturwirksam ist.

Die in 5.3.1 genannten Prämissen sollen auch bei der folgenden Analyse gelten. Zunächst werden Ausgaben für Güter und Dienste (Realtransfers) und Abgaben des privaten Sektors an den Staat in gleichem Umfang erhöht. Die oben dargestellten multiplikativen Wirkungen von Erhöhungen der Realtransfers

$\left(\frac{\Delta Y}{\Delta G} = \frac{c}{1-c}\right)$ und Einnahmen $\left(\frac{\Delta Y}{\Delta T} = \frac{-c}{1-c}\right)$ werden

miteinander kombiniert; die expansiven Wirkungen der Realtransfererhöhung und die kontraktiven einer Einnahmeerhöhung verlaufen simultan:

$$\frac{\Delta Y}{\Delta G} + \frac{\Delta Y}{\Delta T} = \frac{1}{1-c} - \frac{c}{1-c} = \frac{1-c}{1-c} = 1.$$

Diese in entgegengesetzten Richtungen wirkenden Aktivitäten heben sich in dieser einfachen Analyse nicht auf, sondern das Volkseinkommen steigt um den Betrag der Budgetausweitung.

Wird dagegen eine monetäre Transfererhöhung mit einer entsprechenden Einnahmenerhöhung kombiniert, so ergibt sich

$$\frac{\Delta Y}{\Delta T_r} + \frac{\Delta Y}{\Delta T} = \frac{c}{1-c} - \frac{c}{1-c} = 0.$$

Es findet keine Wirkung auf das Volkseinkommensniveau statt.

Hier wird nochmals deutlich, daß Ausgaben für Güter und Dienste (Realtransfers) direkt nachfragewirksam sind und somit volle expansive Entfaltung im volkswirtschaft-

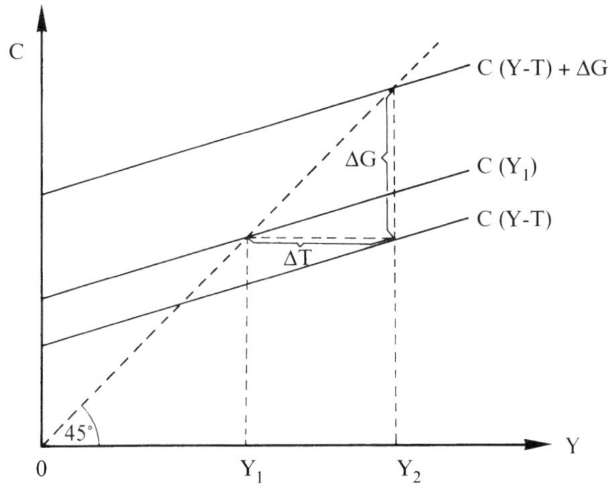

Abb. 5.12: Gleichgewichtseinkommen bei steuerfinanzierter Erhöhung realer Transfers

lichen Kreislauf haben; dagegen ist die expansive Wirkung von monetären Transferzahlungen entsprechend der Sparneigung der Empfängerhaushalte „gebremst".

Entscheidend für das Ausmaß der expansiven bzw. kontraktiven Wirkungen ist also auch – abgesehen vom Ausmaß der Budgetänderung – die Konsumneigung der Empfänger von monetären Transfers bzw. die der Steuerzahler. Effekte aufgrund unterschiedlicher Konsumneigungen der Empfänger von Staatsausgaben werden im folgenden Kapitel 5.3.1.4 untersucht.

Zu beachten ist, daß bisher als einzige Einnahmenerhebungsart ein Fixbetrag (z.B. Kopf- bzw. Pauschalsteuer) angenommen wurde. Wird diese Annahme zugunsten einer progressiven Einkommensteuer modifiziert, so hängt die Wirkung einer Steuervariation auf das Volkseinkommen vom Steuersatz (t) und der Konsumneigung der jeweiligen Steuerzahler ab (vgl. dazu *R. Musgrave*, 1974, S. 385 ff.). In weiterer Annäherung an die Realität wären auch die Prämissen

- konstante und autonom gegebene Investitionen
- Volkswirtschaft ohne Außenhandel
- Wirkungslosigkeit der Geldsphäre
- volle Ausschüttung von Unternehmensgewinnen an die Kapitaleigentümer

zu verändern. In der vorangegangenen Analyse wurde vollkommen abstrahiert von Wirkungsketten, die über Veränderungen auf dem Gütermarkt hinaus auf Geld- und Arbeitsmarkt überspringen und welche das Ergebnis stark modifizieren werden (vgl. dazu *R. Rettig/D. Voggenreiter*, 1983, S. 141 ff., S. 204 ff.). Auch fanden hier Faktoren, die den zeitlichen Ablauf der Wirkungen determinieren, keinerlei Beachtung.

Dennoch sollte das Prinzip der Multiplikatoranalyse deutlich geworden sein. Autonome Veränderungen von Nachfragegrößen, die dann konstant beibehalten werden, lösen Veränderungen aus, die ein Mehrfaches der ursprünglichen Nachfrageverschiebung ausmachen können. Determiniert wird die multiplikative Wirkung von dem Ausmaß, in dem diese Nachfrage wirksam wird, also wieviel davon in zusätzliche Güterkäufe fließt. Alle „Abflüsse", wie etwa erhöhte Ersparnis, höhere Importe, erhöhte Steuerzahlungen, hemmen die multiplikative Wirkung.

5.3.1.4 Erweiterung der Analyse: unterschiedliche Konsumneigungen

In der folgenden Untersuchung werden unterschiedliche Konsumneigungen für die (normalerweise nicht identischen) Gruppen der Begünstigten und der Zensiten (Belasteten) der sozialen (Um-)Verteilungstätigkeit eingeführt. Dies erlaubt nun eine Analyse von Redistributions-(Umverteilungs-)Maßnahmen der Sozialpolitik hinsichtlich ihrer expansiven und kontraktiven Auswirkungen auf volkswirtschaftliche Einkommensströme.

In Anlehnung an *Schultz (S. Schultz,* 1969, S. 72 ff.) werden die Wirkungen auf das Volkseinkommen von Realtransfers (G) und monetären Transfers (T_r) verglichen. Die Einnahmen zur Deckung beider Ausgabenarten werden aus Gründen der Vereinfachung als identisch angenommen, und zwar handelt es sich immer um Zwangsabgaben, wobei die Belastung der Einzelhaushalte mit diesen Abgaben (T) nicht berücksichtigt wird.

Es werden drei Fälle untersucht:

Fall I beinhaltet eine Ausgeglichenheit in den Veränderungsgrößen (Einnahmen- und Ausgabenveränderung sind gleich groß):
$\Delta G = \Delta T; \Delta T_r = \Delta T.$

Fall II nimmt an, daß die zusätzlichen Ausgaben die zusätzlichen Einnahmen übertreffen:
$\Delta G > \Delta T; \Delta T_r > \Delta T.$

Fall III bezieht sich auf die höhere Einnahmenseite im Vergleich zu den zusätzlichen Ausgaben:
$\Delta G < \Delta T; \Delta T_r < \Delta T.$

Es werden zwei Konsumentengruppen unterschieden; diejenigen, die als Zensiten, und solche, die als Begünstigte der Umverteilungsprozesse der Ausgabentätigkeit gelten. Dabei soll also – in relativ grober Vereinfachung – untersucht werden, inwiefern Umverteilungsprozesse durch Ausgaben für Güter und Dienste bzw. durch monetäre Transferzahlungen Auswirkungen auf das Volkseinkommensniveau haben. Es werden drei Möglichkeiten berücksichtigt, nämlich daß einmal die marginale Konsumneigung der Zensiten (c_z) größer ist als die der Begünstigten (c_b), daß die marginale Konsumneigung der Zensiten kleiner ist als die der Begünstigten und daß beide gleich groß sind.

Zusätzlich gelten folgende Prämissen:

- die private Netto-Investition ist autonom gegeben und konstant;
- in der Ausgangslage ist das Budget des Haushaltes ausgeglichen;
- die Veränderungen der Realtransfers, der monetären Transfers und der Abgaben sind voneinander unabhängig;

– die marginalen Konsumneigungen sind voneinander unabhängig, sie verändern sich nicht und sind größer als Null, aber kleiner als Eins.

Gegenüberstellung der Entwicklungstendenzen des Volkseinkommens bei alternativen Annahmen über die Größenverhältnisse der Veränderungswerte von staatlichen Ausgaben und von Privaten erhobenen Abgaben, getrennt nach möglichen Größenrelationen der Konsumquote:

	Fall A: Realtransfers	Fall B: monetäre Transfers
	$\Delta Y = \frac{1}{1-c_b}\Delta G - \frac{c_z}{1-c_z}\Delta T$	$\Delta Y = \frac{c_b}{1-c_b}\Delta T_r - \frac{c_z}{1-c_z}\Delta T$
	I. $\Delta G = \Delta T > 0$	I. $\Delta T_r = \Delta T > 0$
1. $c_b > c_z$	ΔY }	$\Delta Y > 0$
2. $c_b < c_z$	ΔY } > 0	$\Delta Y < 0$
3. $c_b = c_z$	ΔY }	$\Delta Y = 0$
	II. $\Delta G > \Delta T > 0$	II. $\Delta T_r > \Delta T > 0$
1. $c_b > c_z$	ΔY }	$\Delta Y > 0$
2. $c_b < c_z$	ΔY } > 0	$\Delta Y \gtreqless 0$
3. $c_b = c_z$	ΔY }	$\Delta Y > 0$
	III. $\Delta G < \Delta T > 0$	III. $\Delta T_r < \Delta T > 0$
1. $c_b > c_z$	ΔY }	$\Delta Y \gtreqless 0$
2. $c_b < c_z$	ΔY } $\gtreqless 0$	$\Delta Y < 0$
3. $c_b = c_z$	ΔY }	$\Delta Y < 0$

Abb. 5.13: In Anlehnung an: *S. Schultz,* 1969, Tabelle 3, S. 73

Im Fall A I der gleich großen Einnahmen- und Ausgabenerhöhung lautet der Multiplikator

$$m = \frac{1-c_z}{1-c_b}.$$

Daraus folgt, daß bei $c_b > c_z$ die zu erwartende multiplikative Wirkung auf das Einkommensniveau um so größer ist, je weiter die Werte von c_b und c_z auseinanderliegen, d. h. je mehr sich Rezipienten und Zensiten in ihren Konsum- und Spargewohnheiten unterscheiden. Umgekehrt bleibt die multiplikative Wirkung hinter dem Betrag der Haushaltsvariation sogar noch zurück, wenn $c_z > c_b$, d. h., wenn die Steuerzahler dazu tendieren, einen größeren Teil ihres Einkommens zu Verbrauchszwecken auszugeben als die Begünstigten. Es gehört jedoch zu den Grundsätzen der Finanzpolitik, daß die Besteuerung auf die Leistungsfähigkeit der Zensiten Rücksicht zu nehmen hat. Das heißt auch dort, wo der Staat keine bewußte, d. h. sozialpolitisch motivierte Umverteilungspolitik vornehmen will, wird er aus Gründen der sozialen Gerechtigkeit die einkommensstarken Gruppen der Bevölkerung auch relativ stärker mit Abgaben belasten als die Bezieher niedriger Einkommen. Das aber bedeutet dann auch, daß die „Reichen“ mit ihren geringeren Ausgabenneigungen (bzw. höheren Fähigkeiten und Bereitschaft zum Sparen) steuerlich relativ stärker belastet werden als die „Armen“, die praktisch ihr gesamtes Einkommen verbrauchen. Da ein großer Teil der Bezieher geringer Einkommen sogar völlig von der Zahlung direkter Abgaben befreit ist, obwohl diese zu dem Kreis der von öffentlichen Ausgaben Begünstigten gehören, könnte angenommen werden, daß in der Wirklichkeit stets von dem Fall $c_b > c_z$ ausgegangen werden kann. (Allerdings zeigen Untersuchungen zur Ausgabeninzidenz, daß typische Probleme auf der Angebots- und auch Nachfrageseite öffentlicher Güter dazu führen können, daß nicht die eigentliche Zielgruppe, sondern andere Nutzen aus Realtransfers ziehen [vgl. etwa K. *Mackscheidt,* 1976]).

Für $c_b = c_z$ ergibt sich im Fall A I eine Wirkung von 1 (vgl. dazu die Ausführungen unter 5.3.1.3.1).

Ein etwas anderes Ergebnis ergibt sich im Fall B I, also bei der Betrachtung der Wirkung von Veränderungen monetärer Transferzahlungen. Die multiplikative Wirkung der Transferausgaben- und Abgabenerhöhung lautet hier:

$$m = \frac{c_b - c_z}{1 - c_b}$$

Ist die marginale Konsumneigung der Begünstigten größer als die der Zensiten ($c_b > c_z$), so ist eine expansive Wirkung in bezug auf das Einkommen zu erwarten.

Im umgekehrten Fall ($c_b < c_z$) dagegen erhält der Multiplikator einen negativen Wert. Dies aber heißt nichts anderes, als daß in unserem Modell eine gleich große Ausweitung der monetären Transferzahlungen und der Abgaben sogar eine kontraktive Wirkung auf das Volkseinkommen zur Folge hat, das Volkseinkommensniveau also sinken wird. (In der Realität werden normalerweise die Hilfsbedürftigen als Empfänger von monetären Transfers überhaupt nicht oder nur unterproportional an der Finanzierung der Sozialtransfers beteiligt. Zu denken ist z. B. an die Arbeitslosenunterstützung, die nur von denjenigen durch Abgaben finanziert wird, die als aktive Erwerbspersonen ein Arbeitseinkommen beziehen.) Keine Wirkung ist zu erwarten, sofern die marginalen Konsumneigungen beider Konsumentengruppen gleich groß sind (vgl. 5.3.1.3.1).

Im Fall II, in dem die Ausgabenerhöhung die Erhöhung der Einnahmen übersteigt ($\Delta G > \Delta T$), wird die expansive Wirkung bei den beiden Ausgabenarten verstärkt. Allerdings ist das Ergebnis im Fall der monetären Transfererhöhung unbestimmt, wenn man annimmt, daß $c_b < c_z$; die Wirkung auf das Einkommensniveau hängt aber von der konkreten Größenordnung der Variablen ab.

Im Fall eines Einnahmenüberschusses (Fall III) überwiegen die Situationen, in denen das Ergebnis unbestimmt und von der konkreten Größenordnung der Variablen abhängig ist. Lediglich für die monetären Transferzahlungen, für die gilt, daß $c_b < c_z$ oder $c_b = c_z$ ist, sind eindeutig kontraktive Wirkungen auf das Volkseinkommensniveau vorher bestimmbar.

Damit sollte deutlich gemacht werden, daß und wie bei gegebenen Umständen die umverteilungspolitischen Tätigkeiten zugleich auch das Niveau des Volkseinkommens beeinflussen. Die Richtung und das Ausmaß dieser Einkommenswirkungen sind in dieser Analyse dabei abhängig

1. von der Art der getätigten Ausgaben (Ausgaben für Güter und Dienste und monetäre Transferzahlungen) und deren Höhe;

2. von Art und Höhe der Einnahmen (Fixbeitrag/proportionale und progressive Einnahmenerhebung; dies wurde allerdings hier nicht weiter untersucht);
3. von der Relation zwischen beiden Aktivitäten sowie
4. von den Proportionen des Grenzhangs zum Verbrauch (marginale Konsumquote der Begünstigten und Zensiten).

Im Anschluß an den Nachweis der Auswirkungen des Sozialen Sicherungssystems auf das Volkseinkommen und damit auch auf die Beschäftigung soll nun untersucht werden, ob die durch die Leistungen des Sozialen Sicherungssystems hervorgerufenen Multiplikatoreffekte bewußt für die Konjunktur- und Wachstumspolitik nutzbar gemacht werden bzw. inwiefern „Reibungen" zwischen der Konjunktur- und Wachstumspolitik einerseits und der Politik der Sozialen Sicherung andererseits auftreten können.

5.3.2 Politik der Sozialen Sicherung und Konjunkturpolitik

5.3.2.1 Ziele und Instrumente der Konjunkturpolitik

Die Konjunkturpolitik umfaßt die Gesamtheit aller Maßnahmen, die auf die Dämpfung der konjunkturellen Schwankungen und auf die Verstetigung der Entwicklung von Produktion, Einkommen und Beschäftigung gerichtet sind. Konjunkturelle Schwankungen können als Ausschläge in der Auslastung des gesamtwirtschaftlichen Produktionspotentials angesehen werden, wobei allgemein das Volkseinkommen zu Marktpreisen als Maßstab gilt. Als Ziele der Konjunkturpolitik gelten: Preisniveaustabilität, Vollbeschäftigung, Ausgleich der Zahlungsbilanz.

Akzeptiert man die These der Fiskalisten, nämlich daß der private Sektor grundsätzlich instabil ist und aus sich heraus konjunkturelle Schwankungen produziert *(Hicks)* oder – in abgemilderter Form – zwar exogene Impulse für konjunkturelle Schwankungen verantwortlich sind, aber die Selbstheilungskräfte des Marktes sehr viel Zeit brauchen und evtl. durch neue Störungen gehindert werden, um Prozesse der Anpassung an ein Gleichgewicht in Gang zu setzen, so hat der Staat die Aufgabe, mit seinen Instrumenten der Fiskalpolitik Fehlallokationen des Marktes zu vermeiden bzw. konjunkturelle Störungen abzuwehren. Fiskalpolitische Instrumente sind vor allem die staatlichen Ausgaben und Einnahmen (einschließlich der Erhebung von Beiträgen und Gebühren sowie der Staatsverschuldung).

5.3.2.2 Die Bedeutung der konjunkturpolitischen Zielerreichung für die Politik der Sozialen Sicherung

Die Erreichung der konjunkturpolitischen Ziele – Vollbeschäftigung, Preisniveaustabilität, außenwirtschaftliches Gleichgewicht – kann als Voraussetzung für eine befriedigend arbeitende Soziale Sicherungspolitik betrachtet werden bzw. stellt eine starke Entlastung des Sozialen Sicherungssystems dar.

So ist in einer Situation der **Vollbeschäftigung** der Bedarf an **Sozialtransfers stark reduziert.** Dies gilt zwar vor allem für die Leistungen der Arbeitslosenversicherung, aber auch für die Inanspruchnahme anderer Institutionen der Sozialen Sicherung (z. B. die vorzeitige Geltendmachung von Ansprüchen an die Altersversicherung). Auch die

Finanzierung der nicht konjunkturabhhängigen Leistungen (Krankenversicherung, Versorgung und Rehabilitation von Behinderten) ist um so unproblematischer, je höher der Beschäftigungsgrad und damit auch das Aufkommen an Steuern und Sozialbeiträgen ist. Darüber hinaus aber entspricht die Vollbeschäftigung auch den Zielsetzungen der allgemeinen Sozialpolitik insofern, als sie jedem Arbeitswilligen und -fähigen die Chance bietet, seinen Lebensbedarf aus eigener Arbeitsleistung zu decken, verbunden mit der Möglichkeit, aufgrund der Eingliederung im Arbeitsprozeß, normierte Rechtsansprüche gegenüber der Sozialversicherung zu erwerben. Auch die Möglichkeit der Persönlichkeitsentfaltung durch Arbeit und die mit der Einbeziehung in den Prozeß der Leistungsverwertung erhöhte soziale Integration sind die von der Sozialpolitik erstrebten Ziele einer wirksamen Konjunkturpolitik (vgl. *H. Lampert*, 1977, S. 213 f.).

Eine erfolgreiche Politik der **Geldwertstabilisierung** bzw. Inflationsbekämpfung verhindert unter anderem, daß die Eigentümer von Sachvermögen durch Geldwertminderung bessergestellt werden als die Bezieher von Geldeinkommen und die Inhaber von Geldvermögen. Auch ist zu beachten, daß die einkommensschwachen Schichten durch Inflationsprozesse tendenziell benachteiligt werden gegenüber den mittleren und höheren Einkommensschichten, da z. B. der Preisindex der Lebenshaltung für die unteren Verbrauchergruppen erfahrungsgemäß schneller steigt als für die Bezieher mittlerer und höherer Einkommen. Hinzu kommt, daß monetäre Sozialtransfers (wie Geldzahlungen in der Sozialhilfe, nach dem BAföG sowie die Geldrenten der Sozialversicherung) erst mit einer oft erheblichen Verzögerung (Time-lag) an die Entwicklung des Preisniveaus angepaßt werden und auch die tariflich vereinbarten Löhne und Gehälter nicht vor Ablauf der Geltungsdauer des jeweiligen Tarifvertrages geändert werden dürfen. Auch bei dem anschließenden Versuch, den inzwischen erlittenen Kaufkraftverlust der Arbeitseinkommen durch prozentuale Erhöhung zu kompensieren („Inflationsausgleich“), werden letztlich auch hier wieder die höheren Lohn- und Gehaltsempfänger absolut besser gestellt als die unteren Einkommensbezieher (vgl. *H. Lampert*, 1977, S. 214). **Preisstabilität** hat also primär einen **verteilungspolitischen,** d. h. **sozialpolitischen Charakter** (vgl. *W. Wittmann*, Bd. IV, 1974, S. 26). Zudem sichert Preisniveaustabilität die **Allokationsfunktion des Marktes;** dadurch wird sie zugleich Mittel zur Erreichung anderer wirtschaftspolitischer Ziele.

Das Ziel des **außenwirtschaftlichen Gleichgewichts** im Sinne einer ausgeglichenen Zahlungsbilanz hat eher den Charakter eines Mittels zur Erreichung übergeordneter Ziele. Es dient dazu, außenwirtschaftliche Störungen der Binnenkonjunktur (Problematik der importierten Inflation) abzuwehren und trägt zur optimalen internationalen Arbeitsteilung bei. Der Bezug zur Politik der Sozialen Sicherung ergibt sich hier also eher indirekt, nämlich über die beiden zuvor genannten Ziele der Konjunkturpolitik.

5.3.3 Die Bedeutung der Politik der Sozialen Sicherung für die Konjunkturpolitik

Im folgenden sollen mögliche Folgen der Tätigkeiten des Sozialhaushaltes auf den Konjunkturverlauf betrachtet werden. In Kap. 5.3 wurde die multiplikative Wirkung der Einnahmen- und Ausgabentätigkeit des Sozialhaushaltes auf das Volkseinkommensniveau und damit auch auf das Beschäftigungsniveau in vereinfachter Form dargestellt. Ein quantitativ hohes Sozialbudget, wie es in der Bundesrepublik Deutschland gegeben ist (vgl. Abb. 5.5, 5.6, 5.7 in 5.1.2.4.2), übt möglicherweise einen wirksamen Einfluß auf den Konjunkturverlauf aus, wobei die Richtung dieses Einflusses die Zielrichtung der Konjunkturpolitik unterstützen, aber auch behindern kann.

5.3.3.1 Die Einnahmen des Sozialhaushaltes im Konjunkturverlauf

Die Einnahmen des Sozialhaushaltes (vgl. zum Begriff, Umfang und Struktur 5.1.2.4.1) bestehen hauptsächlich aus Steuer- und Beitragszahlungen. Durch die Einnahmeerhebung werden in Zeiten des Aufschwunges zunehmend Anteile der Kaufkraft mit der steigenden Bemessungsgrundlage (hauptsächlich das Einkommen) absorbiert, bzw. in Zeiten des Abschwungs gehen die Einnahmen des Sozialen Sicherungssystems aufgrund der sinkenden Bemessungsgrundlage zurück. Besteht der steuerfinanzierte Anteil der Einnahmeerhebung hauptsächlich etwa aus einer progressiven (Einkommens-)Steuer oder einer proportionalen Steuer mit Freibeträgen, so ist eine überproportionale Änderung des Aufkommens dieser Steuern zu den Schwankungen des Konjunkturverlaufs bzw. des Volkseinkommens zu erwarten. Im Fall proportional zum Einkommen bemessener Einnahmeerhebungen, wie etwa der Beiträge zum Sozialversicherungssystem, entwickelt sich das Auskommen parallel zu den konjunkturellen Schwankungen des Einkommens. Der dämpfende bzw. retardierende Effekt ist damit geringer.

Man kann also sagen, daß die **Einnahmen des Sozialhaushaltes** grundsätzlich **konjunkturelastisch** sind. Die Absorption von Kaufkraft in Zeiten des Aufschwunges durch die Einnahmeerhebung und die zurückgehenden Einnahmen in Zeiten des Abschwunges sind konjunkturpolitisch erwünscht. Im Prinzip trägt die Einnahmeerhebung des Sozialhaushaltes also automatisch zu einer antizyklischen Fiskalpolitik bei. Man spricht auch von der **„built-in-flexibility“** des Einnahmesystems, da die Einnahmen automatisch auf Veränderungen im privaten Sektor reagieren und einen dämpfenden bzw. retardierenden Effekt auf kurzfristige Einkommensschwankungen haben.

Die Stabilisierungswirkungen der Einnahmeerhebung hängt – neben dem Ausmaß der Progression der Einnahmeerhebung – jedoch entscheidend davon ab, daß hier keine größeren Time-lags auftreten zwischen dem Zeitpunkt der Entstehung der Bemessungsgrundlage (in der Hauptsache Einkommen) und dem Zeitpunkt der Steuer- bzw. Beitragszahlungen. Denn größere Zeitverzögerungen können den vermeintlichen Stabilisator zum Destabilisator werden lassen, da nunmehr dämpfende bzw. retardierende Wirkungen der Einnahmeerhebung zum konjunkturell falschen Zeitpunkt ausgehen. Für die Bundesrepublik Deutschland gilt zudem, daß die Einnahmen des Sozialen Sicherungssystems hauptsächlich aus den proportionalen Beiträgen der Sozialversicherung bestehen, die durch eine Beitragsbemessungsgrenze begrenzt sind. Der antizyklische Effekt wird daher auch relativ gering zu veranschlagen sein, und zwar einmal durch die Proportionalität der Beiträge, wodurch lediglich eine Parallelität zur Konjunkturbewegung erzielbar ist, und durch den verringerten Umverteilungseffekt, da Bezieher hoher Einkommen, die angenommenermaßen eine geringe marginale Konsumneigung haben, nicht zur Beitragszahlung herangezogen werden.

5.3.3.2 Die Ausgaben des Sozialhaushaltes im Konjunkturverlauf

Bei der Analyse der Ausgabenentwicklung des Sozialhaushaltes im Konjunkturverlauf kann differenziert werden zwischen

- der Entwicklung der Leistungszahl und
- der Entwicklung der Leistungshöhe

im Konjunkturverlauf.

Die Entwicklung der Leistungszahl der Arbeitslosenversicherung, aber auch der Sozialhilfe (Unterstützungszahlungen für Arbeitslose ohne Versicherungsanspruch), hing früher besonders eng mit der konjunkturellen Entwicklung zusammen. In Zeiten der Hochkonjunktur, welche vor allem durch eine Vollauslastung oder sogar Überlastung der Produktionsfaktoren gekennzeichnet ist, war die Leistungsabgabe der Arbeitslosenversicherung sehr gering. Dementsprechend ist sie naturgemäß in Zeiten der Unterbeschäftigung und damit des konjunkturellen Abschwunges (Rezession) sehr hoch. Die Ausgaben der Arbeitslosenversicherung entwickelten sich demnach gegenläufig zum Konjunkturverlauf. Bezieht man die Einnahmenentwicklung der Arbeitslosenversicherung mit ein, so wird deutlich, daß die Arbeitslosenversicherung als klassisches Beispiel eines automatischen Stabilisators der Konjunktur galt. In Zeiten des wirtschaftlichen Aufschwungs stiegen die Einnahmen, sanken die Ausgaben, im konjunkturellen Abschwung nahm die Entwicklung der Einnahmen und Ausgaben den umgekehrten Verlauf.

Seit Beginn der 80er Jahre sind die hier beschriebenen Zusammenhänge jedoch nachhaltig lockerer geworden. Dies ist darauf zurückzuführen, daß das Wachstum in Zeiten der Hochkonjunktur nicht mehr zu einer deutlichen Senkung der Arbeitslosenzahlen führt. Insofern sind Wachstum und Beschäftigung heute tendenziell entkoppelt. Damit nimmt aber auch die Arbeitslosenversicherung in weit geringerem Maße als früher die Rolle eines „built-in-stabilizers“ wahr.

Die **Ausgaben der Rentenversicherung** stehen in keinem direkten Zusammenhang zur konjunkturellen Entwicklung. In bezug auf die Entwicklung der Leistungszahl im Konjunkturverlauf ist auf die Möglichkeit in der Bundesrepublik Deutschland hinzuweisen, daß Versicherte ihren Anspruch unter bestimmten Umständen schon vor Erreichen des gesetzlich festgelegten Rentenalters geltend machen (etwa im Fall älterer Arbeitsloser, die kurz vor Erreichen der Regel-Altersgrenze stehen) oder den Anspruch darüber hinaus aufschieben können. Die konjunkturbedingte Zunahme von Neurenten in Rezessionsphasen und ein entsprechender Aufschub von Rentenanträgen in Zeiten des Aufschwungs und des Booms fallen jedoch aufgrund bisheriger Erfahrungen gesamtwirtschaftlich wenig ins Gewicht. Entsprechendes gilt andererseits für das „prozyklische“ Verhalten in der **Krankenversicherung,** das sich darin manifestiert, daß der Krankenstand und damit die Inanspruchnahme von Versicherungsleistungen beim Konjunkturrückgang ebenfalls eine sinkende Tendenz aufweist (Angst vor Verlust des Arbeitsplatzes) und umgekehrt in Zeiten einer durch Verknappung der Arbeitskräfte gekennzeichneten Aufschwungphase oder gar Hochkonjunktur ebenfalls zur Erhöhung neigt.

Die **Anpassung der Leistungshöhe** an den Konjunkturverlauf ist vor allem bei der Rentenversicherung, in geringerem Maße auch bei anderen Sozialtransfers (z. B. Sozialhilfe) in der Bundesrepublik in gleichgerichteter Richtung angestrebt. Das Konzept der „dynamischen" Rente, wie sie seit der Großen Rentenreform des Jahres 1957 als Grundlage der sozialen Rentenversicherung in der Bundesrepublik gilt, sieht eine alljährliche Anpassung (wie es allerdings in der strikten Form dieses Konzept bisher kaum zum Zuge kam) der Rentenhöhe an die volkswirtschaftliche (Netto-)Lohn- und Gehaltsentwicklung vor. Sie soll damit für eine ständige Beteiligung der aus dem Erwerbsleben ausgeschiedenen Menschen an dem Wachstum der Gesamtwirtschaft und dem steigenden Lebensstandard der Gesamtgesellschaft sorgen. Eine derartige Anpassung schließt den Ausgleich von Inflationswirkungen mit ein, da sie sich an den Geldeinkommen der Erwerbstätigen orientiert, von denen man annehmen kann, daß sie ihrerseits im Rahmen der kollektiven Tarifverhandlungen den Ausgleich von Preissteigerungen als einer gewerkschaftlichen Mindestforderung durchzusetzen vermögen. Die konjunkturellen Auswirkungen einer „dynamischen" Rente hängen wieder davon ab, in welchem Bezugszeitraum die maßgebliche Einkommensgröße ermittelt wurde. Entstammt sie einer Phase starken wirtschaftlichen Wachstums bei moderaten Belastungen des Einkommens mit Steuern und Sozialabgaben, so wird sich dies in einer entsprechend kräftigen Rentenanhebung widerspiegeln. Ob diese in einem Rezessionszeitraum wirksam wird und somit stabilisierend wirken kann, hängt, wie im Falle einer Index-Rente, davon ab, mit welcher Verzögerung die Einkommenserhöhung wirksam wird.

Solange der Verlauf des volkswirtschaftlichen Konjunkturzyklus aber nicht exakt vorausbestimmt werden kann, bleibt das Ergebnis einer quasi-automatischen Anpassung immer mit erheblichen Unsicherheiten behaftet, die sich auch durch statistisch-technische Vorkehrungen (wie in der Rentenformel zur Berechnung der Leistungshöhe in der sozialen Rentenversicherung der Bundesrepublik) nur bis zu einem immer noch unbefriedigenden Grade abschwächen. Diese Bedenken waren es dann auch, die dazu beigetragen haben, daß die Grundidee der „dynamischen" Rente in der Wirklichkeit nicht mit letzter Konsequenz durchgeführt wurde. So sollte der Anpassungsmechanismus gemäß der Rentenformel zunächst nur für die im jeweiligen Feststellungsjahr erstmals zu zahlenden Renten („Neurenten") gelten. Für die Anpassung der Mehrzahl der Renten, die bereits vorher gezahlt worden waren („Bestandsrenten"), hatte sich das Parlament die Zustimmung von Fall zu Fall vorbehalten, um seine gesetzgeberische Souveränität und haushaltspolitische Verantwortung nicht an einen Quasi-Automatismus zu verlieren.

Ebenso, wie es das Konzept der dynamischen Rentenanpassung vorsieht, ist auch bei der Arbeitslosenversicherung zu beobachten, daß letztendlich über die Bestimmung der Arbeitseinkommenshöhe durch kollektive Tarifverhandlungen die Höhe der Leistungen der Arbeitslosenversicherung determiniert wird. Allerdings gilt dies nur eingeschränkt, da die Höhe der jeweils gezahlten Arbeitslosengelder von der Höhe des zuletzt verdienten Einkommens abhängig ist und nur einen Bruchteil dessen ausmacht.

5.3.3.3 Das Verhältnis zwischen Konjunkturpolitik und Politik der Sozialen Sicherung

Zusammenfassend ist festzustellen, daß das Sozialbudget überwiegend nur einseitig konjunkturabhängig ist, nämlich bezüglich der Einnahmenseite. Die Ausgaben dagegen sind relativ konjunkturunabhängig. Da allerdings das Niveau der Leistungen des Sozialen Sicherungssystems auch in Zeiten des konjunkturellen Abschwungs bisher in der Regel nicht gesenkt wird, wirken diese durch diese Unelastizität bezüglich des Konjunkturverlaufs nach unten stabilisierend.

Die stabilisierende Wirkung der Arbeitslosenversicherung auf den Konjunkturverlauf ist relativ gering zu veranschlagen, da die Quantität der Einnahmen und Ausgaben zu gering ist, um ein genügend großes Gegengewicht zur konjunkturellen Entwicklung zu entfalten.

Es gehen zwar deutliche Impulse des Systems der Sozialen Sicherung auf die volkswirtschaftliche Nachfrage und damit auf die konjunkturelle Entwicklung aus, jedoch ist die konjunkturpolitisch instrumentale Bedeutung als relativ gering zu veranschlagen.

Bei der Frage, ob die Politik der Sozialen Sicherung auch konjunkturpolitisch nutzbar gemacht werden kann, ist auf das konjunkturpolitisch relativ geringe Gewicht der gesamten Einnahmen- und Ausgabentätigkeit des Sozialhaushaltes hinzuweisen. Hinzu kommt, daß die Tätigkeit des Sozialhaushaltes primär unter sozialpolitischem Aspekt zu würdigen ist. Konjunkturpolitische Erfordernisse können zwar die Ausgestaltung des Sozialen Sicherungssystems mitbestimmen, sollten jedoch aus sozialpolitischer Sicht nicht allein determinierend sein.

Es bleibt darauf hinzuweisen, daß in wichtigen Problembereichen in bezug auf die Interdependenzen zwischen Wirtschafts- und Sozialpolitik (siehe dazu auch: *H.-D. Weger,* 1973) auf Ziel-, Maßnahmen- und Wirkungsebene eine Reihe von wichtigen Fragestellungen bestehen, die weiterer intensiver theoretischer und empirischer Forschungstätigkeit bedürfen.

Kontrollfragen zu Kapitel 5.1

1. Nach welchen sozialpolitischen Prinzipien kann ein Soziales Sicherungssystem gestaltet werden, und welche Auswirkungen hat die Wahl eines Prinzips auf die Ausgestaltung des Sozialen Sicherungssystems?
2. Welche Argumente sind für bzw. gegen die Zielsetzung einer Sicherungspolitik denkbar, das Sozialeinkommen in Anlehnung an das früher erzielte Arbeitseinkommen zu bemessen, um damit den durch Erwerbstätigkeit erlangten Status zu sichern?
3. Nennen Sie Argumente, die für und gegen die Einführung einer Beitragsbemessungsgrenze und Versicherungspflichtgrenze in der Sozialversicherung sprechen.
4. Stellen Sie das Kausalprinzip am Beispiel der Sozialversicherung in der Bundesrepublik Deutschland dar, und beschreiben Sie die daraus sich ergebenden Folgen.

Kontrollfragen zu Kapitel 5.2

1. Beschreiben Sie die Einbettung des Sozialen Sicherungssystems in den volkswirtschaftlichen Kreislauf.
2. Nennen Sie unterschiedliche Finanzierungsverfahren einer Sozialversicherung, und beschreiben Sie mögliche Wirkungen der Verfahren.

3. Ist die Unterscheidung zwischen Arbeitnehmer- und Arbeitgeberbeiträgen zur Sozialversicherung volkswirtschaftlich relevant?

Kontrollfragen zu Kapitel 5.3

1. Welche Faktoren determinieren die Wirkung einer Umverteilungstätigkeit durch den Sozialhaushalt auf das Volkseinkommen?
2. Welche Bedeutung hat die konjunkturpolitische Zielerreichung für die Soziale Sicherungspolitik?
3. Skizzieren Sie die gesamtwirtschaftliche Wirkungsweise der Tätigkeit der Arbeitslosenversicherung im Konjunkturverlauf.
4. Beurteilen Sie die Auswirkungen des Sozialen Sicherungssystems auf den Konjunkturverlauf.

Literatur zu Kapitel 5.1

Bartlsperger, R., Boldt, H., Umbach, D. C.: Wie funktioniert das? Der moderne Staat, hrsg. vom Bibliographischen Institut, Mannheim, Wien, Zürich 1979, 2. Aufl.

Brück, G.: Allgemeine Sozialpolitik, Grundlagen – Zusammenhänge – Leistungen, Köln 1976.

Bundesministerium für Arbeit und Sozialordnung (Hrsg.): Sozialbericht 1993, Bonn 1994.

Esping-Andersen, G.: The Three Worlds of Welfare Capitalism, Oxford 1990.

Giersch, H.: Allgemeine Wirtschaftspolitik – Grundlagen –, 1. Bd., Wiesbaden 1960.

Lampert, H.: Sozialpolitik, Berlin, Heidelberg, New York 1980.

Liefmann-Keil, E.: Ökonomische Theorie der Sozialpolitik, Berlin, Göttingen, Heidelberg 1961.

Männer, L.: Überlegungen zum optimalen Finanzierungsverfahren in der gesetzlichen Rentenversicherung, in: Fritz Neumark (Hrsg.): Finanzarchiv, Tübingen 1974, S. 244–257.

McClements, L. D.: The Economics of Social Security, London 1978.

Sozialenquête-Kommission, Bericht der: Soziale Sicherung in der Bundesrepublick Deutschland (Sozialenquête), Stuttgart, Berlin, Köln, Mainz o.J. (1966), S. 114–139.

Weisser, G.: Soziale Sicherheit, in: E. v. Beckerath u. a. (Hrsg.): Handwörterbuch der Sozialwissenschaften, Bd. 9, Göttingen 1956.

Winterstein, H.: Das System der Sozialen Sicherung in der Bundesrepublik Deutschland, München 1980.

Zerche, J.: Alternative oder ergänzende Strategien zur Vermögensverteilungspolitik: Mitbestimmung, Soziale Sicherheit und Bildungspolitik, in: Günter Ollenburg, Wilhelm Wedig (Hrsg.): Gleichgewicht, Entwicklung und soziale Bedingungen der Wirtschaft, Gedenkschrift für Andreas Paulsen, Berlin 1979, S. 432–446.

Literatur zu Kapitel 5.2

Buggenhout, A. J. S.: Soziale Sicherheit und Volkswirtschaft. Allgemeine Probleme und besondere Gesichtspunkte der wirtschaftlich entwickelten Länder, in: Internationale Zeitschrift für versicherungsmathematische und statistische Probleme der Sozialen Sicherheit, Bd. 13/14, 1967/68, S. 428–473.

Herder-Dorneich, Ph.: Gesundheitsökonomik. Systemsteuerung und Ordnungspolitik im Gesundheitswesen, Stuttgart 1980.

Lampert, H.: Lehrbuch der Sozialpolitik, 3. Auflage, Berlin u. a. 1994.

Männer, L.: Überlegungen zum optimalen Finanzierungsverfahren in der gesetzlichen Rentenversicherung, in: Fritz Neumark (Hrsg.): Finanzarchiv, Tübingen 1974, S. 244–257.

Wittmann, W.: Einführung in die Finanzwissenschaft, Teil III, 2. Aufl., Stuttgart, New York 1976.

Literatur zu Kapitel 5.3

Lampert, H.: Die Interdependenzen der Wirtschaftspolitik und der Sozialpolitik, in: WISU 5/ 1977.

Mackscheidt, K.: Öffentliche Güter und Ausgabeninzidenz, in: Wilhelmine Dreißig (Hrsg.): Öffentliche Finanzwirtschaft und Verteilung IV, Berlin 1976, S. 59–129.

Musgrave, R. A.: Makroökonomische Theorie, 2. Auflage, Tübingen u. a. 1974.

Rettig, R., Voggenreiter, D.: Makroökonomische Theorie, 4. Auflage, Düsseldorf 1983.

Schultz, S.: Makroökonomische Wirkungen der Sozialen Sicherung, Berlin 1969.

Weger, H.-D.: Sozialpolitische Analyse der Konjunkturpolitik. Ein Beitrag zu einer rationalen Wirtschaftspolitik und zum Entwurf wirtschaftspolitischer Programme unter Berücksichtigung sozialpolitischer Zielsetzungen, Berlin 1973.

Wittmann, W.: Einführung in die Finanzwissenschaft, Teil IV, Stuttgart, New York 1974.

Antworten zu den Kontrollfragen

Zu Kapitel 1

Frage 1: Welche Schwerpunktbereiche umfaßt die ökonomisch orientierte Sozialpolitik?

Eine ökonomisch orientierte Sozialpolitiklehre, die eine Politik vor allem gegen ökonomische Ungleichheit und Schwäche von Personen bzw. Personengruppen zum Gegenstand hat, kann durch folgende Schwerpunktbildung gekennzeichnet werden: Verteilungsökonomik, die Ökonomik der Sozialen Sicherung einschl. der Gesundheitsökonomik, die Arbeitsökonomik und die Sozialordnungspolitik.

Frage 2: Wie ist das Spannungsverhältnis zwischen Sozialpolitik und Wirtschaftspolitik zu erklären?

Ein Spannungsverhältnis zwischen Sozial- und Wirtschaftspolitik kann dann bestehen, wenn Wirtschaftspolitiker und -theoretiker ihr Hauptaugenmerk auf die Produktion und die Höhe des Sozialproduktes lenken, ohne dabei die wichtige Frage der Art und Qualität des zu erstellenden Güterbündels und dessen Verteilung auf die Gesellschaftsmitglieder zu beachten. Andererseits muß die Sozialpolitik, die sich vor allem mit den Fragen der Verteilung beschäftigt, gesamtwirtschaftliche Wirkungen der Distribution auf die Allokation der Ressourcen und die Stabilisierung des Wirtschaftsablaufs beachten. Zur Zeit der Klassiker, die eine natürliche Ordnung und einen harmonisch von selbst ablaufenden Wirtschaftsprozeß vermeinten unterstellen zu können, bestand ein großes Spannungsverhältnis zwischen Wirtschafts- und Sozialpolitik, da von seiten der Wirtschaftswissenschaftler ein Eingriff in die „natürliche Ordnung" mit bestimmten Zielvorstellungen der Umgestaltung durch die Sozialpolitiker strikt abgelehnt wurde. Ihrerseits warfen Sozialpolitiker diesen Wirtschaftswissenschaftlern eine nicht zu verantwortende Verengung des Blickwinkels hin auf ein möglichst hohes Sozialprodukt vor, ohne dabei soziale Folgen für bestimmte Gesellschaftsmitglieder zu berücksichtigen.

Frage 3: Welche Bereiche der gesellschaftlichen Wirklichkeit gehören zum Erfahrungsobjekt der Sozialpolitik?

Durch die hier gewählte Schwerpunktbildung werden gleichzeitig die Bereiche der gesellschaftlichen Wirklichkeit beschrieben, die zum Erfahrungsobjekt der Sozialpolitik gehören. So sind zur Sozialordnungspolitik, die durch Ordnung und Veränderung (im Rahmen der Verfassung) des Gesamtgefüges der Gesellschaft Ursachen sozialer Mißstände zukünftig verhindern möchte, vor allem die Familienpolitik, Soziale Wohnungs- und Wohnungsbaupolitik, Eigentumsbildungs- und Eigentumsordnungspolitik und Unternehmungsverfassungspolitik zu nennen. Die Verteilungsökonomik befaßt sich einerseits mit den Determinanten der Einkommens- und Vermögensverteilung (Verteilungstheorie), andererseits mit der Beeinflussung der personalen Einkommens- und Vermögensverteilung (Verteilungspolitik). Im Rahmen der Arbeitsökonomik gelten als Erfahrungsobjekt die Beziehungen zwischen unselbständig und selbständig Beschäftigten bzw. der jeweiligen Verbände auf dem Arbeitsmarkt, im innerbetrieblichen Bereich und im innerverbandlichen Gefüge und die jeweils wirtschaftlichen Wirkungen. Dagegen interessieren im Rahmen der Sozialen Sicherungspolitik soziale Tatbestände und Risiken, wie Arbeitslosigkeit, Tod des Ernährers, Alter, Krankheit, Invalidität, Mutterschaft usw., die einer Sicherung bedürfen. Insgesamt könnte man sagen, daß zum Erfahrungsobjekt der Sozialpolitik das Verhältnis von sozialen Gruppen zueinander gehört, welches in einer ökonomisch orientierten Sozialpolitik vor allem durch ökonomische Faktoren (Einkommen, Vermögen usw.) beschrieben wird.

Frage 4: Wie wird die Fachdisziplin Sozialpolitik(-lehre) beschrieben?

Die Fachdisziplin Sozialpolitik kann dadurch beschrieben werden, daß auf ein bestimmtes Erfahrungsobjekt (hier vor allem die unter Frage 3 behandelten Erfahrungsobjekte) bestimmte Fragestellungen und Methoden anzuwenden sind, wodurch das Erkenntnisobjekt dieser Disziplin Gestalt annimmt. In diesem Lehrbuch werden ökonomische Fragestellungen und wirtschaftswissenschaftliche Methoden gewählt, welche auf das Erfahrungsobjekt angewandt werden. Das Erkenntnisobjekt ist dadurch spezifisch ökonomisch geprägt; es stehen vor allem ökonomisch determinierte Ungleichheiten bzw. Schwächen bestimmter Personen oder Personengruppen im Vordergrund der Analyse.

Frage 5: Warum ist eine Abgrenzung zwischen Sozialpolitik, Finanzpolitik und Wirtschaftspolitik schwierig?

Die Trennung zwischen Finanzpolitik und Wirtschaftspolitik, aber auch der Sozialpolitik ist historisch gewachsen. So wurde zur Zeit der Klassiker der Wirtschaftsablauf als natürlicher Prozeß verstanden, der harmonisch und unter gewissen Gesetzmäßigkeiten abläuft. Wirtschaftspolitik greift aber in den Wirtschaftsablauf ein, um entsprechend gewissen Zielsetzungen (Sollvorstellungen) den Ablauf zu gestalten. Die Finanzpolitik etablierte sich als eigenständiger Politikbereich, da der Staat eigenständig wirtschaftendes Subjekt ist. Da aber zunächst das Volumen der Staatstätigkeit zu klein bemessen war, um Änderungen gesamtwirtschaftlicher Daten herbeizuführen, war die Aufgabe der Finanzwissenschaft, die öffentliche Haushaltsführung rational zu gestalten und zu analysieren. Die Sozialpolitik etablierte sich als eigenständige Disziplin unter der Zielvorstellung, die Lage der Arbeiterklasse zu heben und bezog sich also auf (Um-)Verteilungsprozesse. Heute ist allen drei Politikbereichen gemein, daß sie unter Beachtung von Zielvorstellungen Wirtschaftsabläufe zum Erkenntnisobjekt erheben bzw. als praktische Politikbereiche in den Wirtschaftsprozeß eingreifen. Jede sozial-, wirtschafts- und finanzpolitische Maßnahme ändert gesamtwirtschaftliche Daten. Aufgrund der wirtschaftlichen Interdependenzen ist es nur noch auf analytisch-abstrakter Ebene möglich, diese drei Politikbereiche vor allem in ihrer praktischen, aber auch theoretischen Dimension zu trennen.

Frage 6: Welcher Begriff der Sozialpolitik in der Übersicht (1.1.2) kommt der in diesem Kapitel vorgeschlagenen Definition am nächsten?

Am nächsten ist die Definition von M. Weber, der einerseits die Verteilung des Sozialproduktes, andererseits auch die Stellung sozialer Schichten zum Gegenstand der Sozialpolitik zählt. Die Stellung sozialer Schichten wird sicherlich durch die Verteilungspolitik berührt; aber auch durch gesetzliche Maßnahmen (etwa: Tarifvertragsgesetz, Arbeitsschutzregelungen, Zwangsversicherung zur Sicherung sozialer Risiken usw.) verändert sich die Stellung gesellschaftlicher Gruppen und Schichten zueinander.

Zu Kapitel 2

Frage 1: Warum ist die Dominanz kapitalistischer Produktionsverfahren und Produktionsverhältnisse für das Entstehen der modernen Sozialpolitik bedeutsam?

Unter der Dominanz kapitalistischer Produktionsverfahren und Produktionsverhältnisse in der Periode des Laissez-Faire war der besitzlose Arbeiter gezwungen, seine Arbeitskraft wie Ware an den Unternehmer zu verkaufen. Er besaß keinerlei Mitspracherechte bei der Produktionsgestaltung und hatte keinerlei Rechte auf das von ihm produzierte Gut, das stark arbeitsteilig erstellt wurde. Man spricht daher auch von einer Entfremdung des Arbeiters. Das Arbeitseinkommen reichte zunächst kaum aus, die unbedingt notwendigen Grundbedürfnisse der Haushaltsmitglieder zu decken, da dieser Lohn nach Marktgesetzen bestimmt war, die Nachfrage nach Arbeit bei weitem das Angebot überstieg (Bevölkerungsexpansion, Landflucht, Absinken der Handwerker und kleinen Selbständigen ins Proletariat) und die Arbeiter keinerlei Gegenmacht zur ökonomisch begründeten Macht der Unternehmer entgegensetzen konnten. Die überaus rasche industrielle Expansion im Zusammenhang mit der Wirtschaftsordnung des Laissez-Faire führte zu einer zunehmenden Proletarisierung breiter Bevölkerungsschichten. Die soziale Frage jener Zeit wurde allein in der Arbeiterfrage gesehen, deren Lage durch minimales Lohneinkommen, unhygienische und menschenunwürdige Wohnverhältnisse in den Städten, Notwendigkeit der Kinder- und Frauenarbeit, keinerlei Bildungsangebote, lange und harte Arbeitszeiten usw. geprägt war. Die Arbeitskraft der Arbeiter wurde bis auf wenige Ausnahmen (z.B. R. Owen) von den Unternehmern als Produktionsmitteleigentümer genutzt, um ihren Wohlstand zu fördern. Die soziale Frage wurde zum Ausgangspunkt der Entwicklung der modernen Sozialpolitik. Verantwortungsbewußte Bürger, Kirchenvertreter, Politiker und Wissenschaftler versuchten mit ihren jeweiligen Mitteln (praktischer und theoretischer Art), die Arbeiterfrage einer Lösung zuzuführen bzw. die Lage der Arbeiter zu verbessern.

Frage 2: Welche Kräfte haben neben der technischen und wirtschaftlichen Entwicklung die Durchsetzung der Sozialpolitik gefördert?

Einerseits versuchten verantwortungsbewußte und vorausschauende Bürger, Kirchenvertreter, Politiker und auch Unternehmer durch eigene Beispielhaftigkeit der betrieblichen Sozialpolitik und durch Einfluß auf die Regierung die Lage der Arbeiter zu verbessern. Auch die Arbeiter selber reagierten auf ihre unerträgliche Lage durch Schaffung von Gewerkvereinen und Gewerkschaften, Konsum- und Produktivgenossenschaften und bauten allmählich eine Art politische Kraft auf. Auch Wissenschaftler, die einerseits die Lage der Arbeiter deskriptiv erfaßten, andererseits theoretisch analysierten, wie die Gründer des Vereins für Socialpolitik *A. Wagner, L. Brentano, G. Schmoller* usw., beschäftigten sich mit der Arbeiterfrage und suchten nach Wegen, die Lage der Arbeiter zu verbessern. Diese Bemühungen der Betroffenen und Nichtbetroffenen führten teilweise dazu, daß der Staat durch gesetzliche Maßnahmen vor allem im Bereich des Arbeitsschutzes reagierte. Die Sozialgesetzgebung in Deutschland unter *Bismarck* machte deutlich, wie sehr eine Gefahr des Umsturzes durch die Arbeiter befürchtet wurde. Man versuchte, diese durch (neben restriktiver Gesetzgebung wie etwa des Koalitionsverbotes) Verbesserungen der Lebenslage zu verhindern und die Arbeiter in die bestehende Gesellschaft zu integrieren.

Frage 3: Was versteht man unter „industrieller Revolution", und warum war die „industrielle Revolution" in England auch für die Entwicklung in Deutschland von besonderer Bedeutung?

Mit dem Begriff „industrielle Revolution" kann eine sehr schnell durchgeführte Veränderung der Produktionsweise und der Entwicklung der Produktivkräfte bezeichnet werden. Da die „industrielle Revolution" zunächst in England ihren Ausgangspunkt nahm, ist die Bedeutung für die Entwicklung in Deutschland darin zu sehen, daß einerseits die neuen Produktionsweisen übernommen und auch aufgrund der englischen Erfahrungen verbessert eingesetzt werden konnten, andererseits aus den sichtbar gewordenen Verhältnissen in England wirtschaftliche und soziale Entwicklungen bei einer Übertragung in Deutschland voraussehbar waren.

Frage 4: Warum waren die sozialen Folgen der „industriellen Revolution" für die Arbeiterschaft besonders negativ?

Die eigentumslose Arbeiterschaft stand – aufgrund der herrschenden Wirtschafts- und Gesellschaftsordnung, des bestimmenden Gedankengutes des Liberalismus, des fehlenden politischen Einflusses (Dreiklassenwahlrecht) – dem Unternehmer schutzlos gegenüber. Die zu neuen Produktionsweisen in großen Mengen notwendigen Fabrikarbeiter rekrutierten sich aus den ehemals unfreien Bauern, die nach der „Bauernbefreiung" ihr Land verlassen mußten, aus Landarbeitern, ehemaligen Handwerkern und kleinen Selbständigen, die der industriellen Konkurrenz nichts entgegenstellen konnten, und den Frauen und Kindern dieser Gruppen. Insgesamt wurden innerhalb kürzester Zeit Menschengruppen aus ihrem gewohnten Leben, oft aus der gewohnten

Umgebung (Landflucht) und sozialen Umgebung herausgerissen, um in den städtischen Industrieansiedlungen unter gänzlich neuen Lebens- und Arbeitsformen bei minimaler Entlohnung zu arbeiten.

Frage 5: Welche Selbsthilfemaßnahmen ergriffen die Arbeiter?

Als Gegenmacht zur starken wirtschaftlichen und auch politischen Macht der Unternehmer organisierten sich die Arbeiter in Gewerkschaften und bildeten teilweise Konsum- und Produktivgenossenschaften. Die Gewerkschaften versuchten einerseits die Bildung der Arbeiter durch entsprechende Kursangebote zu erhöhen (Arbeiterbildungsvereine), sicherten teilweise gewisse Risiken für ihre Mitglieder (Krankheit, Tod des Ernährers, Arbeitsunfähigkeit) durch die Anknüpfung an die alte Tradition der Gesellen- und Meisterverbände bzw. Innungen; andererseits wurde durch gemeinsames Vorgehen (Streik und Boykott) versucht, die materielle Lage zu verbessern und Arbeitsschutzbedingungen durchzusetzen. Allerdings stießen sie auf erbitterten Widerstand von seiten der Unternehmerschaft (Nichteinstellung von Gewerkschaftsmitgliedern) und von seiten des Staates (Koalitionsverbot und damit Verbot der Gewerkschaften).

Frage 6: Warum verlief die wirtschaftliche und soziale Entwicklung in Deutschland mit einer deutlichen zeitlichen Verzögerung?

Die industrielle Entwicklung mit ihren sozialen Folgen setzte in Deutschland erst Mitte des 19. Jahrhunderts ein aufgrund der staatlichen Zerrissenheit, feudaler und zünftiger Fesseln. So befanden sich die Bauern faktisch bis 1807 in einem unfreien Rechtsstand (Erbuntertänigkeit), verhinderten die Zünfte die freie Ansiedlung von Gewerbebetrieben, erschwerten Binnenzölle den innerdeutschen Handel. Zudem hatte sich das Gedankengut des Liberalismus und der Aufklärung nicht in der reinen Form in Deutschland durchgesetzt.

Frage 7: Welches waren die wichtigsten sozialen Mißstände in der Industrialisierungsphase in Deutschland?

Die wichtigsten sozialen Mißstände in der Industrialisierungsphase in Deutschland waren:
- zu lange Arbeitszeiten;
- weitverbreitete Kinder- und Frauenarbeit ohne gesetzlichen Schutz;
- fehlender Betriebsgefahrenschutz;
- unzureichende Arbeitseinkünfte;
- kein Kündigungsschutz;
- starke wirtschaftliche Unsicherheit bei konjunkturellen Schwankungen;
- wirtschaftliche Not bei allgemeinen Lebensrisiken wie Krankheit, Tod des Ernährers, Arbeitsunfähigkeit, Alter;
- unzureichende Wohnraumversorgung;
- unzureichende Erziehungs- und Bildungseinrichtungen;
- Quasi-Erblichkeit des „proletarischen" Standes.

Frage 8: Warum hat das Kaiserreich in der „Arbeiterfrage" versagt?

Die „Bismarcksche Sozialgesetzgebung" muß zweifellos als Maßnahmenbündel betrachtet werden, durch das einige Risiken der Arbeiterschaft (Krankheit, Unfall, Invalidität und Alter) wenigstens einer gewissen Absicherung zugeführt wurden. Abgesehen davon, daß die Sozialgesetzgebung nicht sozialpolitisch motiviert, sondern aus Gründen der Staatsraison durchgeführt wurde, gelang es im Kaiserreich nicht, die Arbeiterfrage systematisch und von Grund auf zu lösen, entweder weil bestehende Probleme nicht entsprechend erkannt oder wegen der Rücksichtnahme auf herrschende Kreise nicht in Angriff genommen wurden (etwa: Wohnraumverhältnisse, Arbeits- und Betriebsverfassungen, politische Integration der Arbeiter usw.).

Frage 9: Welches waren die durchgreifenden Reformen in der Sozialpolitik der Weimarer Republik

- 1918 Arbeiterschutzbestimmungen (8-Stunden-Tag), Tarifvertragsordnung, Aufbau des öffentlichen Nachweises von Arbeitsstellen (Fürsorgeleistungen für Erwerbslose und Kurzarbeiter);
- 1919 positives Koalitionsrecht;
- 1920 Betriebsrätegesetz (Mitbestimmung bei sozialen und personellen Fragen, Mitberatung bei wirtschaftlichen Angelegenheiten);
- 1926 Arbeitsgerichtsgesetz (Anerkennung der Tarifautonomie und des kollektiven Arbeitsrechts);
- 1927 Gesetz über Arbeitslosenvermittlung und Arbeitslosenversicherung.

Frage 10: Welche Rolle hat der Verein für Socialpolitik in der Sozialpolitikberatung und der Entwicklung der Fachdisziplin gespielt?

Der Verein für Socialpolitik gründete sich unter der Zielsetzung, einerseits die Lage der Arbeiter empirisch zu ermitteln, wissenschaftlich-theoretisch zu analysieren, und andererseits auch praktisch zu verbessern. Die Tätigkeit des Vereins kann somit als erste systematisch-wissenschaftliche Durchdringung des Erfahrungsobjektes der Sozialpolitik und als wissenschaftliche Politikberatung aufgefaßt werden. Allerdings fanden auch zahlreiche Richtungskämpfe statt, so daß kaum von einer einheitlichen und geschlossenen Linie auf wissenschaftlicher als auch auf politisch-praktischer Ebene gesprochen werden kann.

Frage 11: Welche Hauptentscheidungen in der Wirtschafts- und Sozialpolitik der Bundesrepublik Deutschland zeigen die Bedeutung der Interdependenzen beider Politikbereiche besonders klar auf?

Vor allem zu Beginn des „Wiederaufbaues" in der neugegründeten Bundesrepublik Deutschland wurde deutlich, daß eine wichtige Voraussetzung für eine funktionierende Sozialpolitik die Schaffung der materiellen Basis und damit eine funktionierende Wirtschaft zur Erreichung eines angemessenen Wachstums des Sozialproduktes ist.

Frage 12: Welches sind die wichtigsten verfassungsrechtlichen Grundlagen für die Sozialpolitik in der Bundesrepublik Deutschland?

In bezug aus die Wirtschaftsordnung kann man von einer verfassungspolitischen Basisentscheidung für eine Ordnung mit primärer Belassung der Planung bei den einzelnen Wirtschaftssubjekten ausgehen. In bezug auf die Sozialordnung ist insbesondere durch die Grundrechte auf Unantastbarkeit der Menschenwürde, freie Entfaltung der Persönlichkeit in Verbindung mit dem Rechts- und Sozialstaatsprinzip die Entscheidung für eine freiheitliche Sozialordnung gefallen. Ferner sind folgende Grundrechte zu nennen: Gleichberechtigung von Mann und Frau, Schutzbedürftigkeit von Ehe und Familie (einschließlich Mutterschutz, Elternrecht), positive und negative Koalitionsfreiheit, Arbeits- und Berufsfreiheit, Gewährleistung von privatem Eigentum und Erbrecht. Aus der freiheitlichen Sozialordnung, welche die Würde des Menschen zu schützen hat und die freie Entfaltung der Persönlichkeit garantieren soll, können ein Recht auf Soziale Sicherung und ein Recht auf ein menschenwürdiges Existenzminimum abgeleitet werden, ferner die Aufgaben des Schutzes der Gesundheit, der Schaffung ausreichender Frei- und Urlaubszeit, der Förderung eines ausreichenden und gesunden Wohnraumes, der Ordnung des Betriebes, des Unternehmens und des Arbeitsmarktes, des Schutzes des Arbeitnehmers im Arbeitsleben, der Schaffung gleicher Bildungschancen für Gleichbegabte.

Frage 13: Welcher Indikator kann die quantitative Bedeutung der Sozialpolitik relativ gut anzeigen?

Die Sozialleistungsquote kann als Indikator herangezogen werden, um die quantitative Bedeutung der Sozialpolitik aufzuzeigen. Diese setzt die Ausgaben für sozialpolitische Maßnahmen ins Verhältnis zum Bruttosozialprodukt.

Frage 14: Welches waren nach Ihrer Auffassung die wichtigsten sozialordnungspolitischen Entscheidungen in der Bundesrepublik Deutschland?

Die Entscheidung für eine Wirtschaftsordnung in Form der Sozialen Marktwirtschaft bzw. einer Ordnung, die die Wirtschaftsplanung primär bei den einzelnen Wirtschaftssubjekten beläßt, ist mitbestimmend für die Sozialordnung. In bezug auf sozialordnungspolitische Entscheidungen in der Bundesrepublik Deutschland sind als besonders wichtig zu nennen die Entscheidung für eine freiheitliche Sozialordnung, die sozialen Grundrechte, aus denen spezifische Tätigkeitsfelder der Sozialpolitik ableitbar sind (Soziale Sicherung, Familienpolitik, Wohnungspolitik usw.), wobei als besonders wichtig Mitwirkungs- und Mitbestimmungsrechte der Arbeitnehmer angesehen werden können.

Frage 15: Halten Sie eine Sozialpolitik „aus einem Guß" für machbar, und welche Kräfte könnten dem entgegenstehen?

Besonders seit der Um- und Neuorientierung der Sozialpolitik zu Beginn der Bundesrepublik wurde immer wieder eine umfassende Sozialreform „aus einem Guß" gefordert. Einer solchen durchgreifenden und grundlegenden Neustrukturierung könnte entgegenstehen, daß spezifische Institutionen und sozialpolitische Instrumente ihren Ursprung in spezifisch historischen Verhältnissen besitzen, sich bis heute in bestimmter Weise entwickelt haben und dies kaum mehr rücknehmbar erscheint. Hinzu kommt, daß sich die Gesellschaft in der Bundesrepublik als pluralistisch auffaßt, d. h., vielfältige Interessen- und Meinungsströmungen bestehen, und diese sollen bei politischen Entscheidungen Berücksichtigung finden, so daß die Sozialpolitik vielmehr einer Piecemeal-Sozialtechnik nahekommt, die sich jedoch in ihrer Ausgestaltung an christlichen, aufklärerischen und auch freiheitlich-sozialistischen Werten orientieren kann.

Zu Kapitel 3

Frage 1: Welche Aufgabe hat die ökonomische Theorie der Sozialpolitik?

Unter der ökonomischen Theorie (Ökonomik) der Sozialpolitik versteht man die systematische Anwendung wirtschaftstheoretischer Methoden, Erkenntnisinstrumente und Erklärungsmuster auf die Probleme der praktischen Sozialpolitik. Gemeinsam mit anderen Wissenschaftszweigen vermag sie einen wesentlichen Beitrag zur Beschreibung, Erklärung und Prognose sozialpolitischer Phänomene und damit zur Vorbereitung, Ausführung und Kontrolle sozialpolitischen Handelns zu leisten. Ihre spezifischen Aufgaben bestehen vor allem in der Klärung der gegenseitigen Abhängigkeiten zwischen Sozialpolitik und Volkswirtschaft bzw. Sozialpolitik und Wirtschaftspolitik (externe Ökonomik der Sozialpolitik) sowie in der Frage nach den Möglichkeiten und Grenzen eines optimalen Mitteleinsatzes in den Systemen der Sozialpolitik, d. h. nach der Effizienz (Wirtschaftlichkeit) und Effektivität (Wirksamkeit) sozialer Einrichtungen und sozialpolitischer Maßnahmen (interne Ökonomik der Sozialpolitik).

Frage 2: Welche Rolle spielt die Modellbetrachtung in der ökonomischen Theorie der Sozialpolitik?

Im Gegensatz zu den Natur- und technischen Wissenschaften können die Sozialwissenschaften sich des Experimentes als die Beobachtung ergänzendes Erkenntnismittel nur in sehr beschränktem Umfang bedienen. An seine Stelle ist die Arbeit mit gedanklichen Modellen getreten. Hierbei handelt es sich um stark schematisierte Abbildungen der Realität, in denen die für die jeweilige Untersuchung wesentlichen Sachverhalte zunächst stark vereinfacht und isoliert betrachtet bzw. unter oft recht rigoroser Vernachlässigung der sie umgebenden sozialen, ökonomischen und politischen Einflüsse und Wechselwirkungen dargestellt werden. Bei der Erörterung komplexer sozialpolitischer Probleme erweist sich daher die Modellanalyse als hilfreich und oft unentbehrlich. Dies gilt (1) auf der einzelwirtschaftlichen (mikroökonomischen) Ebene der privaten Haushalte sowie der privaten und öffentlichen Unternehmen einschließlich der sozialen Einrichtungen und der Sozialverwaltung; (2) auf einer mittleren (mesoökonomischen) Ebene des Leistungsaustausches auf Märkten und anderen Allokationsmedien und (3) auf der gesamt- oder volkswirtschaftlichen (makroökonomischen) Ebene des Einkommenskreislaufes. Auch in der praxisorientierten Sozialpolitik besteht allerdings stets die Gefahr, aus den in der Modellbetrachtung gewonnenen Einsichten politische Schlußfolgerungen und Handlungsanweisungen abzuleiten, ohne die zugrundeliegenden Annahmen zu berücksichtigen und die Ergebnisse entsprechend zu relativeren.

Frage 3: Welches sind die wesentlichen Merkmale der drei sozialpolitisch bedeutsamen Modelle des Haushaltes, des Marktes und des Kreislaufes?

1. Das Zwei-Güter-Modell des Haushaltes beschreibt die Entscheidungslage bei gegebenen Mitteln („Budget“ an Kaufkraft oder Zeit) und gegebenen Bedürfnissen (Rangordnung alternativer Güterkombinationen nach ihrem Nutzen). Das Haushaltsoptimum herrscht dort, wo mit gegebenem Aufwand der höchste Nutzen erzielt wird. Grafisch wird die optimale Güterkombination bestimmt durch den Punkt, in dem die Budgetlinie die ranghöchste Indifferenzkurve tangiert.
2. Das Preis-Mengen-Diagramm des Marktes dient zur Erörterung der marktlichen Güterallokation und ihrer Funktionsbedingungen (Marktmechanismus). Bei freier Preisbildung ergibt sich eine Gleichgewichtslage, in der Angebot und Nachfrage durch den Markt- oder Gleichgewichtspreis zum Ausgleich gebracht werden. In der grafischen Darstellung werden Preis und Umsatzmenge bestimmt durch den Schnittpunkt von Angebots- und Nachfragekurve.
3. Das Kreislaufschema erlaubt durch Zusammenfassung (Aggregation) der Einzelwirtschaften zu umfassenden Sektoren einen Überblick über den gesamtwirtschaftlichen Austausch von Leistungen (Güter- und Geldströme) zwischen Haushalten, Unternehmen und Staat sowie deren Beziehungen zum Ausland und zur volkswirtschaftlichen Vermögensbildung. Die Aufspaltung der Sektoren in kleinere Subsektoren erlaubt auch eine differenzierte Analyse sozialpolitischer Fragestellungen, z. B. Fragen nach der volkswirtschaftlichen Bedeutung der Arbeitnehmer- oder der Rentnerhaushalte, der Situation bestimmter Wirtschaftszweige oder Regionen oder der Rolle der Sozialversicherung im Einkommenskreislauf.

Zu Kapitel 4

Frage 1: Wie lassen sich Preis- und Einkommensänderungen im Haushaltsmodell erfassen und grafisch darstellen?

Ausgehend von einem Haushalt, dessen Budget (diesmal im Sinne einer bestimmten, der Güternachfrage zu widmenden Konsumsumme) gegeben ist, darf angenommen werden, daß dieser sein Verhalten ändert, wenn sich in der Höhe seines Einkommens oder in den Preisen der Güter eine Änderung ergibt. Wichtig ist hierbei zum einen die Unterscheidung zwischen Geld- und Realeinkommen und zum anderen die zwischen absoluten und relativen Preisen. Das Geld- oder Nominaleinkommen (Nennwert des Einkommens in Geldeinheiten) ist mit dem Realeinkommen (tatsächliche Kaufkraft des Einkommens in Gütermengen) nur dann identisch, wenn die absoluten oder Geldpreise der vom Haushalt begehrten Güter in ihrer Höhe unverändert bleiben. Nur unter dieser Bedingung bedeutet eine Erhöhung (Senkung) der verfügbaren Geldsumme auch einen gleichwertigen Zuwachs (Rückgang) an Kaufkraft. Grafisch bedeutet dies eine parallele Verschiebung der Budgetlinie, die diese richtungsmäßig vom Nullpunkt wegführt (dem Nullpunkt nähert). Verändert sich dagegen bei konstantem Geldeinkommen der absolute Preis eines der beiden Güter, während der andere unverändert bleibt, so verändert sich damit zugleich auch sein relativer Preis, d. h. seine Tauschbeziehung zu dem anderen Gut. Dies kommt grafisch in einer veränderten Lage (d. h. Steigung) der Budgetlinie zum Ausdruck. Verändern sich dagegen die absoluten Preise beider Güter in derselben Richtung und mit demselben Prozentsatz (ein in Zeiten der Inflation als einem Anstieg des allgemeinen Preisniveaus durchaus möglicher Fall), so bleibt die Preisrelation unverändert. Eine solche Preiserhöhung „im Gleichschritt" führt dann zu einer Parallelverschiebung der Budgetlinie (in die Richtung des Nullpunktes) und ist mithin als Senkung des Realeinkommens gleichbedeutend mit einem Rückgang des Geldeinkommens bei konstanten Preisen.

Frage 2: Was versteht man unter dem Wohlfahrts- und was unter dem Substitutionseffekt von Preisänderungen?

Bei gegebenem Geldeinkommen bedeutet jede Änderung der Preise für die in den Begehrskreis des Haushaltes fallenden Güter eine Veränderung des verfügbaren Realeinkommens (Kaufkraft des Einkommens bzw. Gegenwert des Einkommens in Form der dafür erhältlichen Gütermenge). Sinkt der Preis eines Gutes, so kann der Haushalt dieselbe Gütermenge wie bisher mit einem geringeren Aufwand an Konsumausgaben erwerben. Sofern der Haushalt den dadurch freigesetzten Betrag nicht spart, sondern ebenfalls ausgeben will, wird er eine zusätzliche Gütermenge kaufen und somit in jedem Falle seine materielle Lage (gegenüber der Situation vor der Preissenkung) verbessern können: Er erlangt dadurch die Verfügung über ein größeres Realeinkommen, d. h. vermehrt seine materielle Wohlfahrt. Dieser positive Einkommens- oder Wohlfahrtseffekt der Preissenkung findet seinen grafischen Ausdruck in einer Verlagerung der Budgetlinie, so daß ihr Berührungspunkt mit der bisherigen Indifferenzkurve gleichsam eine Bewegung auf eine höherwertige Indifferenzkurve vollzieht. Sofern der Haushalt aber seine Nachfrage nach dem verbilligten Gut nicht in vollem Umfange des freigesetzten Betrages erhöht, sondern einen Teil davon zur Nachfrage nach dem im Preis unveränderten anderen Gut abzweigt, liegt ein Substitutionsprozeß vor („Substitution" = Ersetzung in dem Sinne einer teilweisen oder völligen Verlagerung der Nachfrage von einem Gut zu einem anderen). Grafisch wird diese Veränderung der Konsumstruktur durch die Bewegung des Tangentialpunktes auf ein und derselben Indifferenzkurve wiedergegeben. Die Gesamtwirkung einer Preissenkung hinsichtlich Umfang und Zusammensetzung der Konsumnachfrage eines Haushaltes läßt sich somit als Resultante einer quantitativen Wirkung (Wohlfahrtseffekt) und einer qualitativen Wirkung (Substitutionseffekt) beschreiben.

Frage 3: Welche Möglichkeiten hat der Staat zur Einflußnahme auf die Konsumstruktur im Falle meritorischer Bedürfnisse?

Besteht unter sozialpolitischem Aspekt ein Interesse daran, daß die Haushalte ihre Nachfrage nach einem bestimmten Gut erhöhen (Vorliegen meritorischer Bedürfnisse), so kann er zur Erreichung dieses Zieles verschiedene Instrumente einsetzen:

1. Geldtransfers, d. h. Erhöhung des Haushaltseinkommens durch staatliche Transferzahlungen in Form genereller Beihilfen zum Lebensunterhalt oder spezieller Verbrauchssubventionen. Dieser Weg ist sinnvoll, wenn die unzureichende Konsumnachfrage auf ein zu geringes Haushaltseinkommen zurückzuführen ist.
2. Realtransfer i. S. einer unentgeltlichen Bereitstellung des betreffenden Gutes (Übereignung von Sachgütern, gebührenfreie Abgabe öffentlicher Dienstleistungen, Ausgabe von Gutscheinen für die unentgeltliche Entgegennahme von Sachgütern oder Dienstleistungen). Realtransfers erscheinen überall dort angebracht, wo dieselben Voraussetzungen vorliegen wie zu Ziffer 1 und eine zweckentfremdende Verwendung des Transferbetrages ausgeschlossen werden soll.
3. Preissubventionierung: Wenn die Ursache des unzureichenden Verbrauches in der Höhe des Marktpreises für das betreffende Gut gesehen wird, kann die Zahlung einer Subvention an den Erzeuger (Produzentensubvention) zweckmäßig sein. Vorausgesetzt werden muß jedoch, daß die Weitergabe der Subvention an den Verbraucher durch eine entsprechende Senkung

des Angebotspreises gewährleistet werden kann, gegebenenfalls durch staatliche Preiskontrollen.

4. Nachfrage-Oktroy, d. h. Auferlegung einer Abnahmeverpflichtung für ein Gut, das entweder unentgeltlich, zu einem subventionierten Preis oder auch zum vollen Marktpreis angeboten wird. Diese Form wird angewendet, wenn die mangelnde Nachfrage der Haushalte nach einem vom Staat für notwendig erachteten Gut ebenso unabhängig ist von der Höhe des Haushaltseinkommens wie vom Preis des Gutes. (Es besteht eben von seiten der Haushalte kein entsprechender Bedarf.)

Frage 4: Worum handelt es sich bei der anomalen Reaktion des individuellen Arbeitsangebotes?

Normalerweise ist zu erwarten, daß das Angebot an einem Gut mit dessen Marktpreis steigt und umgekehrt. Eine von dieser Regel abweichende Reaktion – Verminderung des Angebotes bei steigendem Preis oder Erhöhung der Angebotsmenge bei Verbilligung des Gutes – ist allerdings dann zu erwarten, wenn für den Anbieter eine Unter- und/oder Obergrenze des Umsatzerlöses gilt, die nicht überschritten werden soll. Dies kann insbesondere für die Anbieter von Arbeitsleistungen angenommen werden: Je stärker der Preis (Lohnsatz je Arbeitsstunde) sinkt, um so größere Anstrengungen wird der Haushalt unternehmen, um einen Mindeststandard der Lebenshaltung zu sichern. Sofern kein Anspruch auf Transfereinkommen (Sozialhilfe, Arbeitslosenunterstützung usw.) besteht, wird der Haushalt seine Erwerbsanstrengungen erhöhen durch vermehrten Arbeitseinsatz je Erwerbsperson (Überstunden, Nebentätigkeit) oder durch Arbeitsaufnahme weiterer Haushaltsmitglieder (Frauen- und Kinderarbeit). Ab einer bestimmten Einkommenshöhe wird andererseits der Anreiz steigender Lohnsätze nachlassen. Dabei kann das Arbeitsangebot sogar absolut sinken, da ein genügsamer Haushalt nun seinen bisherigen Lebensstandard mit einem geringeren Aufwand an Erwerbsarbeit als bisher bestreiten kann.

Frage 5: Welche Ziele haben sozialpolitische Eingriffe in den Prozeß der marktwirtschaftlichen Preisbildung?

Die staatliche Sozialpolitik greift insbesondere dann in den Marktmechanismus ein, wenn die materiellen Lebensumstände einer als schutz- und hilfsbedürftig angesehenen sozialen Gruppe durch die freie Preisbildung gefährdet sind. Dies kann einmal sein der Schutz von Nachfragern durch Festsetzung von Höchstpreisen im Bereich der Grundnahrungsmittel und des Wohnraumes (Mietpreisbindung). Es kann sich aber auch um den Schutz von sozial schwachen Anbietern handeln; als Beispiele hierfür können die Mindestpreisregelungen genannt werden auf dem Markt für landwirtschaftliche Erzeugnisse (Einkommenssicherung für Landwirte im Rahmen der EG-Marktordnungen) sowie auf dem Markt für abhängige Arbeitskräfte (Arbeitsmarkt) und seine Regulierung durch die staatliche Mindestlohngesetzgebung und durch tarifvertragliche Mindestlohnvereinbarungen.

Frage 6: Welche Folgen sind von einer Mietpreisbindung für Wohnraum zu erwarten?

Die Festsetzung oder Limitierung des Mietzinses hat dieselben Auswirkungen wie alle übrigen partiellen Preisfixierungen: Liegt der gesetzlich zulässige Höchstpreis unter dem Preis, der sich bei freiem Spiel von Angebot und Nachfrage ergeben würde (Markt- oder Gleichgewichtspreis), so bleibt ein Teil der Nachfrage mit großer Wahrscheinlichkeit ungedeckt. Dieser Nachfrageüberhang setzt sich zusammen aus einem Rückgang des Wohnungsangebotes (sinkende Rentabilität des eingesetzten Kapitals) und einer Zunahme der Nachfrage nach Wohnraum. Soll die künstlich gezogene Höchstgrenze des Mietzinses weiterhin eingehalten werden, so ergeben sich aus der Marktlogik heraus verschiedene Möglichkeiten zu weiteren wohnungspolitischen Maßnahmen:

1. Verteilung des vorhandenen Wohnraumes auf die Nachfrage (Rationierung) nach Kriterien der sozialen Dringlichkeit;
2. Steigerung des Wohnraumangebotes im Wege (a) der Förderung des privaten Mietwohnungsbaues durch finanzielle und administrative Unterstützung des Staates oder (b) des Baues und Angebotes von Wohnraum durch den Staat;

3. Senkung der Nachfrage nach Wohnraum, insbesondere durch öffentliche Förderung der Bildung von Wohneigentum.

Frage 7: Hat die Existenz von Sozialleistungen einen Einfluß auf die Höhe des Arbeitslohnes?

Die Zahlung von Transferleistungen (Arbeitslosenunterstützung, Sozialhilfe usw.) ersetzt in vielen Fällen fehlendes Arbeitseinkommen. Nimmt man einen Arbeitssuchenden an, für den die Höhe des Leistungsentgeltes das vorherrschende Kriterium bei der Entscheidung über die Aufnahme einer Erwerbstätigkeit ist, so wird dieser nur zu einem Lohnsatz zu arbeiten bereit sein, der ihm zu einem Erwerbseinkommen verhilft, das erheblich höher ist als das ohne Arbeitsaufwand erzielbare Transfereinkommen. Somit haben die Sozialleistungen als Soziale Sicherung bei Erwerbslosigkeit eine ähnliche Funktion wie staatliche und tarifvertragliche Mindestlohnfixierungen: Sie stellen einen unteren Plafond dar, der nicht nur selbst nicht unterschritten werden kann, sondern seinerseits eine noch höhere Mindestlohnschwelle bestimmt. Der niedrigste Stundenlohn muß nämlich oft noch erheblich über dem fiktiven „Sozialtransfer-Stundensatz" liegen. Man kann diesen erreichen, indem man das monatlich als Ersatz für fehlendes Arbeitseinkommen gezahlte Transfereinkommen durch die monatliche Durchschnittsarbeitszeit (in Stunden) der günstigsten angebotenen Arbeitsmöglichkeit, in die der Arbeitssuchende vermittelt werden könnte, dividiert.

Zu Kapitel 5.1

Frage 1: Nach welchen sozialpolitischen Prinzipien kann ein Soziales Sicherungssystem gestaltet werden, und welche Auswirkungen hat die Wahl eines Prinzips auf die Ausgestaltung des Sozialen Sicherungssystems?

Sozialpolitische Prinzipien, die auf die Ausgestaltung eines Sozialen Sicherungssystems Einfluß nehmen können, sind: Versicherungsprinzip, Fürsorgeprinzip und Versorgungsprinzip. Als Organisationsprinzipien kommen zusätzlich in Betracht: Final- und Kausalprinzip.
Je nach Wahl eines dieser Prinzipien ist die Ausgestaltung des Sozialen Sicherungssystems in etwa bestimmt. Wird das Versicherungsprinzip gewählt, so kommt als Verteilungsprinzip das Äquivalenz- oder Leistungsfähigkeitsprinzip zur Geltung. Die Finanzierung geschieht durch Mitgliedsbeiträge, der Leistungsanspruch richtet sich nach den entrichteten Beiträgen und ist festgesetzt.
Das Versorgungsprinzip beinhaltet als Verteilungsprinzip das Sozialprinzip (kollektive Solidarität), die Finanzierung wird durch öffentliche Haushaltsmittel sichergestellt. Die Leistungen richten sich weder nach der individuellen Finanzierungsleistung, noch nach der Bedürftigkeit, sondern sind gesetzlich nach zu wählenden Kriterien festlegbar.
Auch das Fürsorgeprinzip betont den kollektiven Solidarcharakter der Sicherung, was sich darin ausdrückt, daß auch hier die Finanzierung durch öffentliche Haushaltsmittel geschieht. Der Leistungsanspruch richtet sich jedoch nach der individuellen Bedürftigkeit.
Kausal- und Finalprinzip sind bestimmend für die Organisation des Sozialen Sicherungssystems. Nach dem Kausalprinzip ist das System nach möglichen Schadensursachen (Krankheit, Unfall usw.) gegliedert: nach dem Finalprinzip ist eine solche Gliederung überflüssig, es kommt hier nur auf die Sicherung der Lebenslage – gleichgültig, welches Risiko eintritt – an.
Zu berücksichtigen ist, daß reale Sicherungssysteme zwar dahingehend klassifiziert werden können, welches dieser Prinzipien dominant verwirklicht wurde; insgesamt sind diese jedoch Mischtypen.

Frage 2: Welche Argumente sind für bzw. gegen die Zielsetzung einer Sicherungspolitik denkbar, das Sozialeinkommen in Anlehnung an das früher erzielte Arbeitseinkommen zu bemessen, um damit den durch Erwerbstätigkeit erlangten Status zu sichern?

Die Sicherung des durch berufliche Aktivität erlangten Status kann damit begründet werden, daß die materiellen Ansprüche der Umwelt an den einzelnen Menschen (z. B. durch Kreditaufnahme) und auch die Lebensansprüche des Menschen selber vor allem durch das erzielte

Arbeitseinkommen stark bestimmt werden. Eine plötzliche Senkung des Einkommens könnte gravierende ökonomische, soziale und psychische Folgen für das betroffene Individuum herbeiführen. Ein plötzliches Absinken von relativ hohen Einkommenspositionen auf ein konventionelles Existenzminimum bewirkt zumindest, daß etwa Zahlungsverpflichtungen nicht mehr eingehalten werden können; Störungen des sozialen Friedens sind nicht auszuschließen. Gegen eine derartige Absicherung ließe sich einwenden, daß – bei entsprechender Definition einer angestrebten Gleichheit der Menschen – gleiche Tatbestände (Eintreffen eines Risikos) sehr ungleich behandelt werden. Zudem kann durch eine Sicherung des Status möglicherweise die Bereitschaft geschwächt werden, etwa im Fall von Arbeitslosigkeit, die Berufstätigkeit wieder aufzunehmen.

Frage 3: Nennen Sie Argumente, die für und gegen die Einführung einer Beitragsbemessungsgrenze und Versicherungspflichtgrenze in der Sozialversicherung sprechen.

Der Sinn einer Beitragsbemessungsgrenze wird darin gesehen, daß sowohl für die Belastung des Einkommens mit Sozialversicherungsbeiträgen als auch für den damit gekoppelten Umfang der zu erwartenden Versicherungsleistungen eine Höchstgrenze gezogen werden soll. Dadurch soll zudem für Bezieher höherer Einkommen die Möglichkeit eröffnet werden, in eigener Verantwortung die Wahl zwischen gegenwartsorientierter oder zukunftsorientierter (Vorsorge) Konsumplanung zu betreiben. Eine quasi risikolose Absicherung eines überdurchschnittlichen Lebensstandards durch Sozialversicherung zu Lasten sozial schwächerer Mitglieder ist dadurch nicht möglich. Für eine Abgrenzung der pflichtversicherten Personenkreise durch eine Versicherungspflichtgrenze, die etwa einkommensmäßig oder nach der Berufszugehörigkeit definiert werden kann, gelten die gleichen Überlegungen wie bei der Beitragsbemessungsgrenze. Gegen Beitragsbemessungs- und Versicherungspflichtgrenze kann argumentiert werden, daß die Umverteilungswirkung der Sozialversicherung eingeschränkt wird. Wird das Versicherungsprinzip bei der Anwendung in der Sozialversicherung weiter aufgeweicht, so wäre es möglich, daß statt der obengenannten Begrenzung eine Leistungsbemessungsgrenze eingeführt wird, um stärkere regressive Umverteilungswirkungen der Sozialversicherung zu erzielen.

Frage 4: Stellen Sie das Kausalprinzip am Beispiel der Sozialversicherung in der Bundesrepublik Deutschland dar und beschreiben Sie die daraus sich ergebenden Folgen.

Das Sozialversicherungssystem in der Bundesrepublik Deutschland ist nach dem Kausalprinzip aufgebaut: Schadensursachen wie Unfall, Krankheit, Arbeitslosigkeit, Alter und Invalidität bestimmen die Organisation der Sozialversicherungsträger. Diese sind in der Leistungsgewährung an jeweils spezifische gesetzliche Grundlagen und an eine unterschiedliche Rechtsprechung gebunden. Dies führt in vielen Fällen dazu, daß – bei gleicher Lebenslage – Personen je nach eingetretenem Risikofall unterschiedlich hohe Ansprüche an die Sozialversicherungsträger geltend machen können.

Kapitel 5.2

Frage 1: Beschreiben Sie die Einbettung des Sozialen Sicherungssystems in den volkswirtschaftlichen Kreislauf.

Die Rolle des Sozialen Sicherungssystems im volkswirtschaftlichen Kreislauf wird definiert durch die Wechselbeziehung zwischen der Leistungsseite, auf der es dem privaten Haushaltssektor Geldmittel und/oder Sach- und Dienstleistungen zuführt, und der Aufbringungsseite, auf der es den Sektoren „Haushalt", „Unternehmungen" (Sozialbeiträge und Steuern) und „Staat" (Zuschüsse aus öffentlichen Haushaltsmitteln) Geldmittel entzieht.

Frage 2: Nennen Sie unterschiedliche Finanzierungsverfahren einer Sozialversicherung und beschreiben Sie mögliche Wirkungen der Verfahren.

Das Umlageverfahren sieht vor, daß die Beiträge je Jahr ausreichen, um die anfallenden Rentenleistungen zu finanzieren; es wird somit kein Deckungskapital angesammelt. Dagegen ist beim Kapitaldeckungsverfahren, das eine Ansammlung von Deckungskapital aus Beiträgen in Höhe der gesamten anfallenden Leistungen für einen Altersjahrgang, und beim Anwartschaftsdekkungsverfahren, das praktisch eine Art Sparkonto für jeden Versicherten zur Deckung seiner Rentenansprüche vorsieht, jeweils ein höherer Kapitalbestand notwendig. Die volkswirtschaftliche Bedeutung dieser Verfahren kann in den unterschiedlich hohen Kapitalansammlungen gesehen werden. Ein hoher Vermögensstock der Sozialversicherung würde bedeuten, daß diese als weiterer Träger der Wirtschaftspolitik anzusehen wäre. Die Anlagepolitik der Sozialversicherung würde weitreichende volkswirtschaftliche Konsequenzen nach sich ziehen. Die Verfahren, die einen hohen Kapitalbestand vorsehen, sind nur so lange funktionsfähig, wie die wirtschaftlichen und sozialen Verhältnisse stabil sind; Geldwertminderungen durch hohe Inflationsraten würden den realen Wert des angesparten Kapitals mindern; Anpassungen der Geldtransfers an die wirtschaftliche Entwicklung und damit auch an den wachsenden Lebensstandard der erwerbstätigen Bevölkerung wären ohne Zuschüsse aus öffentlichen Haushaltsmitteln nicht möglich. Dagegen ist beim Umlageverfahren aufgrund des Generationenvertrages eine Anpassung der Geldtransfers an Arbeitsproduktivität, Lohnentwicklung und Preisniveauentwicklung möglich.

Frage 3: Ist die Unterscheidung zwischen Arbeitnehmer- und Arbeitgeberbeiträgen zur Sozialversicherung volkswirtschaftlich relevant?

Der Unterscheidung zwischen Arbeitnehmer- und -geberbeiträgen kann aus ökonomischer Sicht nur eine rein formale Bedeutung zugeschrieben werden. Die Arbeitgeberbeiträge werden als Arbeitskosten aus Sicht der Unternehmung betrachtet, die wie andere Unternehmenskosten unter Umständen überwälzbar sind. Generell ist die Überwälzbarkeit von der Situation der Unternehmung, der Branche und der Gesamtwirtschaft abhängig. So könnte bei einer Erhöhung der Beitragszahlung, die nicht tarifvertraglich, sondern durch die Selbstverwaltungsorgane der Versicherungen (unter Mitwirkung des Staates) erfolgt, ein Anreiz zu arbeitssparenden Rationalisierungsmaßnahmen bestehen, deren Durchführungsmöglichkeit nicht für alle Unternehmen bzw. Branchen gleich ist. Dieser Effekt jedoch würde auch auftreten, wenn nur Arbeitnehmer die gesamten Beiträge zu entrichten hätten (der Bruttolohn würde dann – zumindest nach einer Zeit der Anpassungsprozesse – eine entsprechende Höhe aufweisen).

Zu Kapitel 5.3

Frage 1: Welche Faktoren determinieren die Wirkung einer Umverteilungstätigkeit durch den Sozialhaushalt auf das Volkseinkommen?

Richtung und Ausmaß der Wirkungen der Umverteilungstätigkeit auf das Volkseinkommensniveau hängen ab

1. von der Art der getätigten Ausgaben, da die multiplikative Wirkung von Geldtransfers geringer ist als die der Ausgaben für Güter und Dienste;
2. von der Art und Höhe der Einnahmen des Sozialhaushaltes (Fixbetrag bzw. proportionale oder progressive Einnahmenerhebung);
3. von der Relation zwischen Einnahmen- und Ausgabentätigkeit (einnahmenfinanzierte oder kreditfinanzierte Ausgaben);
4. von den marginalen Konsum- und Sparquoten der Beitrags- bzw. Steuerzahler und Transferausgabenempfänger.

Frage 2: Welche Bedeutung hat die konjunkturpolitische Zielerreichung für die Soziale Sicherungspolitik?

Die Erreichung der konjunkturpolitischen Ziele (Vollbeschäftigung, Preisniveaustabilität, außenwirtschaftliches Gleichgewicht) kann als Voraussetzung für eine befriedigend arbeitende Soziale Sicherungspolitik betrachtet werden und stellt eine starke Entlastung des Sozialen Sicherungssystems dar. Bei Vollbeschäftigung ist der Bedarf an Sozialtransfers geringer (Arbeitslosenversicherung), und die Finanzierung ist gesicherter. Das Ziel der Vollbeschäftigung ist auch als angestrebtes Ziel der Sozialpolitik zu betrachten. Geldwertstabilität verhindert eine verteilungsmäßige Veränderung durch Kaufkraftschwund (Sachvermögensbesitzer zu Geldvermögensbesitzer, Anpassungen der Sozialtransfers aufgrund von Inflationsprozessen sind überflüssig usw.). Das Ziel des außenwirtschaftlichen Gleichgewichts hat eher Mittelcharakter zur Erreichung der vorher genannten Ziele, da außenwirtschaftliche Störungen der Binnenkonjunktur verhindert werden und zur optimalen internationalen Arbeitsteilung beigetragen werden soll.

Frage 3: Skizzieren Sie die gesamtwirtschaftliche Wirkungsweise der Tätigkeit der Arbeitslosenversicherung im Konjunkturverlauf.

Die Entwicklung der Leistungszahl der Arbeitslosenversicherung hängt besonders eng mit der konjunkturellen Entwicklung zusammen: In Zeiten der Hochkonjunktur, welche vor allem durch eine Vollauslastung oder sogar Überlastung der Produktionsfaktoren gekennzeichnet ist, ist die Leistungsabgabe aufgrund der wenigen Arbeitslosen sehr gering, dagegen in Zeiten der Unterbeschäftigung (Abschwung, Rezession) naturgemäß sehr hoch. Die Ausgaben der Arbeitslosenversicherung entwickeln sich also gegenläufig zum Konjunkturverlauf. Die Einnahmen sind dagegen in der Hochkonjunktur sehr hoch, in Zeiten der Unterbeschäftigung geringer, so daß diese gleichgerichtet zur Konjunktur verlaufen. Die Arbeitslosenversicherung wird daher als klassisches Beispiel eines automatischen Stabilisators der Konjunktur betrachtet: In Zeiten des wirtschaftlichen Aufschwungs steigen die Einnahmen, sinken die Ausgaben; im konjunkturellen Abschwung zeigt die Entwicklung der Einnahmen und Ausgaben den umgekehrten Verlauf.

Frage 4: Beurteilen Sie die Auswirkungen des Sozialen Sicherungssystems auf den Konjunkturverlauf.

Insgesamt ist feststellbar, daß nur die Einnahmenseite des Sozialen Sicherungssystems konjunkturflexibel ist, d. h. sie verändert sich entsprechend dem konjunkturellen Verlauf. Dagegen sind die Ausgaben (eine Ausnahme ist vor allem die Arbeitslosenversicherung) relativ konjunkturunabhängig. Da bisher die Leistungen nicht entsprechend der konjunkturellen Situation verändert wurden (z. B. keine Kürzungen in Rezessionszeiten), wirkt diese Unelastizität stabilisierend. Die Stabilisierungswirkung der Arbeitslosenversicherung ist relativ gering zu veranschlagen, da die Quantität der Einnahmen- und Ausgabentätigkeit zu gering ist, um ein entsprechend großes Gegengewicht zur konjunkturellen Entwicklung entfalten zu können. Es kann vermutet werden, daß die Tätigkeit des Sozialen Sicherungssystems keine starke konjunkturpolitisch instrumentale Bedeutung hat; zumindest ist insgesamt eine stabilisierende Wirkung auf die konjunkturelle Entwicklung denkbar.

Sachregister

Personenregister